通关之路

高融昆论文集

THE ROAD OF REFORM

COLLECTED PAPERS OF GAO RONGKUN

高融昆◎著

中国经济出版社
CHINA ECONOMIC PUBLISHING HOUSE
北京

图书在版编目（CIP）数据

通关之路：高融昆论文集 / 高融昆著 . -- 北京：
中国经济出版社，2021.6
ISBN 978-7-5136-6486-8

Ⅰ . ①通… Ⅱ . ①高… Ⅲ . ①海关管理 - 文集 Ⅳ .
① F745.2-53

中国版本图书馆 CIP 数据核字（2021）第 112127 号

责任编辑 张利影
责任印制 巢新强
封面设计 久品轩

出版发行 中国经济出版社
印 刷 者 北京中石油彩色印刷有限责任公司
经 销 者 各地新华书店
开　　本 710mm × 1000mm 1/16
印　　张 20.25
字　　数 340 千
版　　次 2021 年 6 月第 1 次
印　　次 2021 年 6 月第 1 次
定　　价 98.00
广告经营许可证 京西工商广字第 8179 号

中国经济出版社 **网址** www.economyph.com **社址** 北京市东城区安定门外大街 58 号 **邮编** 100011

序一

Preface 1

中国改革开放40多年也是中国海关改革发展的40多年。1978年，上海海关9名关员给党和国家领导人写信，呼吁国家改革海关体制、恢复关税征收。1980年，国务院做出改革海关管理体制的决定，全国海关管理事权收归中央统一管理，成立海关总署，直属国务院。同年，恢复海关单独对外贸进出口货物征收关税和进出口统计。40多年来，中国海关与国家改革开放、建设发展事业紧密联系在一起。

融昆同志是改革开放后海关自己培养、成长起来的第一代海关人。1980年，融昆同志进入海关学校，毕业后在基层海关工作，后又考入中国社会科学院读研究生，取得硕士学位后又回到海关工作。1990年，我到海关总署工作时认识了融昆同志。当时的海关总署硕士研究生很少，他在我分管的政策法规司从事政策研究工作，科班出身、基层海关的工作经历、扎实的理论功底，加上认真敬业的工作态度，给我留下了深刻的印象。我主持海关总署工作时，改革开放已经进行了十几年，海关管理正面临从传统走向现代的关键时期，我国外贸、外汇、财税、企业制度改革全面展开，国际海关也掀起了海关制度现代化改革的浪潮。中国海关改革正逢其时。我提出建立现代海关制度的命题，当时的政策法规司是这一重大课题研究论证的组织推动部门和主导力量，融昆同志是其中的主力骨干。当时，与海关制度现代化相关的一系列课题先后被提出，在全国范围开展理论研究和实践探索。从海关稽查制度、风险管理制度、通关作业制度的施行，到现代海关制度建设八大体系的确立，融昆同志参与了全过程，并发挥了十分重要的作用。这本论文集中有一些篇幅就反映了那个时期他在这方面的理论研究和实践探索的成果，今天看来仍有着重大的理论与实践意义。融昆同志勤于思考，善于调查研究，其中的很多课题是他在基层调查研究过程中发现并提出的，得到组织重视，研究论证后在全国海关推广。

我离开海关总署后，一直关注海关的改革和发展，与融昆同志保持交流。他去贵州地方挂职锻炼，回总署关税司工作，后来在广州海关、北京海关、上海海关工作，始终保持着对理论创新的热情和对实践探索的勇气担当。他在关税司提出的综合治税大格局建设，在广州海关推动的固体废物治理、关检“三个一”（一次申报、一次查验、一次放行）改革，在北京海关倡议的京津冀通关一体化改革试点，都影响和推动了全国海关的改革，有些还被提升到国家层面，成为国家改革课题。今天再读这些论文，感慨良多。我也看过他之前的论著《中国海关的制度创新和管理变革》，是海关系统为数不多的成果之一。有意思的是，这本论文集还收录了融昆同志对海关以外经济、社会问题的研究成果，有的成文比较早，有的是新近的成果，读来依然清新，受益匪浅。这大概得益于融昆同志的经历和阅历。他在基层海关、海关总署、地方政府多部门工作，在中国社科院政治学研究所、工业经济研究所取得法学硕士和管理学博士学位，为他的理论研究和改革实践奠定了扎实的理论功底和丰富的实践基础。我之所以为这本论文集作序，既是基于与融昆同志几十年的同事友谊，也是感念于他对海关事业的忠诚敬业、对理论创新和实践改革的不懈追求，同时也寄托了我对中国海关的深厚情怀。

2020 年 2 月立春于广州

序二
Preface 2

从 20 世纪 80 年代开始，中国进入了改革开放的历史新时期。随着经济改革的不断深入，如何建立与经济和社会变化相适应的新的政府治理体系，亦成为中国社会变革面临的重要议题。我也是在这个时期开始了关于公共事务治理领域的学习和研究。记得 1987 年国庆节刚过，融昆同志从中国社会科学院研究生院到人民大学找我，商讨在李方教授组织下编写一本《行政管理学》教材，用于全国青年干部电视教学培训事宜，从此我们开始了 30 多年的交往。

公共事务的治理，其历史与人类社会一样古老。无论在任何历史时期、任何国家，都面临着维护社会共同体的安全与秩序，有效地组织生产与分配，解决共同体成员之间的矛盾和冲突，提供最基础的公共产品和服务，以应对生存与发展面临的各种挑战等。事实上，人类文明的每一步前进，始终与有效的管理和治理密不可分。是否存在一个有能力、负责任、讲规则的治理体系，是决定国家兴衰的重要因素之一。抛开意识形态不论，国与国之间的差异，无非是治理能力强与弱的差异。实际上，国家之间的竞争在很大程度是政府治理能力之间的竞争。

在现代民主法治社会，公共治理究其本质而言，在于公共价值的创造。具体来讲，公共治理涉及国家和政府如何有效组织和使用公共权力，管理公共事务，解决公共问题，提供公共产品和公共服务，提升公共的利益与福祉。在中国，公共价值的核心体现为如何通过有效的治理，满足人民群众对美好生活的期望。这也是我们致力于推进国家治理体系和治理能力现代化的初心和动力。

公共治理涉及社会公共事务的方方面面。公共治理的推动，有赖于整个社会的共同参与和协作，有赖于每位社会成员的共同努力。每一个个体，无论身份与地位，事实上都可以成为推动社会和国家进步的力量。事实上，每个人都是公共事务的治理者。融昆同志一直关注公共事务治理的研究，其硕士学位论文《关于城乡利益差别的政策研究》，内容就是运用公共政策理论与方法研究我国城乡二元结构及其影响。在当时，这个课题是前卫且先进的，研究质量亦属上乘，今天读来仍然给我带来诸多启示。融昆同志对经济贸易问题也有独到的见解。

海关问题及管理是融昆同志的专业领域，他长期在海关工作，对海关管理有深入的研究，我作为一个外行，没有资格对其专业领域的专业性问题做出评价。从公共治理和公共管理研究的角度，我对这部论文集谈几点自己不成熟的看法：一是问题意识。科学研究和科学管理的基点乃是问题意识。文集收录的论文跨度超过 30 年，而论文选题均是涉及公共事务或者海关管理领域的重要理论问题和现实问题。正是问题意识驱动他不断思考、不断循证、不断求解。二是实践理性。公共管理是解决公共问题，以问题为导向的科学。涉及海关管理的部分，皆是他本人在深入调查研究的基础上，本着客观、务实、求真的理性精神，提出可能与可行的解决方案和对策，并在现实管理实践中予以验证和推广，能够产生实际效果。这样就避免了研究的空洞化。三是国际视野。他对现代海关制度等问题的研究，展现了他广阔的国际视野。从比较的研究角度，分析了国际的趋势和经验。国际化的视野、本土化的思考和行动，是该论文集的又一特点。四是开拓与创新。文集中所涉及的“三个一”改革与关检机构改革、一体化通关改革与京津冀协同发展、上海口岸营商环境调查、上海跨境贸易大数据平台与大数据建设等议题，均是我国政府治理和海关治理现代化最前沿领域的课题，不仅回应了时代的需求，也引领着相关治理领域的研究，具有创新性。

我与融昆同志交往了 30 多年，深切地感受到，他既是一个不断思考、不断探索、不断反思、追求真知，把论文写在祖国大地上的学者，也是一个求真务实，致力于理论联系实际，推动现实不断发展，服务和造福国家和人民，具有公共精神的管理实践者，其发表的博士学位论文《中国海关制度创新和管理变革》便是一例证，《通关之路——高融昆论文集》也是最好的说明。

理论源于实践，又高于实践，再反过来指导实践。海关治理是国家治理体系现代化的重要组成部分，在国家治理中发挥着重要且不可替代的作用。真心期待中国海关在治理创新方面取得更大的成绩，为国家的现代化治理贡献智慧。

张成福

于中国人民大学宜园

2020年3月

目录

Contents

海关管理篇

经济贸易篇

社会政策篇

海关管理篇

现代海关制度的理论与实证研究①

一、背景

海关事业的发展既离不开本国经济的发展，也离不开国际贸易的发展，而只有积极地适应和促进本国经济和国际贸易的发展，海关事业才能得到更大的发展。这是中国实行改革开放以来中国海关在实践中得出的深刻启示。

（一）中国海关 17 年来改革与发展的简要回顾

中国在 1978 年实行改革开放政策以前，国民经济发展缓慢，国际贸易水平较低，对拉动经济增长的作用十分有限，中国海关在当时的社会经济中可有可无。改革开放以后，国民经济得到很大的发展，特别是对外贸易得到了持续快速的发展。1978—1994 年进、出口年均增长率分别达到 15.9% 和 17.1%，1994 年全国进出口贸易总额 2369.0 亿美元，截至 1994 年底，实际利用外资 1678.5 亿美元，经济贸易的快速发展给海关事业的发展带来了很大的机遇。改革开放以来，为了推动对外贸易和国民经济的发展，我国政府一直致力于改善本国的贸易和投资环境，进行了一系列政治、经济体制改革，海关制度的改革是这一系列改革举措中的重要组成部分。1980 年，国务院改革了海关管理体制，海关由过去实行中央政府和地方政府双重领导过渡到由中央政府实行全国统一的垂直领导，确保了海关政策法规的全国统一性。在海关管理思想方面，为贯彻以经济建设为中心的思想，在 20 世纪 80 年代中期提出了“促进为主”方针。在法制建设方面，1987 年初通过新的《中华人民共和国海关法》(以下简称《海关法》)，并于同年实施，经过 8 年的努力，初步建立起以《海关法》为核心的海关法规体系。在海关制度建设方面，积极借鉴国际海关先进的管理方法，20

① 原标题《中国海关的跨世纪发展战略——谈现代海关制度的理论与实证研究》，1995 年成稿，刊于《海关研究》1996 年第 1 期，第 3–10 页。

世纪80年代初建立了比较完备的保税管理制度，1983年加入海关合作理事会，1987年加入《京都公约》及其两个附约，1991年加入《商品名称及编码协调制度的国际公约》(《HS公约》)，并实施HS协调目录，中国海关管理制度逐渐向国际海关通行制度靠拢。此外，1986年中国开始“复关”谈判以来，中国海关积极与关税及贸易总协定（GATT）和世界贸易组织（WTO）的基本原则相协调。在运用科技方面，中国海关在1988年开发了H883报关自动化系统，并于1995年6月实现全国联网，全国海关90%以上的海关征税、监管、统计业务实现了计算机化。与此同时，中国海关从1994年开始在北京、上海两个机场海关进行EDI试点，并取得成功。在通关改革方面，为解决由于进出口快速增长带来的通关压力，中国海关大力简化通关手续，降低查验率，同时在一些主要口岸海关实行货运分流，通过过境、转运、通运等多种联运方式，大力发展转关运输业务，既缓解了口岸压力，又实现了就近、就地验放，方便了货主。通过一系列的改革，海关积极地适应了中国国民经济的发展，促进了对外贸易的发展和对外开放格局的形成，中国海关也在这一过程中得到了蓬勃的发展。1980—1995年11月，中国海关机构从99个发展到322个；1979—1995年9月，中国海关人员从6000人发展到31000人，海关在政府、商界、社会公众中树立了较好的形象。

（二）中国海关面临的严峻形势

如果说在过去的十多年中，中国海关经过一系列改革较好地适应和促进了中国的对外开放和经济贸易发展，得到了发展的话，那么在现阶段，中国海关必须以更大的勇气和更大的改革力度才能适应新形势发展的需要，从而赢得海关事业的更大发展。因为中国海关当前面临的形势比过去任何时候都更加严峻，海关的发展面临一系列的挑战。

——改革开放以来中国经济和对外贸易的持续、高速增长，给中国海关带来极大的压力，10多年来海关所进行的一系列单项改革没能从根本上解决规范制度、严格执法与简化手续、加速通关这一海关管理的基本矛盾，在新的经济体制转轨时期，这一矛盾进一步加剧了。

——世界经济的区域化、集团化趋势和贸易保护主义的抬头，使国际竞争更加激烈，促进贸易效率、提高本国经济在国际市场的竞争力已经成为我国海关乃至各国海关的共同课题。

——世界经济一体化、国别经济与国际经济的日益融合、贸易与投资的自由化已经成为不可逆转的潮流，国际贸易组织、地区贸易组织和国际海关组织正积极倡导海关制度的进一步简化与协调。

——公民法治意识、权利意识的增强要求海关管理更加规范、公平和透明。

——海关传统的监管、征税、缉私等固有职能继续增强，特别是在国家财政困难状况一时难以扭转的形势下，进出口税的财政职能作用尤其突出。知识产权、环境保护、核物料、有毒化学品、濒危动植物保护等新的职能正逐步扩大。海关职能急剧扩大和海关管理资源相对稀缺的矛盾更加突出。

——中国正处在经济体制转机的关键时期，市场法制尚不健全，在较大程度上制约了海关的改革与发展。

——在海关内部，由于管理体制上的缺陷，职能分化、部门分权不合理，上下级海关缺乏科学的授权和层级制约，管理不善，腐败现象难以得到有效的治理。

——更大的挑战来自海关内部长期以来形成的传统管理思想、制度方法和利益格局，要打破它十分不易，人的传统价值观、思维方式、行为方式、知识结构、工作技能更不是一下子就能改变的。

在上述一系列挑战的背后，深层次原因主要有三个：一是我国市场经济建设及我国经济与世界经济的融合与一体化，这种趋势迫切需要中国海关制度简化及与国际通行做法相协调；二是海关职能扩大、业务发展与海关管理资源的相对稀缺，迫使海关走上内涵优化，以改革求发展、以科技和管理求发展的道路；三是公民权利、法治意识的觉醒和增强，要求海关管理必须更加规范、透明、法治、廉洁。

应当说，中国海关的改革面临着巨大的压力，对进一步的发展形成巨大的挑战。同时，我们更清楚地看到，中国海关的改革与发展面临着许多有利的机遇，社会主义市场经济体制目标的提出和框架的确定，为中国海关改革创造了前所未有的良好环境。中国海关通过 10 多年的改革已经积累了一定的改革经验，增强了海关自身和社会的承受能力。我们也看到，中国海关当前面临的问题和困难有许多是发达国家和新兴工业化国家海关曾经遇到并已经或正在得到解决的，这些为中国海关的改革提供了十分宝贵的经验。我们更注意到，当前世界许多国家的海关都在进行现代化建设，这将为中国海关的现代化建设提供更为直接的理论支撑与经验支持。我们的结论是，中国海关面临的形势是严峻的，但机遇与挑战并存，只有抓住机遇，迎接挑战，才能赢得更大的发展。中国改革开放10多年的海关实践证明了这一点。

（三）国际上一些主要国家海关的现代化发展战略

近年来，英、美等国海关为适应国际国内形势的变化，纷纷提出21世纪海关的现代化发展战略。美国于1993年12月通过了《美国海关现代化法案》，英国海关于20世纪90年代初提出了《海关：2000》，澳大利亚海关由于在海关管理中的严重缺陷于1993年被当局彻底改组，机构、人员被大幅度精减。其他如欧洲的丹麦、荷兰等国家也都纷纷提出了海关的现代化战略。尽管直接促使这些国家海关实施现代化战略的具体情况各不相同，但大的背景一样，改革与发展的方向也一致。从大的背景看，主要有三个原因：

一是海关传统的基本职能在这些国家被大大弱化。如关税税率平均为3.6%，关税的保护、调节和财政作用无足轻重；商业瞒骗和其他进出境违法犯罪活动，除毒品、枪支走私外，对国家危害有所下降，海关监管和打击非法贸易的职能作用也在下降，特别是由于欧洲统一市场的建成，内部边境海关的撤销，更进一步削弱了海关的传统职能。二是由于国际贸易的发展，国际竞争进一步加剧，政府顺应工商产业界的呼声，要求海关为工作对象提供更便利、更优质的服务，大力提升贸易效率，这已成为西方国家海关压倒一切的主要任务。澳大利亚海关的改组、一些国家实行的装船前检验便是例证。三是海关管理事务的增长与管理资源相对稀缺。第二次世界大战以后，西方经济和贸易出现了较长时期的繁荣，经济和贸易总量成倍地增长，对海关管理形成了巨大的压力。而20世纪80年代末和90年代以来，西方经济持续衰退，许多国家由于财政状况不佳而不得不削减政府开支，海关机构和人员也被削减。这就需要对资源进行优化配置。由于大的背景相同，海关改革与发展的方向也表现出异乎寻常的相似性，如这些国家的海关都提出了“客户导向”、守法自律、简化手续、促进贸易效率等口号，在方法上也大多采用类似风险分析、外部审计、计算机网络技术信息化管理等科学方法。

尽管中国海关与西方国家海关所面临的形势和问题各不相同，但对西方国家海关现代化建设进行研究，无疑给中国海关的现代海关制度研究带来许多有益的启示。

二、对现代海关制度的理论和实证研究

为适应社会主义市场经济体制发展的要求，解决海关管理中长期存在的简

化手续、促进贸易效率与严格执法、维护贸易秩序的基本矛盾，建立现代海关制度，海关总署提出海关改革与发展的跨世纪战略。随着我国社会主义市场经济体制改革目标的确立，在1993年初召开的全国海关关长会议上，海关总署提出，在当前和今后一个时期，海关改革与发展的基本目标就是逐步建立起与市场经济相配套，与对外开放相适应，与国际惯例相衔接的简化与严密、效能与制约有机统一的中国特色海关管理体系。在1994年初召开的全国海关关长会议上，海关总署进一步明确建立现代海关制度。至此，现代海关制度在海关系统被正式提了出来。1994年3月24日，海关总署决定成立现代海关制度总课题组和9个分课题组。总课题组从成立到1995年11月开展了一系列研究活动。我们可以把这些研究活动划分为两个不同的阶段。

第一阶段：从1994年3月至1995年6月为理论务虚阶段。在这一阶段，总署先后组织了秦皇岛、天津、威海、新会、杭州、盐田6次国际国内研讨会，完成了《海关总署关于建立现代海关制度若干问题的决定》(以下简称《决定》)，讨论稿第5稿的起草工作，其中根据威海研讨会精神修改的《决定》讨论稿已下达全国海关系统广泛征求意见。1995年初，海关关长会议前夕修改的第5稿在署内各司征求意见。这一阶段的研究特点主要是理论务虚，集中讨论建立现代海关制度的重要性、必要性，现代海关制度的定义、框架与国际的比较等基本理论问题。

第二阶段：1995年6月至年底，是理论研究与实证研究相结合的阶段。理论研究与实证研究相结合构成了这一阶段的显著特征，为研究注入了新的活力，现代海关制度的理论研究取得了重大突破。这一阶段主要进行了1次调研、3次会议。

1995年6月14—20日，既为了获得对阶段理论务虚的实证支持，也为了寻找解决当前海关管理中现实问题的答案，总课题组在继举办盐田现代海关制度疑难问题研讨会之后，在九龙海关、广州海关进行了“基层海关业务分工及作业模式改革”的调研。通过调研，大家对现行业务管理体制存在的弊端认识更加深刻，主要有：一是单票货物通关环节有人管，而通关各业务环节、接合部的协调无人管，对企业、行业、地区的总体进出口情况无人把控；二是货、征、统等各业务部门，从总署到直属关再到口岸海关都上下对口设置，形成强烈的部门意识和部门利益，甚至阻隔信息，增加协调的困难，业务管理的整体效能下降；三是为求业务部门的上下对口，机构小而全，基层海关机构膨胀，管理资源浪费严重；四是由于机构膨胀，基层“坐大”，加上执法监督不力，执法行为不规范、不统一的现象加剧；五是现行业务管理中上下级海关缺乏科学的纵向分权，业务管理权限实际上集中在基层海关甚至现场关员手中，加剧了地方对基层海关的寻租行为（即通过基层海关在执行政策、法律上的偏差获取超常利益），基层海关与地方经济联系越深，对海关垂直领导体制危害越大，腐败现象也就越严重。

提出的改革目标模式是：以总关区为单位，以计算机网络为基础，以建立审单中心为核心，改革口岸作业模式，实行内勤与外勤相分离，在业务管理上实行业务专家与行政管理者的分权，逐步实现业务管理的专家负责制，变当前业务管理中各关各点的低水平分散为高水平的集中，提高海关管理的科学化水平。

1995 年 8 月 9—12 日，总课题组在山西举行了一次座谈会，一是对现代海关制度前一阶段的研究进行评估；二是对“基层海关业务分工及作业模式改革试点方案”进行重点讨论。这次会议形成了以下重要的共识：与西方发达国家海关相比，中国海关的最大差距不在于资金、设备、技术，也不在于人的素质，而在于业务管理的体制和业务管理。因此，建立现代海关制度的关键是对业务管理体制的改革，实现海关业务的信息化、科学化管理。为此，提议在广州海关、天津海关进行业务管理体制改革试点，要求两关在 6 月调研的基础上，结合本关实际，充实完善方案，精心组织试点。

1995 年 11 月 7—10 日，在天津召开了现代海关制度研讨会。会议有两个主题，一是对《决定》第 6 稿进行讨论；二是就广州海关、天津海关业务管理体制改革试点的方案进行讨论。通过这次会议，大家对现代海关业务管理体制和业务管理科学化的认识进一步加深。特别是广州海关成立审单复核中心，在研讨会上引起了强烈的反响，坚定了现行业务管理体制非改不可的决心和信心。天津海关提出的改革试点方案，对业务制度改革进行了有益的探索。两个海关的改革试点，进一步为现代海关制度的理论研究提供了有力的实证支持。

三、现代海关制度的基本框架

现代海关制度的基本框架应当包括现代海关制度建设的指导思想、业务管理模式、制度环境和人的现代化 4 个部分。新的业务指导思想是现代海关制度的灵魂，构筑现代业务管理模式是建立现代海关制度的核心，营造良好的制度环境是现代海关制度得以运作的社会基础，人的现代化是一切制度现代化的关键，建立现代海关制度必须以海关人的现代化作为保障。

（一）现代海关制度研究和建设的指导思想

20世纪80年代中期以“促进为主”方针的提出，解放了一代人的思想，极大地推动和促进了海关各项改革的发展，使海关较好地适应了改革开放、经济贸易大发展的需要，从而使海关事业进入了新中国成立以来最好的历史时期。随着我国社会主义市场经济体制目标的确立，中国社会经济发展进入了新的历史时期。现代海关制度这一跨世纪发展战略的提出，标志着中国海关改革与发展也进入了新的历史时期。新时期要有新思想、新理论，建立现代海关制度必须有新的指导思想。对此，大家已形成共识。但对应提出什么样的新的指导思想，还存在较多的争议：一种意见认为可以借鉴西方国家海关提出的“客户导向”，另一种意见主张以“贸易秩序与贸易效率的有机统一”作为新的指导思想。这一争论至今尚无定论。较多的人主张以追求“秩序与效率的有机统一”作为新时期海关管理的指导思想。这既可以为实践中人们对以“促进为主”的误解和扭曲起到纠偏的作用，同时也符合中国海关现实管理的需要。因为在实践中，维护贸易秩序和促进贸易效率都有许多问题需要解决，两者的平衡和有机统一更是中国海关管理中亟待解决的难题。这既符合辩证法的两点论，也与国际海关的改革潮流相一致。

（二）现代海关业务管理模式

改革现行海关业务管理体制，建立符合现代化管理要求的现代海关业务管理体制是现代海关制度建设的首要任务。现代海关业务管理模式包括以下几个方面的内容：

（1）建立以先进通信技术和计算机技术为基础、业务科技一体化的业务运作和管理系统，实现海关业务的信息化管理。实施“海关2000工程”，用5年左右的时间，建立以海关总署全国海关信息管理中心为轴心、以全国40个主要海关信息管理分中心为主干的全国海关业务管理系统。通过业务科技的创造性融合，把海关的全部业务运作和管理纳入这一信息化管理系统。通过这一系统的建立，全面规范海关的政策法规，把海关的各项政策法规转化成具体的、可操作的计算机指令和程序，通过全国中心传输给各分中心，各口岸海关据以执行。规范各项业务管理的操作程序，把海关的各项业务管理制度编制成严格规范的计算机操作程序，把执法活动中的人为因素降到最低限度，确保全国执法的统一性。广泛实施风险管理，通过建立海关政策法规、进出口贸易统计、关税、企业管理、情报调查等大型业务数据库，开展系统的情报收集、分析和反馈工作，并结合国内、国际市场行情和社会经济的综合形势分析，确定各项海关业务管理的全国风险标准，下达各分中心，确保全国各口岸海关的统一贯彻实施。各分中心要充分发挥职能作用，按照全国中心的统一程序和指令，在关区具体实施各口岸业务时进行指挥和运作管理。

（2）对业务和机构进行重组，科学划分事权。海关业务的信息化管理必然要求对海关的业务分工和机构设置进行科学化、程序化、信息化调整和改革，并以此为基础，科学划分事权。重组后的专业分工如下：

进出口通关管理业务包括进出口货物申报查验、许可证管理、原产地认定、税则归类、海关估价、计征税款、旅客物品监管、进出口贸易和业务统计等。

保税业务包括转关运输、加工贸易、保税区、保税仓库、暂时进口货物的业务管理。

稽查业务包括企业管理、海关稽查以及知识产权保护、反商业瞒骗、低报价格、反倾销反补贴等方面的信息调查工作。

海关调查包括关境监视、情报、调查、审理等工作。

海关统计包括贸易和业务统计、统计分析、信息发布。

专业分工重新组合后，需按精简、效能的原则对现行业务管理的职能机构进行调整。

要重新划分地方各级海关之间的业务管理职权，改变现行业务管理职能过分集中于基层口岸海关的现状，加强直属海关对现场业务的管理和控制，将现行业务现场对查验、税收征免和结关放行的决策权重新分解，直属海关负责主要的业务决定权。直属海关现场业务主要职责是按从计算机业务程序中得到的具体指令处理通关事务，如报关受理、初审、查验、放行等。

（3）规范、创新海关业务制度。规范海关业务制度是海关管理的重要基础，要按照国际海关公约和规则对现行海关业务制度进行系统规范。根据国际贸易和国民经济发展的需要适时发展和创新海关业务管理制度，是海关业务发展的重要组成部分。海关业务制度规范与创新的结合是海关管理达到严密与方便、制约与效能有机统一的重要途径。

要按照国际海关业务制度的分类规范，根据进出口货物的不同法律地位，设定科学的业务制度分类，确保各种进出口货物在不同的时间和空间适用相应的海关业务制度。

建立科学的通关管理机制要简化通关程序，实行预报关、集中报关；要在EDI试点成功的基础上，逐步推行无纸化报关；要进一步规范和完善货运转关制度。通过通关制度的简化和计算机技术的应用，减少货物在口岸的滞留时间，促进贸易效率。

建立新型海关验估制度。采用世界海关组织1996年版《商品名称及编码协调制度》税则和统计目录，制定一套便于体现国家关税政策，能满足国家进出口管理和海关征税及统计各方面要求，税目设置科学、结构合理、使用简便，具有中国特色的海关综合商品分类目录；加入世界贸易组织（WTO）《海关估价守则》，建立适合我国国情、有助于解决我国长期面临的伪瞒报价格问题的估价制度；加入世界贸易组织《原产地规则协议》，根据区域经济合作的要求，制定中国优惠原产地规则。建立进出口税收担保制度，强化海关税收职能，确保国家利益。

按照既促进对外贸易和国民经济发展，又确保国家税收的原则，改革规范我国保税制度。

规范稽查制度，强化稽查职能，使稽查成为口岸常规监管的有效补充，确保各项海关政策法规的有效实施。

（三）建立广泛的合作关系，创建良好的制度环境

建立现代海关制度必须有良好的制度环境作为基础。目前，我国海关面临的制度环境主要表现在以下几个方面：

（1）经济体制转轨时期存在明显的法律空当。

（2）对外贸易管理上的部门主义倾向，削弱国家外贸宏观管理的整体效能（如打击走私、许可证管理等）。

（3）地方主义和地方利益抬头，影响国家政策的全国统一性。

（4）海关与各国、各地区间的行政互助效应尚未形成。

为了确保现代海关制度的建立和有效运作，必须更加积极地改善和创造现代海关制度所需要的制度环境。

第一，加强现代海关法制建设。海关法制建设的最终目标是规范和引导企业的进出口行为，确保企业守法经营和产品合法进出，促进对外经济贸易的健康有序发展。

按照社会主义市场经济的基本规则和国际海关通行规则，对现行海关法规体系进行改革和完善。既要尊重当事人的权利，又要强调当事人的义务。通过对当事人权利、义务的科学界定，改善海关的执法环境。

提高海关执法的透明度和规范化程度，确保全国执法的统一性。要建立和全面实施执法监督检查制度，自觉地接受社会监督、群众监督和司法监督。要实施“知法自律”工程，强化当事人知法、守法意识，把守法经营、合法进出转变为当事人的自觉行动。

第二，加强与政府相关部门和社会各界的广泛合作，推动海关管理的社会化进程。维护贸易秩序，打击非法贸易是海关、外经贸、税务、工商、公安、司法等政府部门和各级党政的共同责任。海关必须加强与这些部门和各级党政机构的合作，形成社会共管效应，这是海关管理取得成功的重要保证。要以建立“金关工程”为契机，把与外经贸、税务、工商、银行等各部门的合作提高到一个新水平。

在打击走私违法、促进贸易效率方面，海关同广大产业界和守法企业有着共同的利益，它们是海关的合作伙伴。海关要更加积极地与众多商会、行业协会、铁路、民航、港务、邮电以及守法企业建立谅解备忘录（MOU）制度，调动一切可以调动的积极因素，形成共同打击非法贸易、促进贸易效率的社会机制。

要用法律、经济等手段，把报关企业塑造成既对企业负责，又对海关负责的具有社会中介组织性质的行业组织，并通过报关市场的培育和生成，运用市场机制，提高报关质量和效率。要借助会计师事务所、审计师事务所、律师事务所等社会中介机构的力量，为海关验资、验厂、查账、核销等管理工作提供协助。

第三，改变新闻宣传工作思路，大力提高海关公关的能力。要正确运用现代政府公关的思路与策略，学会综合运用各种新闻媒体，实现海关与社会的双向信息沟通，最大限度地赢得政府各部门和社会各界对海关工作的广泛理解、信任和支持，为树立海关公平、效率、合作、廉洁的良好形象，创造良好的外部环境服务。

第四，加强对外合作与交流。海关管理必须既立足于国内环境的改善，又着眼于对外的合作与交流。要更广泛地加入国际海关公约，积极参与海关合作理事会的各项活动，参加 APEC 海关手续分委会的活动，积极研究与 WTO 制度框架的协调。要通过双边、多边海关行政互助扩大与主要贸易伙伴、周边国家和地区海关的合作领域，加强交流。

（四）建立科学、公平、开放的人事管理机制，实现人的现代化

人的现代化是一切制度现代化的关键，建立现代海关制度不仅要实现制度的现代化，而且要实现人的现代化，从某种意义上说，建立现代海关制度的过程也是海关人的现代化过程。要实现人的现代化首先必须建立一套能够充分发挥人的专长和主观能动性的科学有效的人事管理体制；其次要创造一种能够有效培养和造就现代海关人员的海关文化。

必须把人作为一种最重要的资源，根据海关专业化管理和信息化管理的要求进行职位分类，科学地开发和配置人力资源，最大限度地调动每名关员的积极性，使每名关员获得自我实现的满足感。

改革海关教育体制，强化对海关专业技能的培养，造就一批既有海关意识，又有海关专业技能，符合专业化、信息化管理要求的专业人才。

创建海关文化，造就现代海关人。海关文化是一个国家的海关在长期历史发展过程中形成的思维方式、行为方式、价值取向、道德和精神面貌的综合现象。现代海关人应该具有公平、效率、合作、廉洁的思想观念，适应现代海关管理需要的良好知识结构和工作技能，公正廉洁、文明把关的职业道德。要造就现代海关人，必须改革现行人事制度，建立一种更加科学的人事管理机制，创建有中国特色的海关文化。

建立现代海关制度是中国海关一项跨世纪的系统工程。现代海关制度勾画了中国海关在今后 5~10 年，甚至更长时间改革与发展的蓝图。它的建立将极大提高中国海关的现代化管理水平。

关于建立海关稽查制度的思考①

为了适应我国经济体制运行市场化和国际化的要求，建立市场经济条件下的现代海关制度已经成为我国海关当前和今后一个时期的奋斗目标。在借鉴西方发达国家海关外部审计制度成功经验的基础上加以改造形成的海关稽查制度，在我国现代海关制度中占有十分重要的地位。海关稽查制度中所贯穿的管理思想和基本理念正是现代海关制度着意体现的。因此，如果说建立现代海关制度是我国海关管理一次深刻变革的话，建立海关稽查制度就是这场变革的重要步骤。

一、建立海关稽查制度是东西方海关管理发展的理性选择

海关稽查是指海关自进出口货物放行之日起 3 年内或者在保税货物、减免税进口货物的海关监管期限内，对被稽查人的会计账簿、凭证、报关单证以及其他有关资料和有关进出口货物进行核查，监督被稽查人进出口活动的真实性和合法性。其核心就是要改变把海关仅仅当作“守门人”的传统观念，改变把人力、物力和监管手段过分集中在通关口岸的狭小空间和短暂时间内的传统模式，转而把海关对进出口的监督管理建立在企业管理和账簿稽核的基础上，扩大监督管理的广度和深度，使口岸通关更便捷、监管更有效。这种管理思想和方法的改变，蕴含着一个最普通的哲理，即社会事务无限膨胀和管理资源（人力、财力、物力等）相对稀缺的永恒矛盾。这决定了人类社会必须不断推动管理方式的变革，追求更有效、更科学的管理方式，实现管理效益的最大化。尽管一些西方国家早在 19 世纪就把审计方法引入海关管理，但是真正将这种方法发展成系统的制度只是最近几十年的事。特别是第二次世界大战以后，西方经

① 刊于《海关研究》1994 年第 4 期，第 22–26 页。另刊于《海关稽查制度——理论与实践》（李克农、雷国平主编，经济日报出版社 1994 年版），第 281–290 页。

济和贸易出现较长时间的繁荣。经济和贸易总量成倍地增长，对海关的进出境管理构成了巨大的压力，而海关管理在经费、人力等方面的投入则越来越受到政府预算的约束。海关对进出境的有效管理显然不能完全依靠无限度地增加投入、扩大规模，而是必须寻求一种更为有效的管理制度和方法来实现。同时，随着政府管理体制改革的不断深入，政府从管理型政府向服务型政府转变。所谓管理就是服务，体现的正是这种思想。这种观念上的革新也推动了海关管理思想的变革。通过海关的服务，维护进出口商的合法权益，提高本国商品的国际竞争力，促进外贸自由发展的思想几乎成为各国海关共同的管理原则。以“促进为主”也好，“客户导向”也好，都是对这一管理原则的具体体现。将便捷的口岸通关与严密科学的后续查账有机结合，海关外部审计制度正好适应了这两方面的共同需要，并在最近一二十年得到了迅速的发展。海关合作理事会正全力倡导各国海关推行这项制度。

改革开放以来，我国经济得到了飞速发展。对外贸易发展更为迅速。1979—1993 年，我国外贸平均以 16% 的速度快速增长，使我国经济的外贸依存度达到 38%，我国经济的发展越来越需要通过发展外贸实现。我国海关面临前所未有的压力。改革开放 14 年来，我国海关关员从 6000 人增加到 29000 人，海关机构从 1980 年的 100 个增加到现在的 258 个。由于我国海关管理职责大、任务重，管理手段和方法落后，十多年来我国对迅速增加的进出境活动的管理主要是通过大幅度增加人力的投入实现的，我国海关队伍的发展速度清楚地说明了这一点。但是，这种不断扩展外延、增加投入的方法并不是没有限制的。目前，海关所实行的是较为特殊的预算体制。根据这种体制，我国海关经费的来源将受到制约，预算约束是刚性的。随着我国关税水平的进一步降低，尽管税基会有所扩大，但总体上关税收入的增长潜力会越来越有限，所以当我国海关人员和机构增加到一定的规模以后，不可能无限制地增加投入。应当说，改革开放十多年来，为了适应对外贸易发展的需要，海关改革从未止步。但是，海关监管工作中简化手续、加速验放与堵塞漏洞、严格管理这对基本矛盾没有从根本上得到解决。“一方面，口岸瓶颈堵塞，简化手续、加速验放的呼声日高；另一方面，偷逃关税和利用进出口货运、保税及减免税渠道进行的种种违法犯罪活动将长期存在。”[①] 形势的发展呼唤海关管理的变革。应当说，这是我国

① 关于转变和创新海关职能实现形式，促进地方经济发展的建议 [EB/OL].(2006-11-07).http://www.gdszx.gov.cn/dptt/dpta/200611/t20061107_64874.htm.

海关决定推行稽查制度的深刻社会背景。

无论在西方国家，还是在我国，推行海关稽查制度已经成为海关管理改革一种必然的理性选择。

二、我国全面推行海关稽查制度的条件

如果说进出口业务的无限膨胀和海关管理资源相对稀缺的矛盾是海关推行稽查制度的内在动力的话，海关推行稽查制度的外部条件也是基本具备的。

（1）制度改革与创新已经成为时代的旋律。改革开放无疑是一场伟大的思想解放运动，它至少解放了两代人的思想观念，从而使制度改革与创新成为可能，因此它必将或正在改变一个时代。从改革开放初期到现在，我国海关在关税、通关、保税等单项业务制度改革方面不断进行探索，1991 年提出建立海关稽查制度是海关制度改革的继续。如果说海关以往的改革都是以单项突进为特点的话，那么以 1994 年决定建立现代海关制度为标志，我国海关制度的改革与创新进入了全面整体推进的新阶段，制度改革与创新已经成为 20 世纪 90 年代海关改革的主旋律。海关稽查制度作为现代海关制度的重要组成部分，必将对现代海关制度的建立发挥特殊的作用。

（2）推行海关稽查制度已经具备了扎实的实践基础。尽管以往海关所进行的关税、通关、保税、科技制度改革都有其自我发展和完善的特点，但这些单项制度的改革客观上也为稽查制度的建立创造了条件。一方面，持续不断的改革增强了海关内部和外部社会对海关改革的承受能力；另一方面，保税核销、关税稽查的实践提高了海关稽核企业账簿的能力，以 H883 系统为核心的计算机技术的发展，使信息联网、信息共享成为可能。特别是从 1992 年 8 月开始在上海、广州、拱北等海关进行的稽查制度试点，更在明确稽查制度目标模式、建立稽查制度工作程序、规范企业会计账册管理制度、建立锻炼海关稽查队伍等方面进行了大量的探索，并取得了初步经验。所有这些都为建立海关稽查制度打下了坚实的基础。

（3）现代企业制度的建立将为海关实施稽查制度提供坚实的社会基础。海关稽查制度必须建立在进出口商和相关企业或单位健全的财务会计制度基础之上，如真实、明晰的会计凭证、账簿、报表和严格的企业内部控制制度。否则，海关稽查制度的建立就没有基础。以产权清晰、权责明确、政企分开、管理科学为特征的现代企业制度有着与海关稽查制度共同的基础要求，无论是产权关

系的明晰、责权的划分、收益的分配还是企业经营决策都必须建立在真实科学的财务会计制度基础之上。西方国家海关外部审计制度得以建立并迅速发展的重要原因之一，就是西方国家的企业制度比较成熟，海关推行外部审计的法治环境比较好。所以，现代企业制度的建立必将从根本上改变海关稽查制度的社会环境。

（4）报关注册登记制度是现阶段建立海关稽查制度的有力手段。从表面上看，报关注册登记制度似乎与海关稽查制度没有直接的关系，但是在我国现代企业制度尚未完全建立的现阶段，报关注册登记制度无疑是海关敦促企业建立真实、科学的财会制度，加强、完善企业内部管理的强有力手段。所以，海关必须充分运用这一手段，建立科学、严密、强有力的报关注册登记制度，提高企业报关注册的资格，把建立真实、完整的财务制度作为向海关申请报关注册的首要条件。对已经注册登记的企业要定期进行普查和年审；同时，还要明确法律责任，加强企业的自律性经营机制。在当前，这不仅为海关稽查制度的建立创造了条件，也将推动我国现代企业制度的发展进程。

三、构筑科学的海关稽查制度模式

海关稽查制度作为一种新的业务管理模式有其鲜明的特征，即以企业为监管单元，以查控企业进出口经营、资信和守法等基本状况为主要目标，并以稽核企业会计账簿、凭证、报表等为主要手段，通过计算机联网、信息共享，实现对进出境的有效管理。

“以企业为监管单元”将改变过去以货物为单元、逐票验放、海关掌握某一票货物的进出口状况而不了解企业总的进出口经营状况的局面，力图以企业为单元，从整体上把握某一企业的进出口总状况，实现对企业进出境的有效管理。海关从对货物实施逐单监管过渡到对企业在一定时期内的进出口活动从总体上予以把握，是海关管理一次质的飞跃，是一次管理革命，意义十分深远。

“查控企业进出口经营、资信和守法状况”即通过了解、掌握企业的进出口经营、资信状况进而达到监督、控制企业合法进出的目的。这是实现“通关要便捷，监管要有效”这一海关监管基本目标的最佳途径，比简单意义上的口岸查验企业进出口活动要有效得多。

稽查制度不放弃口岸对货物的查验，但要求把口岸通关的程序性手续简化到必要的最低限度，并将超越传统的单纯对进出口货物实施验放的范畴，把监管的过程延伸到对记录反映企业进出口经营的会计账簿、凭证等方面，主要通过查账达到管理企业进出口的目的，这将大大提高海关监管层次。

根据稽查制度的基本特征，要使这一制度发挥出应有的效能，就必须构筑科学的海关稽查制度模式。当前，要着重解决如下问题：

（1）监督企业会计账簿制度规范化。把经营进出口企业会计账簿制度作为报关注册登记的必要资格条件。理想的目标是使每家进出口经营企业都有符合国家会计法规的规范化企业会计账簿制度。近期目标是：第一，对现行报关登记注册企业进行清查，敦促企业完善会计账簿制度，限期完成；第二，对新的报关登记注册企业实行新办法，对会计账册制度不健全的不予注册登记。

（2）按照“以企业为监管单元”的要求，分区划片，确定主管海关。要对企业一定时期内的进出口活动进行总体把握，就必然要求对进出口企业实施分区划片管理，并确定主管海关。理想的目标是做到每家进出口企业都有一个明确的主管海关，海关能对每家企业一定时期内的进出口总量和行为有准确把握，实现对进出境活动的有效管理。近期的目标则是调整口岸现场海关与后续管理海关的关系，做到每个海关都有明确固定的辖区，每个区域内的企业都有明确的主管海关，由主管海关对辖区内的所有报关注册企业按照统一标准，建立完整、科学的企业进出境活动档案，抓好制度的基础建设，为以企业为单元实施稽查做好准备。

（3）建立以风险分析为基础的分类通关制度。要研究建立海关对进出境实施监管的风险分析科学指标体系，并以此为标准对企业进行分类，根据不同的等级设定不同的通关程序和要求。理想的目标是把口岸通关与事后稽查有机地结合起来，通过通关类别与稽查方式的科学组合，实现最佳管理效果。

（4）职能前后分离。实施稽查制度将进一步要求海关实现口岸监管和事后稽查的分离，即在不放弃口岸查验的同时，逐步把海关监管的过程延伸到对企业会计账簿制度的稽核方面，通过稽查加强对企业进出口的有效管理。由于口岸监管和事后稽查的工作难度和要求各不相同，两者机构、职能和人员必须分离。口岸监管既包括审单、查验、征税、统计等环节，也包括保税业务的登记、备案、核查核销。稽查作为监督管理的一部分保持相对的独立性和机动性，负责对企业会计账簿等的事后稽核。理想的目标是在建立高素质的稽查队伍和强有力的稽查工作制度以后，把口岸现场监管（包括保税核销）程序简化到必要的最低限度，达到“通关便捷、监管有效”的目的。

（5）建立稽查信息调控中心，加强计算机参与管理。海关实现口岸监管与事后稽查机构、职能、人员分离以后，加强前后信息调控非常重要。理想的目标是建立稽查信息调控中心，其主要职责是：第一，建立企业的分类档案，做到每家企业都有进出口档案；第二，口岸现场向中心输送企业进出口数据和信息，供稽查部门分析；第三，稽查部门向中心输送稽查结论和信息，供口岸现场参考；第四，实现关区间信息中心的联网，在全国范围实现对进出口管理的统一指挥、宏观调控。近期的目标是，在关区内建立稽查调控中心，储存、转换、传输企业进出口信息，逐步做到指挥、调控口岸现场和事后稽查的力量配置。

（6）建立科学的稽查工作程序，开展规范化的稽查工作。这是一项十分重要的工作。关于稽查工作的程序，国内外均有明确科学的规定可循，如稽查准备、通知、实施、结论、反馈等。在程序问题上不需要我们去创新，只需要我们严格按照程序去办。在实践中，必须改变重实体、轻程序的倾向，切实把建立科学、严格的工作程序当作建立稽查制度、严格依法行政的重要工作来抓。

稽查制度的建立是对传统海关管理的一次革命，它绝不是对现行海关监管制度的一种简单补充，更不是对现有海关工作职能的简单重新组合。它有着更高的目标和更深远的意义。在管理思想上，它要求海关从传统的“看门人”转变为“经济警察”，即海关对进出口（境）的管理不能停留在对进出口（境）活动表象的管理上，而必须通过企业反映资金流动的账册对进出口（境）活动的实质进行总体把握。在制度的基础上，海关管理必须改变以往主要依靠口岸报关和现场查验的做法，把海关管理建立在虽然依靠口岸报关与查验，但主要依靠企业档案和企业财务会计账簿的基础上。在制度方法上，稽查制度将改变传统的以货物为单元、逐单管理的做法，在风险分析的基础上，运用计算机技术实现对企业进出口（境）活动的监管由局部、分散过渡到整体、集中的管理。同时，稽查制度的建立必将带动海关机构、人事、科技制度的改革，从而使海关管理的整体效能大大提高。因此，稽查制度成败的标志是，实施海关稽查制度以后，海关进出口（境）的监督管理手续是否更简便，管理资源的投入是否更经济，实际的监管效果是否更好。只要我们目标明确、方法得当、步骤稳妥，就一定能在较短的时间里把海关稽查制度建立起来，现代海关制度建设迈出重要的一步。

关于建立海关稽查制度的若干法律问题 [1]

一、海关稽查制度的范畴和作用

为适应我国改革开放的新形势，总结我国海关多年监管实践的经验，在借鉴外国海关外部审计经验的基础上提出海关监管制度改革的新构想。建立海关稽查制度的最大特点就是简化口岸程序性手段与加强对企业查账的紧密结合。国内外的实践证明，实施海关稽查制度可以：①大大便利进出口，解决发展中国家共同面临的口岸瓶颈压力；②发现海关一线监管、计税时没有发现的错漏，如海关估价、税则归类、原产地规则运用、关税减免等存在的问题；③为自由港、自由贸易区、高新技术开发区、保税区等经济特区的监管提供一种简便易行的海关监管模式；④节省海关作业费用，提高海关管理效率；⑤为国内税计征、反国际避税提供坚实的基础；⑥为行政诉讼获得重要的证据；⑦对一切试图违法的企业形成一种强大的威慑力，增强企业遵纪守法的自觉性；⑧新的专业分工对用人制度提出的新要求，将推动用人制度的改革；⑨加强制约机制，促进廉政建设。这项制度的实施会带来海关一系列作业制度的调整和变革，最终为实现我国海关管理的现代化服务。

二、现行海关法律制度对建立稽查制度的影响

在现代法治国家，政府的一切行政活动都必须严格按照法律的规范进行。在我国行政管理法治化水平不断提高的今天，建立海关稽查制度，实行海关监管模式的重大改革，就必然要有法律制度做保障。

从总体上考察，近年来海关的法制建设取得了很大成就。特别是《海关法》

---

① 刊于《海关稽查制度——理论与实践》(李克农、雷国平主编，经济日报出版社 1994 年版)，第 52–60 页。

颁布以来，以《海关法》为核心的海关法规体系已基本建成。这为海关稽查制度的建立提供了最根本的法律保障。从具体的法律法规分析，现行的法律法规也为稽查制度的建立提供了最基本的法律依据。

首先，《海关法》第四条赋予海关的若干权力，特别是关于“查阅、复制与进出境运输工具、货物、物品有关的合同、发票、账册、单据，记录、文件、业务函电、录音录像制品和其他资料”的规定，以及第四十四条关于“进出口货物、进出境物品放行后，海关发现少征或者漏征税款，应当自缴纳税款或者货物、物品放行之日起一年内，向纳税义务人补征。因纳税义务人违反规定而造成的少征或者漏征，海关在三年以内可以追征”的规定，都为海关建立稽查制度提供了最基本、最直接的法律根据。

其次，《中华人民共和国进出口关税条例》(以下简称《关税条例》) 第十六条关于“……海关可以检查买卖双方的有关合同、账册、单据和文件等，或者做其他调查，对于已经海关完税放行的货物，海关仍可检查货物的上述有关资料”的规定，也为海关开展税基稽查提供了法律依据。

最后，若干海关对加工贸易、保税工厂、保税仓库、保税区、经济技术开发区和经济特区的管理法规、规章和规范性文件，也为建立稽查制度提供了部分依据。如《海关对加工装配和中小型补偿贸易进出口货物监管和征免税实施细则》第五条第二款规定：“有关生产单位必须按合同建立进口料、件和设备使用以及成（产）品出口等情况的详细账册。上述账册及来往函电和有关资料，海关有权随时调阅和检查，有关生产单位必须提供方便。”《中华人民共和国海关对加工贸易保税工厂的管理办法》第五条关于建立保税工厂须具备的条件中列明，要“建立专门记录进出口产品生产、销售、库存等情况的账册”；第十条规定，“海关认为必要时，可派关员驻厂或随时派遣关员对保税工厂的料、件、成品的库存、出口情况和单据、账册等进行监督检查，保税工厂应按规定提供办公场所和食宿方便”。再如，《海关对经济技术开发区进出境货物的管理规定》第五条规定，“开发区内享受进出口货物优惠待遇的企业，应建立专门账册，定期向海关书面报告进口物资使用、销售、库存以及出口等有关情况，由海关进行核查，海关有权随时进入企业检查货物情况和调阅有关账册”等。这些关于建立账册和海关随时进入查阅的规定，为海关稽查提供了直接的、可操作的依据。

尽管现行的法律、法规为建立海关稽查制度提供了基本的法律基础和依据，但是如果对照国外海关审计制度，从建立一套完整的、符合时代需要的海关稽查制度的要求看，现有的海关法律、法规尚不能完全满足需要。

首先，现行海关法规对稽查权力的规定不明确、不充分。进入有关企业查账是海关稽查的核心，为保证查账有效进行，并取得应有的效果，海关必须获得查账所需要的充分必要的权力。我国《海关法》第四条赋予海关查阅、复制与进出口有关账册资料的权力，而国外海关的经验证明，要使海关查账更加有效，海关必须获得查阅有关企业全部账册资料的权力。如比利时法律规定，一切直接、间接地从事进出口活动的进口商和出口商，他们的销售书、发票、现金资金平衡账、文件、记录都必须接受海关审计；英国立法规定，海关可要求与进出口活动有关的任何人，包括货物的承运人、装卸人、保管人提供任何有关货物的情况，允许海关检查、摘录复印发票、提单及与货物有关的账册。事实上，由于我国海关法规对有关进出口经营企业的会计账簿、票证管理，包括会计科目、账簿设置、会计档案资料保存期限等均未做出必要的规范，实践中查阅、复制有关账册资料的权力，往往因为企业账簿、票证管理制度不健全、不规范而受到限制。

另外，《海关法》第四条对检查、复制账册资料的规定中，扣留有关账册资料只限于“对其中与违反本法或者其他有关法律、法规的进出境运输工具、货物、物品有牵连的”。这样的限制对开展稽查是不利的，因为海关稽查作为海关的常规职能，经常是在没有认定违法事实的情况下进行的。对稽查中发现的嫌疑，即使不能做出违法认定，但为了及时掌握证据防止当事人毁证，也必须及时封扣。国外的经验正是这样。海关合作理事会在一份关于世界各国海关开展外部审计的调查报告中就做过这样的建议。稽查工作中查问当事人对有关情况进行核实是常用的手段，而《海关法》第四条对这项权力的运用只限于违反本法或者其他有关法律、法规的嫌疑人。《海关法》第十七条规定：进口货物自进境起到办结海关手续止，出口货物自向海关申报起到出境止……应当接受海关监管。对超出上述时效的进出口货物，即不受海关监管的货物，海关是否有权稽查，现行法律是不明确的。现行海关在对保税货物的监管中，虽然对企业的建账、海关查账等做了一些规定，但大多并不明确、不统一、不规范，而对一般贸易企业则没有这方面的规定。这些都将影响稽查工作的有效开展。

其次，现行海关法规中对海关稽查的法律地位、稽查的法律关系和执行程序都没有做出应有的规定。

为了确保海关稽查制度建立在牢固的法律基础之上，严格依法行政，必须在立法上做出必要的调整和完善。

三、稽查制度的法律地位和稽查的法律关系、执行程序

（一）海关稽查的法律地位

从监管过程看，海关稽查是海关在放行货物之后的法定期限内对有关企业实施的常规查账活动，它是海关审单、查验（征税）、放行这一监管过程的延续，与其他各个环节同样具有重要的海关常规监管职能。同时，为了稽查的客观、公正、有效，海关稽查必须相对超然，保持应有的独立性。海关稽查既是打击瞒骗等走私违法活动的有力武器，又对海关监管过程中的其他环节发挥积极的监督制约作用，在现代海关监管制度中占有十分重要的地位。

稽查又与货运监管中以发现嫌疑和线索为前提展开的调查相区别。实践中，它是发现走私违规线索的重要手段。当通过稽查发现线索，需要进一步使用调查权力实施追查时，它经常是调查的准备。它与调查的关系还表现为原则上通过稽查查获的案件应移交调查或有关业务部门依据《海关法》做出处理。当通过稽查查明当事人的违法事实后，应当移交调查部门适用法律、法规进行最后处理。同时，通过稽查发现的海关内部工作差错，也应移交给业务主管部门做出处理。总之，稽查是稽查部门的基本职能，处理则由调查或有关业务部门完成。

（二）海关稽查的法律关系

海关稽查的法律关系就是因海关实施稽查而引起的海关与被稽查人的权利和义务关系。

在国外，海关对外审计的权力一般通过法律、法规规定的形式获得，如澳大利亚在海关法、国内税法及相配套的规定中列明，法国在《海关法典》第65章列明。此外，海关审计权也可通过海关与企业的协议获得，即以海关有权进入企业查账为条件，海关为该企业的进出口提供文件，瑞典海关便是这样。此外，美国海关还通过两个或三个国家间相互协定的办法，获得到另一个国家公司查账的权力等。无论采取哪种形式，在有关的法律、法规、协议、规定中都列明了：①可被审计的人；②可被审计的账册、文件、记录、信函等；③海关的权力；④企业的义务与权利等。

根据国外海关外部审计的经验，结合我国的国情，我国海关应当通过立法获得开展稽查所必需的权力。在立法健全以前，也可通过与企业订立信任协议获得必要的稽查权力。从长远看，海关要实施有效稽查，应设定如下权力：

（1）在法定的期限内查阅、认定、审核进出口经营企业及有关企业的会计账簿、票证、报表及其他资料，包括销售账、平衡账、盈亏账、提单、运单、商业发票、采购单、信用证、报关单等。

（2）在稽查时询问企业法人代表、报关员、会计人员，以核实有关情况。

（3）到进口经营企业的生产、经营场所、进出口货物存放地检查有关货物和其他财产及加工生产（经营）情况。

（4）查核进出口当事人在银行或其他金融机构的账户。

（5）必要时（如发现嫌疑）为保证稽查有效进行，经关长批准，扣押、查封进出口当事人的货物、保税仓库、出口监管库。

（6）必要时书面通知进出口经营企业的开户银行或其他金融机构冻结当事人银行账户等。

海关的义务如下：

（1）在实施稽查前事先通知被稽查人。

（2）保守企业商业秘密。

（3）不得将稽查获得的结论他用。

（4）赔偿因稽查不当给企业造成的损失。

（5）接受企业的复议申请。

经营进出口企业的义务如下：

（1）严格按照国家有关部门的会计制度设置会计科目、会计账簿和报表，必要时还应根据海关的需要增设某些会计科目和账簿，并在法定期限内完好保存有关报关资料、会计档案资料和有关交易资料。

（2）在海关稽查人员询问核实情况时应如实提供，不得拒绝与隐瞒。

（3）为海关人员实施稽查提供办公场所和其他便利。

经营进出口企业的权利如下：

（1）了解稽查结论。

（2）对稽查结论有异议时可向海关申请复议。

（三）稽查制度的执行程序

参照国外海关外部审计和国内审计工作的经验，为保证海关稽查规范化和制度化、严格依法行政，应通过立法设定一套符合国内外惯例的稽查执行程序。常规的稽查一般应遵循如下程序：

（1）确定稽查对象。

（2）收集稽查对象的相关资料。

（3）通知稽查对象海关前往稽查的时间和内容。

（4）进入有关企业查账、核实有关情况。

（5）按统一格式写出书面的稽查结论，并通知当事人。

（6）做出处理，一般移交调查部门，追究当事人安全法律责任。

四、海关稽查制度法治化的途径

海关稽查制度法治化应当包括有关海关稽查立法、执法和守法三方面的内容。海关应当在完善立法、严格执法的基础上，强化企业自觉守法的意识。

（1）充分运用现有海关法律、法规中的有关条款，如《海关法》第四条、《关税条例》第十六条和海关对加工贸易、经济特区等管理规定中有关条款的规定，在法律允许的范围内积极开展稽查工作。

（2）对海关现行法律、法规和规范性文件的有关条款做扩大解释或做出修订。①对《海关法》第四条中“查问”当事人的范围、“扣留”账册资料的条件做扩大解释。②对《海关对报关单位实施注册登记制度的管理规定》做出补充规定：凡申请注册登记报关单位的企业，必须严格按照国家规定的会计制度设置会计科目、账簿和报表，必要时还应根据海关的要求增设某一种或几种会计科目或账册。为了便于海关对企业是否按照国家有关规定建立会计制度做出认定，海关可责成企业在申请报关注册时递交一份由合法的会计师事务所出具的鉴定证明。③在条件成熟时修订《海关法》有关条款，在简化口岸手续、方便进出的同时，强化企业的法律责任，以提高企业守法的自觉性。

（3）充分借助国家有关法律、法规和制度，如《中华人民共和国会计法》《中华人民共和国审计条例》中的有关规定和财政部统一制定的各类会计制度等，责成进出口经营企业和其他有关企业严格按照国家有关法律、法规、制度的规定，开展进出口经营活动，为海关开展稽查工作提供条件。

（4）制定《海关稽查条例》，完善海关稽查立法。在经过一个阶段实践的基础上，着手制定海关稽查制度的基本法律规范。《海关稽查条例》应列明：海关稽查的概念、范围、对象、法律地位，海关稽查的权力，企业的义务和权利，执行程序等。通过《海关稽查条例》的制定，把海关稽查活动全部纳入法治轨道，实现海关稽查的法治化。

美国海关通关作业模式考察报告①

一、考察的基本概况

中国海关通关制度考察团于1997年10月6—20日分别对加拿大海关和美国海关进行了考察。这次考察是在我国通关作业模式改革进行方案设计和论证、改革试点即将开始的特定时期进行的，因而具有特殊的意义。考察团前后走访了两国海关总部，分别考察了加拿大的蒙特利尔海关和美国的纽约海关、蒙菲斯海关、圣地亚哥海关及旧金山海关。考察团以两国海关的通关作业模式为重点，考察了两国海关通关作业的制度背景、战略思想和方法手段，初步了解了两国海关的口岸体制，同时还就中美、中加海关双边合作进行了座谈，初步达成了美、加海关为中国海关提供人员培训等合作意向。由于考察团在出访前做了充分准备，并将本次考察的背景、方案和详细的问题清单书面和口头通知美、加海关，因此这次考察得到了美、加两国海关的高度重视和支持。加拿大海关税务部主管海关事务的副部长助理、美国海关代理署长分别会见了考察团全体成员，并进行了热情友好的会谈。两国海关在总部和各访问海关都派出了强大的阵容与考察团进行座谈和探讨，对中国海关的改革提出了许多好的建议和意见。

二、美国海关通关作业模式的基本概况

（一）明确的战略目标

在通关作业模式考察的过程中，美、加海关都反复强调，当今是一个社会经济快速发展、国际竞争日益加剧的时代，海关面临的形势十分复杂，需要

① 刊于《海关内参》1997年12月19日第74期。考察团团长刘文杰，成员孙亚一、龚正、康强、高融昆、汤维洪。执笔高融昆。

解决的矛盾和问题众多，任务十分繁重。而海关所拥有的管理资源却十分有限，海关工作要取得成效，就必须具备科学的战略思想，不但要树立明确的战略目标，还必须形成一套科学的、行之有效的策略手段。从一定意义上说，美国海关从 1993 年《美国海关现代化法案》出台到 1995 年机构重组，全面实施《People，Processes，Partnerships——海关面向 21 世纪报告》(以下简称《3P 报告》) 的过程，就是战略目标的确立和为实现战略目标实施科学方法的过程。为了适应国际竞争的需要，美、加、墨建立了北美自由贸易区，在区内免除关税，并把通关手续减少到最低限度（重点是打击非法转运和毒品、枪支走私），同时也大力简化与第三国贸易的手续，最大限度地促进贸易效率，提高本国产品在国际市场的竞争力。在严格执法方面，两国海关把重点放在征收关税和国内消费税、打击非法转运、反倾销反补贴、知识产权边境保护、环境保护、防止武器扩散、核材料禁运、反毒品、反洗钱等重要领域。美、加海关尽管管理体制不同，但由于两国面临的国际环境和所要解决的问题基本相同，因而两国海关的战略目标和战略思想基本相同。归结到一点，就是要实现方便进出、促进贸易效率和严格执法、维护贸易秩序两者的平衡。可以说，美、加海关近年来所进行的一系列改革都是围绕着如何处理好这一海关面临的基本矛盾，如何寻找两者的最佳平衡点而展开的。

（二）先进的管理思想和科学的方法手段

战略目标明确以后，在策略方法上，美国海关主要通过促进贸易守法和实施程序管理等途径实现上述目标。

（1）实施贸易守法（trade compliance）战略。实施贸易守法战略是美国海关管理的基本思想。美国海关认为，履行海关职能，提高海关执法水平最有效的途径莫过于进出口商和进出境旅客自觉守法，只要进出口商和进出境旅客都守法了，海关的职能自然就得到了履行。因此，美国海关把工作的战略重心由过去对每票货物的监管转到了对企业经营活动的整体管理，促进当事人守法。这一战略大致包括四方面的内容：一是运用数理统计方法，进行守法评估。海关在有限的通关时间和空间，如何运用有限的人力、物力和技术设备从浩如烟海的物流中找到查控的目标，打击极少数，方便大多数，是各国海关遇到的共同难题。美国海关成功地运用数理统计原理，根据对 301 个口岸通关数据的抽样分析结果，评估各主要企业和主要产业的贸易守法率，从而成功地找到重点目标，实施有效的科学管理方法。美国海关通过抽样统计分析发现，全美国 35 万家进口企业中，最大的1000家企业的进口量占全国全部进口量的50%，进口量最大的8000家企业的进口量占了全部进口量的80%。这说明，只要管住前1000家企业，就管住了全部进口的50%，管住前8000家企业，就管住了全国进口的80%。这样，海关就可以明确地把监管的力量集中于少数进出口量最大或税收最多的进口企业。美国海关在对企业进行这种总量统计分析的同时，还进一步对一些重要产业进行守法评估。在守法率评估方面，美国海关把抽样分析的重点放在进口商品归类、估价的准确性、税款缴纳、知识产权保护、纺织品配额和反倾销反补贴等方面，同时审核企业的内部管理制度，抽查过去一年甚至更长时间的进口账册，从而评定某一企业或某一产业的守法率。产业的守法率高，一般该产业所属企业的守法率也高，海关对该产业及其所属企业的管理也相对宽松；反之亦然。通过分析发现，美国汽车产业的守法率在97%以上，而汽车零部件行业的守法率只有70%，因而对美国重点发展和支持的汽车零部件、钢铁、纺织品、机械制造、农产品食品5个产业实施重点监管。美国海关署贸易战略司还在五个口岸分别设置了专门的现场办公室进行跟踪分析，既确定重点，也负责向国会做出说明。海关通过这样一套思想方法和运作方式，成功地改变了过去逐票验放、平均着力的传统监管模式，从而把有限的监管资源集中在少数守法率低的企业或产业，实施全国和口岸两级布控，极大地提高了海关监管的有效性。二是实施客户管理（account management）。美国海关把与海关来往的对象编成客户账（account），指定客户管理员（account manager），对进口值或纳税量最大的1000家企业实行重点管理。首先，书面通知这些企业已被列为本年度重点审计对象，要求做出自查（informed compliance），检查有无进口申报失实、漏报、漏税或其他违法事情，发现问题的应向海关自我披露，否则经海关审计发现问题的将被重罚，并可能在今后的若干年中对该企业的进口实行重点查验和重点审计。其次，海关出动（trade enforcement），选择重点企业实施抽样审计，进行守法评估（compliance assessment），根据抽样审计的结果分别进行管理，称为守法管理（compliance management），即对守法的客户实施宽松政策，简化通关手续，对其进口货物也予以免查验，对有较大违法行为的企业则加强进口查验并加强审计。这种方法目前已推广到其他一般企业的进口（base line）。三是实施客户导向策略，与客户建立合作伙伴关系，吸收客户参与海关管理。四是在权利和义务平衡基础上实施经济担保。经济担保分为税收担保和执法行为担保两类，其形式则有企业自保、银行担保、担保公司担保、不动产担保等。

（2）引入企业管理理论和方法，实施程序化管理（processes management）。程序化管理本来是工业企业在社会化大生产过程中为打破传统金字塔形企业组织结构形成的条条分割、部门主义倾向，按照生产流程建立横向组织结构开展生产管理的一种制度创新，其目的是提高企业的生产效率和整体管理效能。美国海关把这种先进的管理思想和方法引入海关管理，从而创新了海关管理的观念和制度方法。在这种理论支持下，美国海关把海关的监管和执法活动划分成四大程序：贸易守法程序（trade compliance process）、旅客程序（passenger process）、出口程序（outbound process）和执法程序（enforcement process）。海关实行程序化管理的基本思想，就是把海关的监管活动和执法活动当作生产产品的过程加以管理，投入的是海关管理资源，包括人力、物力、信息、法规及社会的要求，产出的是海关监管和执法的整体效果，包括查验的比例、通关的速度、征收的税款数量、查获的违禁品数量、社会的满意程度等。其中最重要的是，国家赋予海关的各项职责是否得到了有效履行。程序管理的基本原则是合理和简化，必须以最少的投入获得最大的产出。在口岸海关，程序管理的基本方法是，确定每个程序的程序主管，将同一流程所需要的相关人员编成若干个组（team），以贸易守法程序为例，其下设的组分别由现场审单人员（entry specialist）、进口专家（import specialist）和查验官员（inspector）组成，破除了部门之间、作业环节之间的隔阂，既保持了作业的连续和协调，也提高了作业的整体效能，从而获得最大的投入产出比。这不能不说是一种超前的管理思想和管理方法。

（三）协调的组织体制

为了确保战略目标的实现和一整套管理策略和方法的有效应用，美国海关还建立了一套高效的组织管理体系。美国海关的组织体系主要有以下三个特点：

（1）首脑机关高度发达。西方管理理论都十分强调决策在管理中的特殊地位，所谓管理就是决策。因此，美、加海关都十分重视对首脑机关的建设。美国海关属于财政部，但海关管理自成体系。海关署是全国海关的首脑机关，统一管理美国海关的业务、机构、预算、人事。美国海关署高度发达，是名副其实的首脑机关。其特点主要表现在四个方面：一是人多、部门大。美国海关共有 18000 人，仅海关署就有 1200 人，占全国海关总人数的近 7%（1995 年实施机构重组前为 1800 人）。美国海关署基本保持了大部门的格局，10 个部门中有 4 个部门都在 200 人以上，法规司、战略贸易司、信息技术等部门还在纽约等地驻有工作机构。二是重点抓决策和管理。海关署除了法规和裁定司、调查司、现场业务司、贸易战略司、信息技术服务司、国际事务司、国会与公共关系司、财务司、人力资源管理司、内部事务司 10 个司（office），还有直接为署长服务的法律总顾问、计划与评估办公室、贸易督查官、平等就业办公室等 4 个顾问机构。在业务管理上，总署有关部门只负责制定政策法规和制度规范及监督控制，很少办理具体事务。值得一提的是，美国海关署法规司有近 200 人，专门从事海关政策法规及各项归类规则的拟定，除调查和战略贸易司外的其他政策法规几乎都由这一部门制定，既保证了政出一门，也确保了决策的专业化和科学化水平。三是指挥集中统一。美国海关署 10 个司中真正对现场执行具有指挥权的部门只有两个，一个是现场业务司，另一个是调查司。其中，对现场通关具有指挥权的只有现场业务司。美国海关 18000 人中，现场业务司直接管辖着全国海关的 20 个管理中心（CMC）和 301 个口岸（ports），有 11000~12000 人。这样的职能和人员配置保证了指挥的统一和执行的高效，符合行政高效的原则。四是监督有力。海关署内务司是 10 个司中人数最少的，只有 40 人左右，但据口岸海关的关员反映，内务部门或明或暗的监督常常让关员望而生畏，威慑力很强。同时，现场业务司下属的 20 个管理中心在执行层面上发挥着实际的监督协调职能。总之，美国海关署较好地体现了决策科学、指挥统一、执行高效和监督有力这一首脑机关的基本特点（见附录 1：美国海关组织机构）。

（2）口岸业务管理的中枢在中心海关（service ports）。美国共有 301 个口岸海关，其中有 51 个属于中心海关，其余 250 个口岸海关只起口岸验放作用。虽然在海关署和 51 个中心海关之间设有 20 个管理中心，但这些机构不仅人数少（一般只有 10~15 人），而且职能有限，其基本职能仅限于两方面：一是管理支持，如对财务、人事计划及其他管理资源的配置提出方案和建议；二是对所辖口岸执法统一性、一致性进行监督和做出评估，并不是严格意义上的一级行政管理机构。以至于有人半开玩笑地说，管理中心是机构重组过程中为安置部分从总署及地区海关精减下来的官员而设置的。因此，在口岸业务管理中真正起关键作用的是中心海关。总署机关以外负责通关管理的各类专家全部集中在 51 个中心海关。机构重组过程中所谓“把权力下放口岸”或“还权于口岸”，是指撤销区域海关和地区海关，将原来集中在它们手上的管理权下放给 51 个中心海关，而非 250 个基层口岸。中心海关按照贸易守法、旅客程序、出口程序及执法程序等业务程序设置业务管理机构，另设若干支持保障机构，机构设置比较简单，并不与总署对口（见附录2：纽约/纽瓦克地区海关机构）。业务管理的政策和法规指令由总署通过“自动化报关处理系统”（ACS）发布，执行中的问题通过中心海关的关长向现场业务司请示，涉及政策法规解释和商品归类的问题则向法规和裁定司请示。中心海关本口岸及下属口岸的通关决定由专家决定。

（3）基层口岸人数少，功能简单。全国250个基层口岸人数都比较少，每个口岸少的有几人，多的有几十人。人员构成上除口岸关长外，其他都是查验关员（inspector）。口岸的功能配置也十分简单，主要是根据中心海关进口专家的指令进行验放、口岸缉毒、关境巡逻等。基层口岸不设人事及其他后勤保障机构。

（四）统一自动化报关处理系统支持下的两次报关通关模式

美国海关通关模式具有以下几个特点：一是高度集中。集中既体现为全国实行计算机集中式管理，全国海关只有一个中心，301个口岸都是终端，全国各口岸适用统一的通关程序，没有大集中小自由；也体现在51个中心海关进口专家的统一审单上，实际上250个基层口岸不审单。上述两条，保证了美国海关通关作业模式在全国的高度统一和规范。二是两次报关，分步作业。企业通常在货物进口前进行预申报，报关的形式是通过EDI向海关传输一份“简易报关单”文本，同时向海关递交相同内容的纸质报关单，95%的货物经过ACS系统自动审单后即予放行，只有5%的货物需要中心海关审单人员进一步审单。现场查验关员一般根据计算机指令、审单人员批示实施查验，也根据现场判断，自行做出查验决定。货物放行后，企业缴纳关税，并在货物放行后10天内通过EDI向海关传输一份详细的“结关报关单”，同时向海关递交一份相同内容的纸质报关单申请结关。按照美国海关法规定，海关可以将正式结关的期限向后延展，一般为1年，违法的可以延长到3年以上。事实上，进口专家的抽样审单往往是在货物放行、企业缴税之后进行的。详细通关步骤如下：

第一步：传输进口舱单。进口货物的承运人在船舶离港后，货物到港前5~6天向海关传输舱单。目前，95%以上的海运舱单和50%的空运舱单均能以EDI的方式传输给中心海关。海关相关部门对舱单进行预审，确定选择查验的目标，并通过计算机系统进行布控。

第二步：EDI简易报关。进口商或其代理人（报关行）在货物到港前4~5天通过报关行自动联网系统（ABI）向海关初次申报。随后打印出纸质的“简易报关单”，其内容和格式与EDI报关的电子文本相同，只有28项内容，企业签字后，送交海关设置的专门窗口。目前，95% 以上的进口货物是由报关行进行报关的。

第三步：海关计算机自动审单、选择查验、分流放行。海关通过 ACS 对“简易报关单”进行自动审单，选择查验。该环节主要确定是否需要许可、配额证件，或是否需要开箱和专家归类估价等项目。目前，约 95% 的进口货物通过自动审单程序后由计算机以 EDI 的方式直接通知海关现场和报关企业放行有关货物。约 5% 的进口货物则须进一步的审单或对实际货物进行开箱查验，通常由海关关员通过计算机系统或对纸质报关单进行批注的方式通知货主或其代理人和现场海关。

第四步：现场海关复核、查验。现场海关查验关员根据计算机系统的分流管理指令，对重点、疑难商品进行被动式的开箱查验。目前，美国海关通过 4 种方式确定对占总进口数 5% 的货物实施查验，由计算机下达指令：①在对企业或产业进行抽样守法评估的基础上，计算机系统随机抽检；②全国和关区两级进口商品专家和口岸审单专家布控的目标，如纺织品配额商品、反倾销反补贴和知识产权保护等项下的商品；③调查执法部门根据缉毒和查缉武器、弹药等违禁品的需要设定的布控目标；④现场检查关员通过对舱单的分析和对实际货物的监管确定的查验目标。

计算机选择查验指令的下达主要是通过进口商的名称、国内税务编码、制造厂商的名称及编码、原产国别、商品的协调制度（HS）编码、报关行的名称及编码等五大项目进行单项或组合布控来实现的。一般均附有具体查验指令。

另外，美国海关鼓励现场查验关员发挥主观能动性，在授权范围内，根据情报线索、舱单数据分析，或根据现场察言观色和自身的经验等，对系统未要求查验的货物实行临时开箱查验，但事后必须将开验的情况、理由和结果通过系统报告计算机布控选择查验的主管部门——运行分析组（OAS），一方面可以完善系统的风险布控机制，另一方面也可以对现场查验进行协调和制约。这类查验不受 5% 的计算机查验指令比率的限制。

第五步：EDI 结关报关，缴税结关。货主或其代理人在货物放行之后的 10 天以内通过 ABI 系统向海关进行第二次申报。随后打印出纸质的“结关报关单”，有 41 项内容，企业签字后连同随附单据，如发票、提单、有关批件等送交海关设置的专门窗口。海关据以估算税款并办理纳税结关手续。目前，约 50% 的进口货物在不审查纸质报关单及随附单据的情况下，只通过 EDI 计算机审单，即直接办理纳税结关手续。

第六步：事后进一步审单和稽查。根据美国海关的法规，海关在第一阶段征收的只是估算税款，因此第四步的结关也是有条件的。美国海关的进口商品，专家和外部审计人员在进口货物结关后的一年内仍有权对有关货物进行进一步的选择审查（如归类、审价、监管条件等），或对有关企业的经营行为进行外部稽查（见附录3：美国海关（进口）通关作业流程）。

美国海关这种两次报关、先放行后征税的通关作业方式建立在美国社会法制完备、计算机设备和技术普及、企业守法程度高（约90%以上）的基础之上，与我国的现实情况有很大不同。

三、对我国通关作业模式改革的思考与建议

对美、加海关通关作业的考察是短暂的，考察的时间相对于我们要了解的问题来说还远远不够。但是我们仍然从短暂的考察中获得了许多有益的启示，对我国海关的通关作业模式改革、现代海关制度建设将产生积极的影响。

（1）改革目标要坚定不移，方案设计论证要充分科学，试点运作要稳步推进。我国的通关作业改革是在建立现代海关制度目标确立3年后提出的，是在我国海关改革与发展过程中一系列深层次矛盾和问题日益凸显的情况下提出的，既符合国家改革方向，符合建立现代海关制度这一总体目标的需要，也符合海关的现实需要。但是，改革既有风险，也需要成本，改革往往会因为利益格局的调整，或者对改革的前景没有把握而不被理解，甚至遇到阻力。但是，改革是市场经济建设的要求，是市场经济条件下进一步强化海关职能的要求，是解决海关深层次矛盾和问题的需要。改革是历史的必然，不可避免。但是，试点方案设计必须科学，论证工作必须扎实，发扬民主，集思广益。要借鉴美国海关改革的成功经验，在充分发挥专家作用的同时，广泛地听取相关部门、产业界和贸易部门的意见。同时，也要吸取美国海关不搞试点、一步到位，以及由于过多考虑贸易界要求，造成海关政策目标失衡、税收下降、重大违法案件的查获量减少，招致国会批评等教训。一定要积极稳妥，坚持先试点、后推广的原则。改革试点一定要确保足够的力度和深度，使试点工作真正达到发现问题、解决问题、积累经验的目的。

（2）改革机构、调整职能。通关作业改革的目标是解决海关布点分散、条块分割、执法不规范不统一、实际监控功能薄弱、权力下沉、制约乏力、资源

浪费、整体效能不高、制约通关速度等一系列深层次矛盾问题。这些问题大多与现行体制有关，如果不对现行机构及其职能做出调整，上述问题就很难得到真正的解决。因此改革现行组织结构，调整机构职能和作业流程不可避免。从美、加海关改革的实践来看，海关的业务改革都以机构和职能的调整为突破口，否则新的业务制度和业务流程就建立不起来。从美、加海关乃至其他西方国家海关的机构设置及职能配置来看，首脑机关与直属海关（中心海关）、直属海关与口岸海关在事权划分上都十分明确。首脑机关发达，不但表现为首脑机关的人数在全国海关总人数中所占比例较高，而且表现为决策功能、监督控制功能及其他管理功能的强大。中心海关在口岸通关作业管理中发挥着核心的作用，进口管理专家全部集中在中心海关，对各口岸发出通关指令。口岸海关的主要职责是做好实际监管和口岸验放。由于事权划分明确，各级机构各司其职，既确保了执法的规范性和统一性，也使人力资源得到合理配置，海关管理的整体效能得以发挥。我国海关与西方国家海关相比，体制更加独立，承担的职能任务更加繁重，但海关总署作为全国海关的首脑机关欠发达，决策、监督、控制和管理的职能作用难以得到充分有效的发挥。建议强化总署作为首脑机关的职能作用，一要向中央说明海关实行垂直领导、统一管理全国海关事务这一不同于其他政府部门的特殊性，进一步增加编制；二要把大量不该管也管不好的事务性工作交给直属海关管理，集中精力强化总署的决策、监督控制和协调管理功能；三要大力提高首脑机关干部的素质，促进优秀干部的纵向流动。要充分发挥直属海关在通关作业管理中的主导作用，将关区的各类业务专家集中到直属海关，通过发挥人才的规模优势，提高执法的规范化水平和管理的整体效能，还要进一步强化直属海关对隶属海关的人事、财务、监察等职能的管理。要简化隶属海关的基本职能，重点做好口岸实际监管和后续管理工作，大力精减隶属海关的非业务人员。

（3）业务部门应当成为推进业务科技一体化的主体和动力源。随着计算机技术和电信技术的发展，我们进入了信息时代。海关业务的发展和管理水平的提高越来越依赖于计算机技术和信息技术的支持，但是从总体上看，业务部门虽然对科技有需求，但需求往往是模糊的，而且不够强烈，因此科技开发往往出现单边热、“两张皮”的倾向。从美国海关的情况来看，科技开发与业务发展和业务改革紧密相连，业务发展和改革带动了科技的开发和发展。例如，美国海关于 1998 年 3 月试运行的自动环境通关管理系统 ACE，其开发机制便很能说明问题。首先由信息技术服务司、现场业务司、法规和裁定司共同组成25人的混合小组，根据业务发展和业务改革的要求，同时听取贸易界的意见，编写明确的需求方案，交由技术部门开发出这套系统，前后用了整整5年多的时间。我国海关H2000通关系统软件的开发，关税、监管、统计、稽查等业务部门一方面必须提出更为明确和强烈的业务需求，另一方面必须抽调专人负责需求方案和程序的设计编写，使业务部门真正成为业务科技一体化的主体和动力源。

（4）实施高层面的积极的公关战略。执法部门引起政府部门、贸易部门、产业部门不满，甚至受到一些指责，是经常遇到的现象，美国海关和加拿大海关也不例外。但是，海关采取不同的应对策略结果大不相同。以美国海关为例，不但有国会和公共事务司专门负责协调海关与国会及社会各界的联络和沟通，还有属于署长参谋智囊机构的计划与评估办公室、贸易监视官联络国会和财政部，战略贸易司及其下属机构运用数理统计的方法从全国301个口岸抽样提取进口通关数据，对国家主要产业和主要进口企业进行贸易守法评估。一方面，向国会报告国家主要产业和主要进口企业的守法状况，对可能给国家利益造成的损失做出估计，客观上也向社会指明了某一产业走私或商业瞒骗严重与该产业及其企业的守法率低直接相关；另一方面，明确海关监管和打击的重点，客观上也对各口岸的执法水平做出评估。这种积极进取的策略既转移了责任，化解了矛盾，也有利于强化海关的监管，真可谓“一石数鸟”，值得我们借鉴。特别是在加工贸易、关税征收和打击走私等影响全局的重大问题上，我们应当在加强研究的基础上，借鉴美国海关的公关策略，积极争取主动。

（5）人仍然是制度成败的关键，人才培养必须树立战略目标。我们在考察访问中，上至美国海关署的署长，下至口岸海关的关长，都反复向我们强调人的重要性，没有人的现代化，制度的现代化将是空的。因此，美国海关注重人力资源的开发和人才的培养，十分重视对人的管理工作。在海关现代化法案基础上形成的《3P报告》中，专门有1P是讲人的工作。美国海关不但重视关员入关培训和平时定期轮训，更重要的是通过建立一套机制造就专家。例如，他们把通关管理的职位划分成两大门类，内勤的进口专家（entry specialist & import specialist）和现场的查验官员（inspector），每个门类由低到高划分为不同等级，分别形成各自的专家队伍，让专家在通关管理中发挥主导作用。在机构重组过程中，美国海关组织专家“自上而下”进行新方案的宣讲和培训，做到让每个关员都了解改革的目标、原则和基本内容，自觉参与到改革中。结合我国海关实际，我们建议，一是必须有一个中长期的刚性人才开发规划，所谓“中长期”是指在对5~10年中国海关面临的形势和人才需求做出客观科学的评估基础上，制定一个中长期的人才培养规划；所谓“刚性”是指部门服从全局，个人服从整体，确定的规划和选定的人选不为眼前的工作或部门的工作所左右。二是加强战略性人才的培养，在迅速变化的时代，在改革和发展的时代潮流中能否争取主动，战略性人才的培养和储备越来越重要。但是战略性人才不可多得：一方面，战略性人才必须既要了解海关的过去（包括海关的传统和文化），也要了解海关的未来；既要了解国情（包括政治、经济和社会），也要了解国际（包括国际政治、经济贸易和发展趋势）。另一方面，需要有良好的知识结构和开拓进取进行前瞻性工作的能力，这种能力不经过强化培养很难自我生成，因此强化培养战略性人才刻不容缓。三是实施通关作业改革和现代海关制度建设，必须“自上而下”进行宣讲和培训，使每个干部和群众了解我们改革的目标和方向、原则和内容，积极主动地参与到改革中，为海关事业创造更大的辉煌。

附录 1

美国海关组织机构

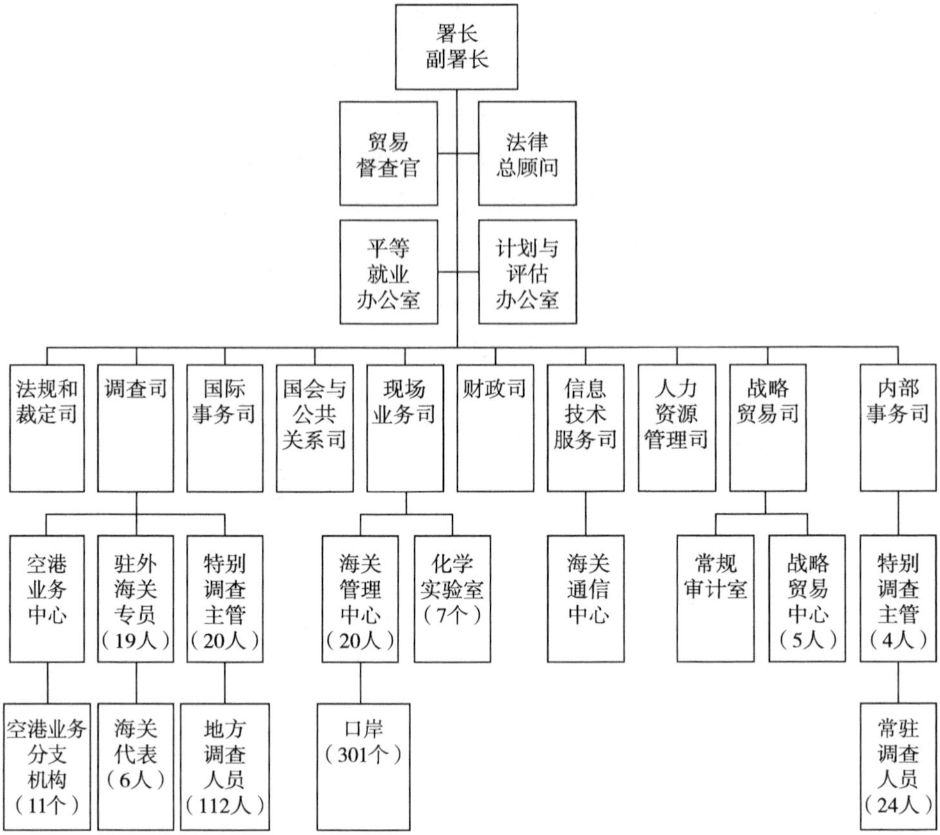

附录 2

纽约 / 纽瓦克地区海关机构

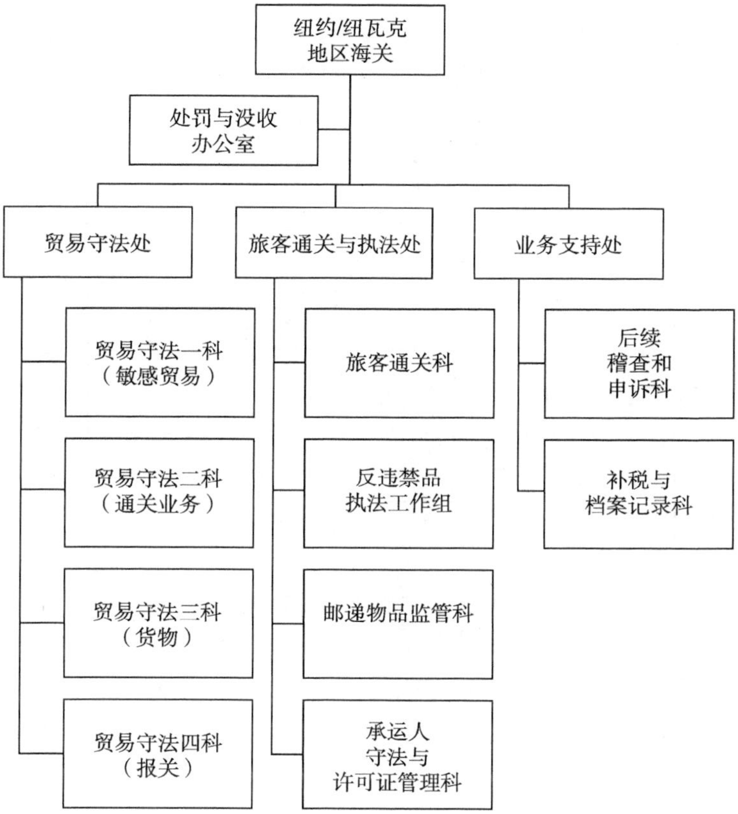

附录 3

美国海关（进口）通关作业流程

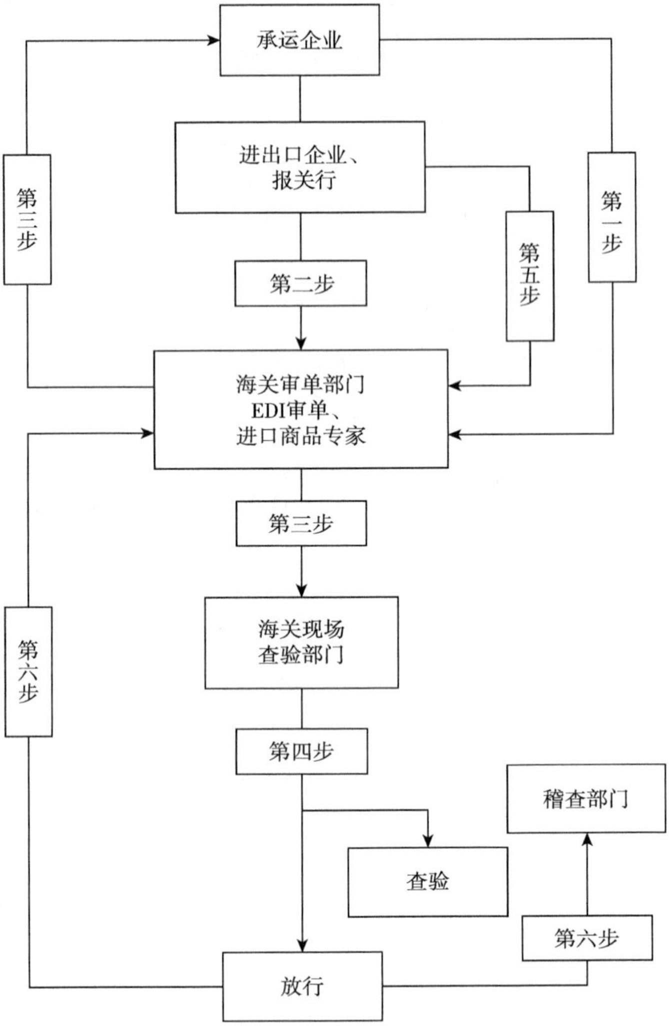

论海关现场业务分工及作业模式改革①

一、现场业务分工和作业模式改革是海关业务管理体制改革的必然选择

建立现代海关制度是跨世纪的海关发展战略。其核心课题是建立简化与严密、效能与制约有机统一的适应改革开放和社会主义市场经济体制建设需要，符合国际惯例的高效便捷的现代海关业务管理体制和作业模式。

新中国成立后，我国在摒弃旧的海关制度的基础上建立了一套与当时高度集中的计划经济体制和经济发展水平相适应的海关业务制度。根据改革开放和建立有计划的商品经济体制的需要，对海关业务制度进行了一系列改革。在改革过程中大胆借鉴了国外海关的先进经验和管理制度，建立了现行海关业务管理体制和现场作业模式。其基本特征是：现场海关的货管监管、征税、保税、统计、查验部门各自相对独立，监管、征税、统计等部门分别根据本部门工作需要对企业的进出口申报进行审单作业，然后由查验关员对货物进行查验放行。然而，随着对外开放程度的不断扩大和对外贸易的快速发展，这一业务分工与作业模式日益暴露出多方面的缺陷。

（1）条块分割的作业模式，制约通关效率和海关监管整体效能的提高。随着对外贸易持续高速的增长和对外贸易依存度的提高，社会各界对简化手续、加快通关速度的呼声越来越高。这已成为建立现代海关制度需要解决的首要课题。而现行通关模式，货、征、统、验各环节条条作业，分兵把口，自成体系，通关效率低下。货物通关，报关单需经过统计、监管、征税甚至查验人员的多次重复审单。同时，这一作业模式将海关大量人员集中于货、征、统环节单证作业，而对货物、运输工具、码头、仓库、闸口等海关监管场所的实际监管则

① 刊于《海关研究》1998 年第 3 期，第 1–8 页。作者高融昆、林海。

相对弱化，并且以一票货物（即一份报关单）为监管单元、逐票审核的作业方法，既忽视了国际市场与国内市场的有机联系，也忽视了对外贸易进出口物流的内在联系。海关监管的时间和空间局限于狭小的通关现场和短暂的时间，使海关监管的整体效能无法提高。从总署、直属海关到各业务现场，业务机构层层对口设置，易形成强烈的部门观念和局部利益，增加协调困难，进一步制约着海关整体监管效能的发挥和提高。

（2）作业流程不规范，执法标准不统一。由于目前各地海关布点分散，各业务现场大多自成一套作业程序和标准，全国难以形成统一规范的业务标准，客观上对外造成海关政策不统一、执法不透明的印象。

（3）权力下沉，缺乏监督与制约。现行条块分割的业务管理体制一方面不仅影响海关业务管理决策上的整体性和科学性，也影响政策执行的可操作性，实践中一些政策和规定在到达各口岸现场执行之前需要经过层层细化或解释，也使现场执行关员获得很大的“自由裁量权”；另一方面对现场业务权的行使缺乏有效的监督机制，对高风险作业环节缺乏有效的制约，客观上造成海关业务管理权下沉，在一些地方、一些现场容易滋生腐败。

（4）管理资源重复投入，浪费严重。各隶属海关甚至同一隶属海关的不同业务现场，其海关业务管理的权限相等、功能相同，机构、人员、计算机、通信设备等各项管理设施完备，可谓“五脏俱全”。管理资源的分散和重复投入难以形成规模效应，浪费严重。

（5）海关综合业务专家难以形成，人力资源配置不合理。条块分割的业务管理体制，就事论事、高度繁杂的单证纸面作业以及业务与科技的脱节，加上人事管理对业务管理缺乏有效的激励机制，难以通过基层业务现场造就进出口业务管理专家。同时，各口岸现场的业务分工及职责划分又缺乏统一的标准和规定，造成现场之间、部门之间、岗位之间的人力资源配置比例不科学，人员严重短缺和浪费同时并存。这些都削弱了海关管理的效能，降低了管理的水平。

这些从根本上来说都是体制的问题，因此必须通过改革海关现场业务作业模式、业务管理体制来解决。

二、建立内外勤分离、货征有机统一的新型现场业务分工的作业模式

“内外勤分离作业”是一种通俗说法，它既不是重复旧海关（指新中国成立前的海关）内外班作业制度，也不是简单的审单与查验分工作业。旧海关的内外

班作业模式在当代国际贸易和计算机、信息技术迅猛发展的今天已不合时宜，而简单意义上的审单和查验分工作业事实上早已实现。设想中的内外勤分离作业模式的实质是按照现代海关制度的总体目标，根据作业流程化、管理信息化的原则，对海关现行分散低效的业务分工与作业模式进行系统设计和优化组合，形成在信息系统支持下，以审单中心为核心，把分散在各业务现场的审单工作集中到审单中心，由专家按商品或贸易性质进行分类审单，同时变货征统分别审单为一次性整体审单，现场海关则根据审单专家的指令对货物实施查验和扣放。其基本业务程序是：进出口企业或代理公司实行电子申报—电子预审和风险布控—审单中心专家审单并向现场海关发布查验指令—现场海关调度查验力量实施查验并放行货物，同时对审单中心做出反馈。内外勤分离改革后通关业务流程如图 1 所示。

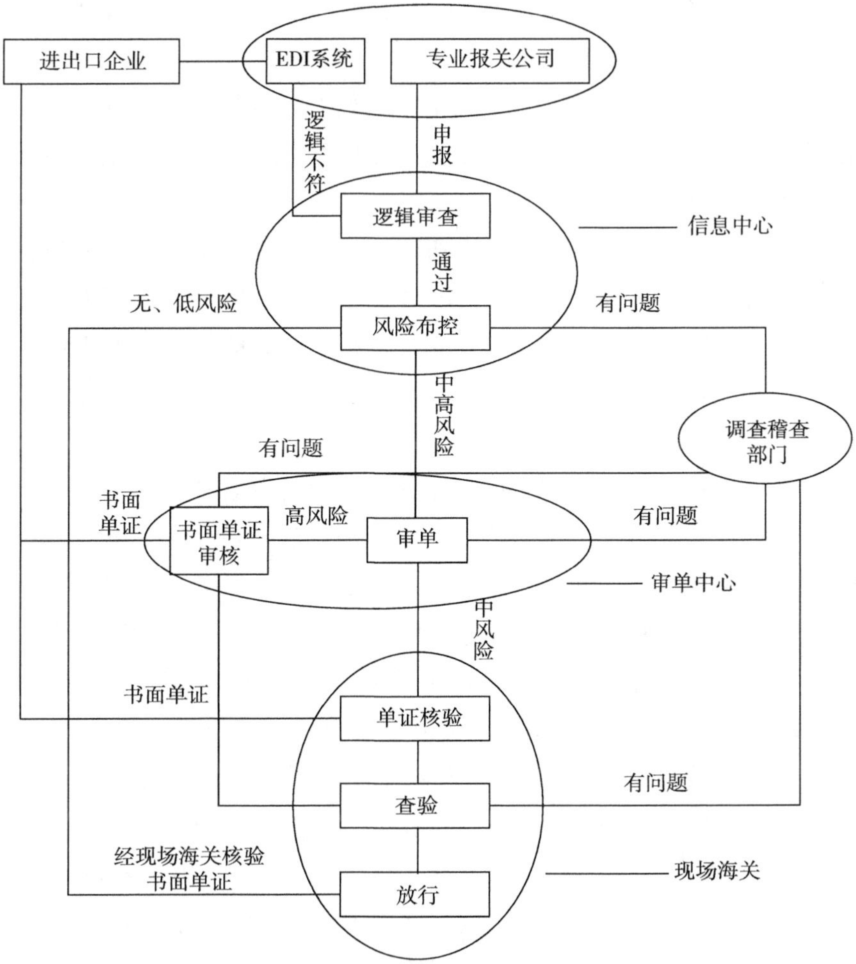

图 1　内外勤分离改革后通关业务流程

（1）企业通过 EDI 系统或 H883 预录入系统进行电子申报：在向海关申报前，进出口企业及其代理公司需做好一切报关准备。海关应逐步实现与外经贸、动植物检疫、卫检、商检等部门的计算机联网，凡进出口货物需要上述有关部门出具许可或证明的，企业及其代理公司通过 EDI 系统向有关部门提出申请，获得许可或证明后，通过 EDI 系统或 H883 预录入系统向海关申报（电子申报）。与此同时，外经贸等部门通过网络将许可（证明）的号码和底账传输至海关备查。海关审单中心审核后，将审单通过的授权（LICENSE）代码反馈给申报人，申报人打印获得海关授权的报关单和随附单据向现场关办理验放手续。

（2）电子预审和风险布控：企业报关输入的所有信息首先进入海关电子预审和风险布控系统，信息中心通过该系统进行如下作业：

——按照海关数据录入标准对申报数据进行逻辑检查，对数据不规范的申报退回申报人更正，确保数据规范。

——依据进出境管理措施的要求对申报数据进行逻辑检查，确认申报所需随附的单证（许可证、配额证明、发票、装箱单等）合法、齐全、有效，检查单证内容与申报是否相符。

——依据风险分析程序设定的分析流程，对海关监管的风险率进行评估，并实行风险布控。通过自动读取海关数据库内各部门和子系统的数据，综合信息数据和货物本身各项指标的风险因素（包括企业信息，重点监管商品清单，贸易方式，货物种类、规格、价格、税率等）进行量化评估。对于低风险的货物，该系统自动向申报人发出授权代码，并直接指令查验中心查验或放行。对高风险货物、调查部门布控的货物及其他不明货物的申报则进入审单中心审单。

（3）审单中心集中分类审单：经过电子预审系统审核后，除电子预审系统径自确定放行的货物外，其余申报均需要海关业务专家实行集中审单。审单中心把目前分散在各现场口岸的大部分优秀审单关员加以集中，逐步实行专家审单，即由专家对各类进出口货物实行统一分类（如按税则章节目录、贸易类别、特定项目等）审单。将由现行监管、征税、统计各部门分别审单改为进出口业务管理专家实行统一分类（如按税则章节目录、贸易类别、特定项目等）审单，并由专家群体完成，实现由专家进行高水平的集中分离审单，确定需要查验的货物，指令“查验中心”实施重点监管，而对大部分货物可指令直接放行。为提高审核质量和速度，“审单中心”的业务专家可在风险分析系统的支持下一次完成如下作业：①审核监管条件。②审核征管指标。通过横向的对比分析，审定原产地、商品归类、估价，并审核税款。③审核统计指标。④审单中心审核完毕，对申报进行流水编号，将审核结果与申报编号通过EDI系统反馈给申报人。⑤同时向现场下达验货指令，并提出明确的查验要求，或直接下达放行指令。

在海关与银行EDI系统联网的情况下，审单中心还可将征税指令传输至银行，将税款从纳税人银行账户自动划入中央金库。在海关与银行尚未联网的情况下，由审单中心核定税款后，通过现场海关打印税单，由当事人向所在地银行缴款。

经过电子预审和风险布控系统以及审单中心确定，查验货物总数应不超过进出口申报货物总数的5%，查获率应不低于10%。

（4）现场海关：内外勤分工分离作业后，对现场海关通关作业的职能作用将做出相应的调整。海关查验的专业化技能将得到很大提高，现行管理中被忽视的边境管理、海关对各类监管场所的监管、货物运输工具的实际监管、现场调研都将大大加强，海关现场监管的有效性将得到极大提高。

按照新的分工，现场海关将主要完成如下作业：

现场海关接到货主提货申请后，将依据申报编号从计算机终端调阅申报底单，核对书面报关单及随附单据的合法性和有效性。

执行审单中心的查验指令，未发现异常情况的径予放行。对查验中发现的问题应反馈到“审单中心”，由审单专家提出处理办法；对涉嫌走私违法的，移交调查部门继续处理。查验关员做好查验批注，所有查验结果须反馈给“审单中心”备案，并录入有关数据库（如企业信息、重点监控货物等）用于对风险分析系统的维护。

现场海关要加强现场调研，参与海关风险分析系统有关指标的维护。同时，在明确的职权范围内，对“审单中心”确定放行而认为确有疑点需查验的，报请现场海关领导批准可实施查验。

加强对海关监管区域、场所、保税区域和其他海关特定监管区域的巡逻和监视。

根据审单中心指令打印税单，并监督税款入库。

建立新型的海关现场作业模式，在业务管理上实行业务专家体制，并使其与行政事务相对分离，逐步实现业务管理的专家负责制；在业务管理上充分运用风险分析、监管重点由货物向企业转移等现代海关管理原则，并更加紧密地依靠业务科技一体化；在机构设置上建立"审单中心"，形成货征统有机统一、内外勤分离的模式。这种新型的现场作业模式必将对现代海关制度的建设产生重大而深远的影响。

第一，实行内外勤分离作业改革，有利于建立统一执法的机制。以关区为单位建立审单中心，在关区内逐步实现专家统一审单，这样的机制将改变目前关区内由于隶属海关和业务现场林立，各业务现场对政策法律把握宽严不一、执行不统一的状况。由专家按商品分类实施类比审单，也将改变现行逐票审单、相互脱节、适用政策法律不平衡的状况。关区执行政策的规范和统一，将为全国关境执法规范和统一提供良好的基础。

第二，有利于建立各业务部门之间既相互配合，又相互制约的新型关系。改革后，海关通关管理业务将划分成信息中心实施综合信息管理、审单中心综合审单、现场海关验放管理三大门类。这三大门类将在信息系统的支持下，建立决策、执行、监督相互分离，既相互联系配合，又相互制约的新型机制，不仅有利于提高海关监管的科学性和有效性，也有利于改变目前权力过分集中，而又缺乏有效制约的状况，推动海关的廉政建设。

第三，提高货征统等海关业务综合管理水平，大大提高海关监管的整体效能。审单中心专家集中审单，减少了多部门、多环节重复审单，提高了货物通关的速度。货运量越大的关区在这方面的获益越大。同时，实施信息化管理，通过对企业资料、资信状况、贸易环境、货物流向、货物特征等环节的综合分析，在风险分析的基础上科学确定监管方式，从而大大提高监管的有效性。此外，在加强通关管理的同时，加强通关管理部门与后续稽查部门的联系和配合，通过明确通关与稽查等后续监管部门各自的职责，有利于海关监管重点由货物向企业的转移。另外，计算机参与管理，不仅能减轻工作量、提高效率，更重要的是能建立真正有效的监督制约机制，把海关监管工作中的人为因素降到最低限度，提高管理的科学化与规范化程度。

第四，有利于建立科学的海关人力资源配置机制，形成培养人才的良好环境，促进关员综合素质的提高。人才的成长需要环境，更需要合理的机制支持。现行"铁路警察，各管一段"的业务管理体制，不利于造就高素质的综合业务管理专家，也培养不出信息管理专家。信息中心、审单中心及查验中心的成立，将从机制上保证三方面专家的培养。与此相适应的专家制度的建立，反过来又将进一步激励关员提高自身素质，从而形成有效的专家需求、培养和使用机制。

同时，从低水平分散到高水平集中，使海关有限的优秀专家集中到海关管理最需要的岗位，发挥最大效能，也可以使从各业务现场审单岗位上精减下来的人员加强现场实际监管，充实其他业务部门和岗位。

三、实行现场作业模式改革的可行性分析

制度总是依赖一定的环境存在。从内部看，实施内外勤分离作业改革必然要依靠计算机技术和网络技术的支持，需要与作业流程相适应的组织机构的调整配合，需要提高关员素质及专业化水平；从外部看，需要进出境执法环境的逐步改善和口岸相关部门配套改革的支持。从一定意义上说，上述制度环境要素的状况直接影响和关系改革的成败。理性地分析和把握环境诸要素，将有助于我们做出正确的判断和决策。

从海关的计算机技术和网络技术来看，自 1988 年海关成功推行 H883 系统以来，计算机的应用得到了普及。目前，计算机技术已被应用到海关监管、征税、统计、加工贸易等各业务领域；通信技术也得到了巨大的发展，计算机关区网与全国网都已逐步建立，EDI 技术的试点和应用也取得了重大进展。这些都为实行内外勤分离作业改革创造了十分重要的条件。但是，必须看到，现行 H883 系统主要解决的是计算机替代手工的问题，在计算机参与海关业务管理，即实现海关业务的信息化管理方面仅仅是开始。全国海关虽然已初步实现了计算机联网，但尚不具备大规模网上作业的条件。尽管如此，我们仍然认为，就我国海关目前的计算机技术条件而言，通过一定的努力，是能够为实现内外勤分离作业提供技术支持的。从大的方面来看，由于现代微电子技术、通信技术、计算机技术的飞速发展，海关实施内外勤分离作业和信息化管理在技术条件（如电子预审系统、风险控制系统、实现 EDI 报关所需的计算机软硬件、网络、通信技术）和技术能力方面已经不存在难以克服的困难。

从海关自身的情况看，H883/EDI 技术的应用和推广，特别是海关 2000 系统将从根本上为海关的信息化管理提供技术保障。当前，作为内外勤分离作业改革试点的必要条件，应当在三个方面取得重点突破：一是计算机基础网络建设和 EDI 技术在试点关区的运用和推广普及，同时实现与经贸及其他口岸部门的 EDI 系统联网，这既是关区“审单中心”得以发挥强大功能的必要条件，也是减少企业来回奔波之苦，降低企业通关成本，最终实现无纸报关和最大限度促进贸易效率的基础。二是风险分析方法在审单及其他各项业务管理工作中的实

际运用，实际上是计算机参与海关业务管理、实现海关信息化管理的重要体现。通过建立风险分析方法的程序与模型，对进出口经营企业和进出口货物进行风险分析和布控；为海关监管决策提供辅助，从而提高海关监管的科学性和有效性。三是计算机参与舱单核销管理、现场监管、转关管理等，提高通关管理的整体效能。

从通关作业流程和机构设置来看，目前从直属关到隶属关基本都是货征统各管一段。有的隶属关和业务现场虽然设立审单征统科，把货征统审单合并在一个部门，而查验一般是由另外一个科室完成，因此从形式上看已实现了内勤与外勤的分离，但是，我们说的内外勤分离作业改革的实质是现场业务分工和作业模式的改革，其最终目标是把海关通关管理业务划分成信息管理、审单、现场管理三大门类，在信息系统的支持下，把分散在各业务现场的低水平审单集中起来由审单中心专家按商品分类实行集中审单，同时实现在审单中心指挥下的外勤查验。据此，海关通关管理的机构和职责都将根据业务分工和作业流程做出相应的调整。信息中心将负责海关综合信息管理和规范化管理，审单中心负责货征统合一审单，查验中心或现场海关负责查验和现场管理。随着信息中心、审单中心和查验中心的建立，需要对现行直属海关的监管、征税、统计等职能机构的职能和隶属海关的部分职能做出相应的调整。任何改革都会有困难，机构和职能的调整困难可能更多一些，但只要从全局利益出发，从发展的观点出发，改革中的困难是可以克服的。

从海关人员综合素质和专业化水平来看，内外勤分离作业改革要求有综合性信息管理专家、综合审单专家、查验专家，但现行海关干部素质离改革的要求还有很大的差距。如何克服这些差距，也是确保改革取得成功的重要条件。培养和造就专家的途径有两条：一是学校培养，二是实践培养。从根本上说，需要一套良性的机制。但是，现行业务管理体制难以培养和造就信息管理、综合审单、现场管理等综合业务专家，专业化水平不容易提高。除了在人事制度上建立一套有效的造就专家的激励机制外，最关键的还是要在工作机制和作业流程中建立一种新的机制，因为学校培养的专门人才需要实践岗位的磨炼和机制的塑造。所以，高素质的综合业务专家必须在良性机制中逐步培养，希望在拥有一大批专家之后再进行这项改革是不现实的。

从海关执法的外部环境来看，内外勤分离作业改革要求有一个良好的执法环境，特别是对进出口商的守法状况、相关部门的联系配合，报关企业及报关员行为的规范化程度提出了更高的要求。但是，我国正处于经济转型时期，进出境环节的走私违法情况仍很严重，有的还相当猖獗。一些报关人的行为不规范，报关数据的质量低，制约着改革的实施。同时，改革必然带来隶属海关和业务现场职能的调整，对此地方政府特别是隶属海关所在地政府也会有不同意见。这些都是不利因素。但是应当看到，我国的市场法制已不断完善，企业的守法意识也在增强，特别是随着海关法制的不断健全、打击走私违法力度的加强，企业的守法状况得到改善。随着海关整顿报关市场和规范报关行为力度的进一步加大，逐步实行报关员资格全国统一考试制度，报关的质量将得到提高。当地方政府了解到实行这项改革并不是撤销隶属海关和业务现场时，抵触情绪也会得到缓解。随着 EDI 技术的不断推广和应用，海关与口岸各部门的计算机联网和电子信息交换将得到加强，口岸管理的整体效能将得到提高，这也为改革创造了有利条件。

另外，从宏观上看，我国社会主义市场经济体制和现代企业制度建设都在向前推进，在 21 世纪的今天，如果我们不加快业务管理体制改革的进程，海关管理就会滞后，海关将会贻误发展的良机。挑战与机遇并存，压力与动力同在。只有抓住这一机遇，迎接挑战，海关事业才能得到更大发展。

四、实施内外勤分离作业改革需要注意的几个问题

（1）统一思想认识，完整准确地理解和把握内外勤分离改革的重要意义。内外勤分离作业制度改革并不像有些人说的那样，是“分久必合、合久必分”的历史循环，而是海关业务管理体制的一次革命性变革，是海关业务管理体制适应社会主义市场经济体制建设和发展、与国际海关通行做法相协调的重大改革步骤，是简化通关手续、方便企业合法进出、让守法者获得最大通关便利的重要途径，也是从根本上解决和缓解现行业务管理过程中一系列根深蒂固的矛盾和问题、提高海关监管的科学性和有效性的基本出路，是关系到在新的历史条件下海关能否跟上和适应社会经济发展的步伐，从而更好地促进经济和贸易发展的大问题。各海关、海关各级领导和干部都应当从这个高度认识这场改革，确保改革能顺利进行。

（2）打破框框，排除阻力，确保改革达到预期效果。内外勤分离作业制度改革是建立现代海关业务管理制度的关键。这一改革涉及海关管理的方方面面，必然会涉及利益格局的调整，也会遇到各种阻力。所以，如果没有全局的观念、

整体的观念、冲破传统框框的决心和勇气，改革就达不到预期的效果。各级海关、各个部门、各级领导都要同心协力，积极支持和促进这项改革，应当及时总结改革中形成的经验，解决存在的问题，进一步推动改革。领导机关要加强指导，帮助下级海关解决问题；监管、关税等部门要逐步实现海关监管重点由货物向企业的转移，在简化现场手续、加速通关的同时，加强对企业的后续监管和稽查；科技部门应抓紧业务科技一体化的进程；人事、培训部门也要做出相应调整，法制部门要加紧有关法律的修订工作，及时适应并支持改革带来的多方面转变。

（3）加强领导，精心组织，稳步推行。由于这项重大改革涉及面广、力度大，遇到困难和阻力是难以想象的，因此加强领导是关键。试点海关一定要加大投入，精心组织，做到“大胆设计，小心求证，稳步推进”，确保改革顺利进行。要做好方案的研究论证工作，在充分分析困难和问题、研究先进国家海关做法的基础上制定和论证试点方案，这是改革试点的基础。信息中心、审单中心、查验中心以及风险分析系统等工作既可以一步到位，也可以分步走。对于改革中出现的难题，可以本着“积极研究、先易后难、逐步完善”的原则加以解决，切忌简单冒进，要推动改革一步步向前走。

（4）加强对关员的全面教育，提高综合素质。“求木之长，必固其根本。”内外勤分离作业改革的实际效果如何，最终取决于人员的专业化水平和综合素质的高低。内外勤分离作业改革要求信息中心、审单中心的内勤人员必须同时掌握监管、征税、统计等方面全面的业务知识以及风险分析方法和计算机知识，成为名副其实的综合业务专家，海关教育和培训工作一定要适应这种转变，实行全面的综合业务知识培训。对要求高的内勤岗位要实行考试竞争上岗、择优录用的制度。外勤关员同样需要强化商品知识，特别要提高查验的专业化水平，同时还要加强对外勤人员的廉政教育和综合素质教育。

内外勤分离作业制度改革既是建立现代海关制度的一场前哨战，也是建立现代海关制度的攻坚战，打好这场关键战役不但具有重要的现实意义，也具有深远的历史意义。全国海关必须齐心协力搞好这项改革，为现代海关制度的最终建立打下坚实的基础。

近年来我国走私猖獗的原因及其对策[①]

走私是逃避国家进出口贸易和物品管制，偷逃国家进出口税收的违法犯罪行为。[②]走私现象古已有之，在世界各国也普遍存在。只要存在贸易管制，存在国内外市场的差价，走私便有存在的土壤，也就不可避免。但是，近10年来，走私犯罪在我国日益猖獗，已经成为严重危害社会的重要犯罪形式之一。研究我国近年来走私犯罪活动的成因和对策，具有重大的现实意义和长远的历史意义。

一、走私的基本情况

新中国成立以来，走私犹如一个“幽灵”一直在我国东南沿海游荡。它随着我国国民经济形势的变化和对外关系的变化而时起时伏，从未间断。但总体来说，从新中国成立初期帝国主义对我国的封锁和10年“文化大革命”，到20世纪70年代末我国实行改革开放、打开国门以前，尽管国内外市场存在巨大差价，但由于我国实行高度计划经济体制和对外贸易管制，不存在发生大规模走私的土壤和条件。因此，当时的走私是零散的、小规模的，影响和危害也相对有限。走私的主要特点是沿海渔民利用渔船进行零星走私，以及旅客行李和邮递物品夹藏走私。据统计，从新中国成立后到改革开放前的30年，全国海关共查获走私案件58万余起，案值16亿多元。

1978年党的十一届三中全会召开，我国实行了开放搞活的基本国策，打开了关闭30年的国门。伴随这种形势的发展，走私活动日益抬头并迅速蔓延，规模逐年扩大，危害也越来越严重。从1978年到1998年，我们大致可以将走私

---

① 刊于《经济研究》2000年第10期。

② 在国外，通常将此类违法犯罪活动分为两类：一是不经过海关，从海上、陆路偷越关境，或虽经过海关但藏匿不报，或公然闯关，此为走私；二是经过海关，但伪报品名、数量、规格等，逃避税收和贸易管制。

活动划分为三个阶段。

第一阶段：从20世纪70年代末到1984年。走私基本上是自然人的个人行为。走私方式主要是旅客夹藏，同时伴随局部地区的海上偷运走私。走私地域不广，相对集中于东南沿海地区。虽然个别地区也出现过群众性走私高潮，但总体来看走私总量不大。如1978年，全国海关共查获走私案件9490起，案值227万元。到1985年，全国海关全年查获的走私案件为2.3万起，案值7.1亿元。走私物品主要是手表、尼龙布、折叠伞、收录机等生活消费品和少量机器设备和生产资料。因此，从总体上看，当时的走私对国民经济的冲击还不是很大。

第二阶段：从20世纪80年代中期到80年代末。从1985年开始，我国陆续出台了一系列促进加工贸易发展的新政策和新制度，加工贸易在我国，特别在东南沿海地区得到了巨大的发展。1988年，我国实行"两头在外""大进大出"的外贸发展战略，进一步推动了外向型经济的发展。由于我国从一开始就实行了不同于欧美和亚洲其他国家的加工贸易监管模式[①]，即通常所称的"遍地开花式"的管理模式。在海关监管条件不具备、力量跟不上的情况下，部分人利用加工贸易渠道，通过少报多进、多报少出、高报单耗、只进不出等手法，大肆倒卖保税进口的原材料和生产成品。同时，通过边境小额贸易、易货贸易渠道进行的边贸走私日益严重。这一阶段出现的明显变化是走私的重点渠道从旅客行李物品、邮递物品渠道转移到货运渠道；利用加工贸易和边境贸易进行走私成为这一时期最显著的特点；法人、团伙逐步成为走私的主体；广东、广西和浙江陆续成为走私的热点地区。这一时期发生了震惊全国的海南汽车大案。

第三阶段：20世纪90年代。群众性走私、集团性走私、企事业单位走私都很猖獗，是新中国成立以来走私规模最大、最为严重的时期。在这一时期，全国出现了两次大的走私高潮，一是1992—1993年，走私重点地区是"两广"、山东、浙江、辽宁等地，走私的重点商品是汽车、香烟和生产性原材料。二是1997—1998年，出现了全国性大规模的生产性原材料走私。境内外走私集团相互勾结高科技作案、走私集团与"黑社会"相互勾结走私、走私分子与执法人员相互勾结走私、放私，甚至武装护私、暴力抗拒缉私都是这一时期走私的最

① 在欧美，通常采用两种方式对加工贸易进行监管：一是先征后退，即原材料进口时先行征税，加工成品出口时再退税。二是实行在担保条件下的暂时进口加工。在亚洲国家通常实行封闭监管模式，即在一个封闭的、由海关监管的特定区域内将从国外进口的原材料进行保税加工生产，成品出口后向海关核销。

显著特点。在1993年发生了山东乳山特大汽车、香烟走私案和广西钦州特大汽车走私案（以“易货贸易”名义走私进口汽车798辆）等著名案件。1998年在深圳福田保税区、湛江、福建福清等地发生了新中国成立以来罕见的内外勾结、受贿放私案，大量海关人员被卷入，在国内引起强烈反响。全国海关1998年查获走私案件8381起，案值154亿元，是1979—1991年总和（40.5亿元）的近4倍。关系国计民生的重要生产资料大规模走私，对国民经济造成了极大冲击。

回顾近20年来我国改革开放和经济发展的历史，走私这一可怕的“幽灵”，对我国的改革开放和现代化建设构成了严重威胁。从发展看，20年来我国走私犯罪活动呈现出如下明显趋势：

（1）走私的地域越来越广。改革开放初期，走私的地域分布主要集中在广东海丰、陆丰和浙江温州沿海一带。到20世纪80年代中期扩大到广东、广西、浙江整个东南沿海一带。20世纪80年代后期到90年代初，向南进一步扩大到海南，向北进一步扩大到长江流域、山东、辽宁、吉林等整个沿海地区，向西扩展到云南、西藏等地。同时，随着加工贸易向全国扩展，通过加工贸易渠道进行的走私遍及全国。但是，走私最严重的地区仍然集中在两广和福建地区。

（2）走私的主渠道转向货运渠道和海上大规模偷运。改革开放初期，全国海关查获走私案件的绝大部分属于旅客出入境时夹带或藏匿物品走私，伴有少量的海上渔民偷运走私。从20世纪80年代中期以后，走私分子利用通关业务量大幅度增长、海关监管力量和手段跟不上等实际困难，将走私渠道的重点转向货运渠道。同时，利用走私母船与渔船在公海接驳等方式，大肆走私香烟、汽车等高档敏感商品。

（3）走私规模越来越大，案值越来越高。平均每起案件的案值，1979年为500多元，1985年为3万多元，1990年为5万多元，1998年为183.7万元。仅1998年，全国海关查获走私案件的案值即为154亿元，相当于整个80年代总案值的近50%。有资料显示，1992—1993年，韩国海关统计出口到中国大陆的各类汽车为27303辆，而中国海关统计同期我国从韩国正常进口的车辆只有211辆；1992年下半年至1993年3月，香港海关统计从香港转口到内地的小轿车为60388辆，海关总署统计同期从香港正常进口的只有29369辆。1998年1—6月，海关总署与香港海关统计的进出口差为60亿美元，内地进口仅为香港出口的80%。1998年，全国海关、公安、工商等有关执法部门共查获走私贩私案件

1.55 万起，案值 208.55 亿元，占全年进口总值 1402 亿美元的 1.8%。[①] 如按国际通行的查获率（查获量与实际走私量之比）为 1/10 测算，实际走私总量估计占全年进口总值的 18%，约为 252 亿美元。1998 年在湛江爆发的走私大案，现初步查明，走私团伙从 1996 年初至 1998 年 8 月约两年半的时间里共走私进口了汽车 15000 辆、成品油 120 万吨、钢材 110 万吨，走私案值超过 100 亿元，偷逃国家税收 60 多亿元。

（4）走私主体从以自然人为主转向以法人、特殊法人为主。改革开放初期，走私主体基本以旅客、沿海渔民为主，到 20 世纪 80 年代中期以后转为以东南沿海的乡镇企业、集体企业、三资企业和国营企业等法人为主。进入 90 年代以后，走私主体又出现两个显著的特征：一是境外集团、"黑社会"性质团伙介入的迹象日益明显；二是国内越来越多的特殊法人被卷入走私犯罪，而且与执法机关的腐败密切相关。1998 年，朱镕基在全国打击走私工作会议上指出："近年来走私活动的突出特点，是法人走私泛滥，特别是特殊法人走私严重。"以 1998 年为例，全国海关共查获各类法人走私大要案 1223 起，案值 110.6 亿元，分别占同期查获大要案总量的 68% 和 81%。

（5）走私日益专业化、智能化，包税成为最常见的手法。走私分子使用的交通、通信设备，很多经过特殊改装，往往比海关装备还要先进，如武汉海关 1996 年底查获的香烟走私贩私团伙就是典型的"一条龙"式专业走私贩私集团，团伙成员配备了先进的交通、通信工具，并购买了专门用于走私香烟的运输工具"振风 6 号"船。船上配备了大功率单边带通信机，可与世界上任何一个海港码头进行通信联络。同时，采用"包税"方式逃证逃税，已经成为我国近年来走私活动中最基本，也是最主要的手法之一。以海关 1998 年查获的特大移动通信设备走私案为例，移动通信设备正常进口的综合税率（包括关税和进口增值税）为 30%，"包税"公司只以货值 15% 的手续费承揽"通关"业务，再以其中一部分的费用打通进口的各个环节，通过伪报品名、规格、数量和价格，逃证逃税进口。很明显，在每宗"包税"运作的背后，都充斥着大量的内外勾结、索贿受贿等腐败行为。

（6）走私的商品越来越高档化和大宗化，对国民经济的影响越来越大。改革开放初期，走私主要解决国内生活资料短缺问题，走私商品主要是日常生活用品，商品档次一般比较低；20 世纪 80 年代中期以后，走私商品逐步高档化；

① 按 1998 年平均汇率 100 美元 =827.91 元人民币计算。

进入 90 年代以后，在继续保持走私商品高档化的同时，出现生产资料的大规模走私；近年来，走私活动范围之广，走私货物品种之多、数额之大，达到前所未有的程度。走私最严重的商品是"两油"（成品油和食用油）、"两车"（汽车和摩托车）、"两料"（纺织原料和化工原料）以及香烟、盗版光盘等。此外，还有大量的胶合板、照相机、感光材料、显像管、压缩机、手机、计算机、橡胶、药品、洋酒、洗涤用品等上百种商品。据有关方面估计，每年走私进来的商品价值高达千亿元。同时，知识产权侵权产品的进出口也日益严重，出现了走私盗版光碟等浪潮。毒品、武器等违禁品走私呈现蔓延趋势。以 1998 年为例，全国海关共查获走私海洛因等各类毒品 642 千克，精神药物 86 万片，麻黄素 2 吨，易制毒化学品 32.7 吨，反动、淫秽、盗版、散发性宗教宣传等印刷品和音像制品共 1281 万件，各类枪支 28 支、弹药 19321 发。大量毒品、违禁品走私入境，严重危害了我国人民的身心健康，扰乱了社会治安，并对社会稳定、民族团结构成了极大威胁。

针对日益猖獗的走私，海关等缉私执法部门加大了对走私犯罪的打击力度，20 年来取得了一系列重大成果。海关 1991—1998 年打私成果如表 1 所示。

表 1　1991—1998 年海关打私成果

年份	1991	1992	1993	1994	1995	1996	1997	1998
查获案件（起）	13321	9954	6962	6614	5832	6130	7265	8381
案值（亿元）	7.13	13.18	23.46	22.88	44.30	92.89	67.35	154.00
罚没收入（万元）	9.78	9.70	17.77	21.32	29.89	39.09	33.24	36.89

二、走私猖獗的严重危害

日益猖獗的走私活动，已对我国经济、社会、政治造成了十分严重的危害。

（一）进出口税收大量流失，中央财政损失严重

在广大发展中国家，关税及进口环节税仍然是国家财政的重要来源。我国也不例外，关税及进口环节税收在中央财政收入中所占的比重一直保持在 20% 以上的较高水平。猖獗的走私导致国家进出口税收大量流失，给国家财政造成巨大损失。以 1998 年全国查获的走私贩私案件测算，208.55 亿元的走私案值，大约偷逃国家税款达 61.7 亿元。[①] 按实际走私可能是查获量的 10 倍计算，走私

① 按目前我国平均关税水平和进口增值税水平综合税率 30% 测算。

偷逃税达600多亿元。考虑到改革开放以来，我国中央财政收入在全国财政总收入中的比例没有按同比例增长，反而有所下降这一严重事实，那么进出口税收大量流失的事实就更加严重。

（二）破坏进出口管制，不利于国内市场和民族工业发展

无论是发展中国家还是发达国家，都存在进出口管制，只不过管制的内容、程度、手段不同。走私的首要目标就是冲破这种管制，从而达到牟取暴利的最终目的。走私造成进出口管制失控，进而冲击民族工业的发展，从根本上削弱了整个国民经济的实力。大规模的生产性原材料走私发生在我国经济从卖方市场转向买方市场、国内需求不旺、产品大量积压、国有企业遇到困难、亚洲金融危机对我国对外贸易造成严重冲击等特定历史时期，对民族工业的损害更加深重。如前两年，“两广”地区大量走私原糖，给国内市场、糖厂以及蔗农造成严重损害，其恶劣影响至20世纪末也没有消除。再以石化行业为例，由于受国际市场油价大幅度下跌以及亚洲金融危机影响，再加上走私成品油的冲击，1998年上半年国内市场成品油价格大幅度下降，第一季度汽油的销售价格为1900元/吨，同比下降13.6%，柴油的销售价格为1600元/吨，下降20%。1998年第一季度全国石化行业亏损近30亿元，被迫关闭3000多口油井。

（三）走私破坏政府宏观经济政策目标的实现

现代政府的宏观经济政策目标主要有：实现充分就业、稳定价格水平、保持经济持续均衡增长。严重的走私将阻碍上述宏观经济目标的实现。我国是一个人口大国，就业压力巨大。随着我国国民经济的结构性调整和国有企业改组、改造的不断深入，下岗分流再就业的压力进一步增大。而走私冲击的正是我国占就业人口较多的纺织、钢铁、石化等国有企业，这无疑是雪上加霜。又如，石化行业是我国国民经济的支柱产业和利税大户，成品油、化工原料的大规模走私曾经一度使我国石化行业从利税大户一下子就变成全行业亏损，引起全社会的高度关注。钢铁、纺织、机械等国民经济主要产业出现大面积亏损最根本的原因在于经济体制和企业制度本身，但不可否认也与猖獗的走私有很大的关系。这些都直接影响了我国国民经济持续快速增长目标的实现，也影响了企业3年改革和解困目标的实现。同时，大规模的走私还冲击着我国的金融管理体制，破坏币值稳定。走私团伙为了获取巨额外汇，通过各种非法手段套汇骗汇，形成非法外汇交易市场，危害我国金融稳定，对我国金融构成风险。在国内市场需求严重不振的情况下，大量私货充塞国内市场加剧了通货紧缩的倾向。

（四）走私滋生腐败，诱发违法犯罪，破坏社会稳定

大量事实证明，哪些地方、哪些单位走私严重，哪些地方、哪些单位的腐败现象就严重。通过走私牟取的巨额暴利，为走私分子拉拢腐蚀有关行政执法人员提供了坚实的经济基础；而这些行政执法人员一旦被拉下水，给走私分子带来的将是更为可观的暴利。大量的走私活动助长了一些地方、单位的本位主义、地方主义和分散主义倾向，甚至出现某些地方政府纵容、保护甚至参与走私等现象，阻碍了党和国家方针政策的贯彻落实和政令畅通。走私分子获利后，往往挥霍无度，奢侈荒淫，导致“黄赌毒”等社会丑恶现象沉渣泛起。反动、淫秽、散发性宗教宣传等印刷品和音像制品走私也是十分严重的社会不稳定因素。走私各类枪支、弹药更对国家安全和社会稳定构成威胁。在走私泛滥的地区，社会治安状况必定恶化。

（五）走私破坏公平、效率的市场机制建立

走私破坏市场经济公平竞争的法制基础，造成了走私违法者对守法经营者的不正当竞争，出现了所谓“逼良为娼”的效应。同时，建立在破坏秩序基础上的经济必然是无序的，也必然是无效率的。因此，如果任凭走私泛滥，真正的市场经济必将难以建立。

三、走私猖獗的原因分析

（一）强烈的利益驱动是走私猖獗的经济根源

马克思曾经说过，“为了 100% 的利润，资本家就敢践踏一切人间法律；有 300% 的利润，他们就敢犯任何罪行，甚至冒绞首的危险”。走私分子受暴利驱使，更是无所不为。可以说，走私的巨额暴利及走私犯罪的低成本、低风险，是走私猖獗的经济根源。

从经济学角度分析，我国目前平均关税水平为 16%，进口增值税税率为 17%，商品进口的综合税率平均在 30% 以上，一些重点敏感商品的税率还远高于这一水平。据杭州海关反映，1999 年 2 月，舟山柴油市场批发价为 1850 元 / 吨左右，而国际市场柴油价格仅为 130 美元 / 吨左右，每吨相差 700 多元。如果走私进口，偷逃的关税、增值税和消费税为 300~500 元 / 吨。偷逃税与国内外市场差价相加，走私 1 吨柴油可获暴利 1000 元左右。又如，小轿车的进口关税率在 80%~110%，进口增值税为 17%，加上车辆购置附加费，综合税率在 180% 左右。在国际上，一般认为 60% 以上的关税属于禁止性关税。也就是说，超过

60% 的关税，在经济学上看已经没有进口价值。而在我国，属于禁止性关税的商品为数不少。高关税加上种类繁多的贸易管制，使很多商品的国内外差价巨大，客观上为走私牟利创造了天然条件。

国内外市场差价大，有暴利可图，这只是走私犯罪的必要条件，还不是充分条件。产生走私的基本要素是：国内外市场价格差，关税（包括各种进口环节税、进口许可手续等），逃避关税的成本（走私费用－正常进口费用），被查获惩治的风险（罚款额及其他惩罚 × 查获概率）。走私可能获得的利益越大，被惩罚的力度越小，被查获惩治的概率越低，发生走私现象的可能性就越大。在过去相当长的一段时期，由于缉私体制分散，海关监管技术、手段和力量严重不足，加上执法腐败的大量存在，不但使走私查获率很低，而且即使查获，犯罪人员也得不到应有的惩处，致使走私犯罪不但风险小，而且成本低。

（二）"走私无害""走私致富"是走私猖獗的思想根源

近年来走私猖獗的现象，有着深刻的思想认识根源。一是"走私致富论"。一些地方和部门的领导干部认为，"只要不搞黄的（淫秽物品）、白的（毒品）和带响的（武器弹药），能赚钱就行"。他们提出，"改革开放要有个过程，先搞走私，再搞假冒伪劣，然后才轮到改革开放发展经济"。相当多的人认为，"走私可以致富""走私可以搞活经济"。二是"走私无害论"。与贩卖毒品和刑事犯罪不同，人们对走私犯罪往往恨不起来。因为从表面上看，走私只是使国家利益受损，其他人员、部门都从中受益。从上述荒谬的"理论"出发，有些人提出"打私不能打死""打私影响改革开放"等错误论调，公然庇护、纵容走私，为走私张目。或者，对中央关于严厉打击走私的重大决策采取实用主义的态度，口头上讲打击走私，实际上"睁一只眼，闭一只眼"，甚至纵容、支持走私，为谋求局部地区、个别企业甚至个人利益，不惜损害国家利益。

（三）利益主体多元化与国家行政整合能力相对不足是走私猖獗的体制原因

在计划经济体制下，利益主体单一，即国家利益。一方面，建立社会主义市场经济体制，我们客观上承认了中央与地方、政府与企业、集体与个人等不同利益主体的存在。在发展社会主义市场经济的过程中，各种利益主体的主体意识得到强化。另一方面，改革开放以来我国实行"简政放权""减税让利"等政策，国家的行政整合能力不仅没有得到应有的增强，而且在一些方面相对弱化了。在这样的背景下，一些地方、部门和企业在追求自身利益最大化时，甚至不惜牺牲国家全局利益。走私侵害的是国家进出口税收和贸易管制，是国家利益，而其他各利益主体都能从中得益。打击走私维护了国家利益，却损害了一些地方、企业和不法分子的利益，甚至剥夺了一些与走私集团有利益关系的党政干部和执法人员的利益。这就是为什么部分地方对本地区的走私“睁一眼，闭一眼”的深层次原因。在走私案件的查处中，几乎都有党政干部出面说情，施加影响，甚至强行干预。在过去多头缉私、联合打私的体制下，打私的重拳握不起来，打不到位，原因也在于此。有法不依、执法不严、违法不究，以及以罚代税、以罚代刑现象的普遍存在，原因也在于此。

进口管理体制分散，进口政策不协调，客观上容易诱发走私。我国对进口的管理涉及外经贸部、国家经贸委、国家计委、海关总署、财政部、国家外汇管理局、国家税务总局以及各行业主管部门等部门，部门之间缺乏强有力的协调管理机制，本位主义、部门主义严重。

缉私警察队伍成立以前，作为缉私主力的中国海关，只有行政执法权，没有刑事执法权。在货运现场查获走私案件时，只能将走私货物扣留，缺乏强有力的针对走私分子本人的执法手段，不足以震慑走私犯罪分子。一些地方政府、执法部门受利益驱使，对走私货物采取“罚款放行”“收费放行”的做法，走私活动即使被查获，走私当事人仍有暴利可图，一个案子刚刚被揭露出来，还没有查，就有各种各样的人出来“打招呼”，有的还是执法部门的上级机关。辽宁丹东，山东乳山，广东惠东、遂溪等重大走私案件，都属于这种情况。

（四）政企不分、企业守法意识淡薄构成了走私的微观经济基础

受计划经济体制影响，我国一些企业产权不清，企业管理政府化。①一些党政机关、经济管理部门、执法司法部门办企业，或接受公司挂靠。这些企业与各地方、各部门在人、财、物等方面有着密切的联系，有的企业管理者为政府领导兼职。这些企业的经营管理者在经营理念上不是在市场上进行公平竞争，凭实力求发展，而是利用有关政府部门的职权和特殊关系，大肆进行寻租活动，甚至非法牟利，使走私成为一些企业经营的重要手段之一。②挂靠公司大肆参与走私。一些特权部门所办特权公司不仅自己参与走私，还通过接受公司挂靠，一方面收取“管理费”；另一方面则不承担任何管理的责任，任凭这些公司胡作非为，走私违法，出了问题还出面担保、说情。③某些企业一方面抱怨走私对企业的冲击；另一方面又禁不住走私牟利的诱惑，在市场上购买私货，甚至直接参与走私。这些企业一旦被查获，往往又以“逼良为娼”为由为自己开脱。④许多外经贸与运输企业经营极不规范，为走私打开了方便之门。不少进出口企业变相出卖进出口经营权，或者企业内部采取承包方式经营，对承包者走私，企业不承担法律责任。还有部分企业倒卖批文、许可证，为走私分子提供方便。一些港口码头对走私分子提取尚未结关的货物不管不问，甚至明知是走私货物也听之任之。⑤不少大型生产企业为降低生产成本，采购走私货物，客观上助长了走私的蔓延。1999 年全国打击走私工作会议以后，国内一些企业上缴的海关税收几十倍、上百倍地增长，原因就在于原材料供应转为通过正常渠道进口，极大地增加了海关税基。

（五）走私滋生腐败，腐败加剧走私

腐败反映在方方面面，走私是腐败最集中的体现形式之一。在走私与反走私领域，腐败主要表现在四个方面：一是一些地方、部门的党政领导为走私企业或走私分子说情，甚至干预执法部门对案件的查处。二是一些地方政府和党政部门、政法机关等经商办企业，参与买私、贩私，有的直接参与走私。三是执法机关搞以罚代税、以罚代证、以罚代刑，大搞罚款放行，有的名为缉私，实为护私，甚至到海上为走私船舶保驾护航。四是内外勾结，受贿放私。这些腐败现象在近年来惊心动魄的走私与反走私斗争中司空见惯。从 20 世纪 80 年代中期的海南汽车走私案，90 年代初山东省乳山市工业品公司走私汽车案，山东省乳山市商业局走私香烟案，辽宁丹东市市长、市委副书记常义等人组织 277 辆汽车走私案，广西钦州 798 辆汽车走私案，到近两年发生的深圳福田保税区走私案、湛江特大走私案，都充分反映了走私猖獗和执法腐败的严重程度。特别是发生在湛江地区的震惊中外的内外勾结走私特大案件中，从湛江市委、市政府、海关、边防、打私办，到港务、商检等党政部门和执法机关，共有 200 多人参与其中，这是近年来走私与腐败结合的"集大成者"，达到了无以复加的地步。严重的腐败不但导致反走私斗争不能有效地开展，就连正常的执法都难以进行。这是当前一个时期以来走私猖獗、屡禁不止、愈演愈烈的重要社会原因。

四、打击走私的对策

党中央、国务院对当前打击走私工作的基本方针是"常备不懈、严防猛打、严防走私回潮"。各级党政机关、各部门，特别是海关等缉私执法部门都必须坚决贯彻打私工作方针，齐抓共管，综合治理，夺取反走私斗争的全面胜利。

（一）必须加强政治纪律，切实加强对打击走私的领导，坚决维护中央政令统一

各地区、各部门、各级党政机关一是必须从“三讲”的高度，把思想和行动真正统一到党中央、国务院的部署和要求上，在政治上、思想上、组织上、行动上与党中央保持高度一致，坚决维护中央权威和政令统一。二是必须从维护国家全局利益和整体利益、维护人民根本利益的高度，从保江山、定社稷、维护国家政局稳定与经济安全的历史责任感和使命感上，立场坚定、旗帜鲜明地开展反走私斗争。三是必须逐级建立反走私斗争的领导责任制。对走私严重的地方，党政主要领导要亲自抓，切实负起责任。对企业要实行分类管理，要像浙江省那样，将反走私责任状签到重点乡镇和重点企业，把中央关于打击走私的各项决策落到实处。对反走私斗争领导软弱、打击不力，甚至阳奉阴违，不能在限期内扭转本地区、本单位走私泛滥局面的，要严肃追究党政主要领导的行政和法律责任。

要把猖獗的走私势力打下去，从根本上扭转反走私斗争的局面，确保今后长时期不出现走私回潮，还必须清除“走私无害”“走私致富”的错误思想根源。要使各级党政领导和企业领导以及普通群众真正懂得：走私就是犯罪，走私不但有害，而且是罪恶之源，走私不但不能致富，反而会使整个国民经济走向崩溃。同时，要广泛发动和充分依靠人民群众，形成走私活动是“老鼠过街，人人喊打”的社会环境，构筑防止走私、打击走私的“铜墙铁壁”。

（二）较大幅度地降低关税水平，调整关税结构

我国设定高关税的基本目的：一是增加中央财政的收入，二是保护民族工业。但是，高关税带来的弊端是显而易见的。首先，高关税未必带来高收入。从经济学分析，拉弗曲线证明，税收收入并非总是随税率的提高而不断增加，当税率超过一定水平后，税收收入反而减少。实行超过 60% 的禁止性关税，实际上意味着收不到税。我国对汽车、香烟、高档家电等产品实行的关税和进口环节税的综合水平远远超过 60%，而在实践中海关几乎收不到多少税。许多生产性原材料的综合税率虽然没有达到汽车这样的水平，但作为企业生产的中间产品，现行 20%~30% 的综合税率足以使正常进口商难以经营。其次，高关税保证不了国内生产的正常需要，由于国内产业结构、消费结构、加工规模和能力等因素的影响，结构性短缺问题仍然突出。为了满足国内生产的正常需要，又不得不制定了大量的减免税政策，最多时达 100 多个文件 300 多项。加工贸易政策的实质也是在当前高关税、高贸易管制的条件下创造一种“自由贸易的小环境”。过多、过滥的减免税和50%的进出口贸易通过加工贸易实现的事实，既造成不公平竞争，又导致寻租和腐败盛行，还在国际上造成中国关税政策不统一的负面影响。再次，名义税率与实际税率的严重背离使我国在国际贸易谈判中处于被动局面。最后，高关税带来的最严重后果是走私猖獗。既然正常进口难以进行，走私进口便成为一种非理性但是最有利可图的选择。走私一旦形成大的规模，不仅会造成国家税收的严重流失，而且会对国内产业造成严重冲击。

因此，从根本上说，高关税不但收不到应有的税额，而且最终也保护不了民族工业。假定政府管理部门都能严格执法，严把国门，且不说政府管理的成本能否承受，即使答案是肯定的，结果也必然形成“消极保护”，弱化了国内产业的竞争力和发展创新能力。正如外经贸部原副部长龙永图指出，在某种意义上，走私也是对我国高关税的一种反动。

根据我国经济发展所处的实际阶段，结合我国产业发展的实际状况，在确保国家经济安全的前提下，较大幅度地调整关税结构，降低关税和进口环节税的水平是当前我国外贸制度改革的理性选择。这将从根本上遏制走私的猖獗势头，从更长远的观点看，放弃消极保护将有利于国内产业的结构调整，激发国内企业的活力，提高产业的竞争力，更好地促进国民经济发展。同时，随着关税水平的适当降低，打击走私力度的加强，正常贸易的合法进口持续增长，税基扩大，中央财政的收入不但不会下降，而且会有较大幅度的增长。同时，削减关税、放松贸易管制，也符合我国加入世界贸易组织的基本要求。同时，还要对加工贸易政策和减免税政策进行配套调整。

（三）强化国家行政整合能力，加大打击走私的力度

我国经济体制改革正处于转轨时期，利益主体多元化趋势加剧，各利益主体的主体意识得到不断强化，这是社会进步的重要方面。但是，这种趋势一旦超越中央政府的驾驭能力而失去控制，必将在政治、经济、社会和文化等各个方面产生严重后果，这种后果在走私与反走私斗争中已充分显现出来。对于一个中央集权制国家来说，强化国家行政、司法的整合能力才是第一位的。像美国、法国这样的市场经济国家，都有一支强大的专门保护国家经济利益的行政执法力量，并且在司法制度上确保全国的集中统一，坚决维护中央利益和国家利益。我国正处于经济体制转型时期，更要加强中央政府的行政整合能力，强化中央事权管理。

加强海关工作是强化国家整合能力的一项重要步骤。党中央、国务院已经采取了一系列措施加强海关工作。一是改革了海关管理体制。在1998年进行的国务院机构改革中，海关总署升格为正部级机构，党中央还将原国家口岸办的事权划归海关总署管理，撤销了原国家商检局、农业部的动植检和卫生部的卫生检疫部门，组建国家出入境检验检疫局，归海关总署领导。从而在国际上开创了将一国的口岸事务交由一个部门管理的先河，为提高国家口岸的整体效能创造了前所未有的条件。二是改革缉私管理体制。党中央决定改革缉私管理体制，组建海关缉私警察队伍，实行公安部和海关总署双重领导、以海关为主的管理体制。一方面，彻底改变了过去多头缉私、管理分散的状况，真正形成"联合缉私、统一处理、综合治理"的缉私管理新体制，进一步确立了海关在反走私斗争中的领导地位；另一方面，赋予了海关在缉私侦查、情报、逮捕案犯等方面的权力，增强海关的反走私行动能力。三是增加对海关技术和装备的投入，加快海关缉私手段和方法的现代化。这些措施无疑将大大提高海关在反走私斗争中的战斗力，为遏制当前猖獗的走私势头、严防走私回潮提供了重要的组织和技术保障。

（四）齐抓共管，加强综合治理

走私的过程实际上也是有关政府执法部门腐败的过程，因此打击走私必须进行综合治理。首先，必须改革国家金融管理和外汇管理体制。大型走私团伙动用的走私金额动辄数千万元甚至上亿元。尽管我国实行人民币经常项目项下可自由兑换，但企业出口要结汇、进口要向银行购汇，这么大的资金运作没有银行的"合作"是难以做到的。从湛江案件看，走私分子用于行贿的金额多达几十万元甚至上百万元，而且多为现金。受贿者能通过各种名目将受贿得来的钱存入银行等，这说明我国金融管理上存在漏洞。因此，应当借鉴西方发达国家的金融管理制度。

其次，要利用现代信息技术，建立海关、公安、工商、税务、银行等部门联手打击走私犯罪的机制。实行全国企业统一代码制度，工商部门按照统一代码注册登记，税务部门按统一代码进行税务登记，海关按统一代码进行报关注册，银行按统一代码设立企业账户，公安按统一代码建立企业犯罪档案。通过建立强大的国家执法信息系统，将这样一套构想付诸实施，可以大大增强国家打击走私及其他各类犯罪活动的能力。自1998年起，海关总署与国家外汇管理局、外汇银行通过全国计算机联网，建立报关单核查系统，已经对遏制逃汇、套汇、骗汇以及走私活动发挥了重大作用。此外，国家工商管理部门应当加强对流通领域的管理，阻止走私货物进入流通渠道。要加强对市场的监督检查，坚决取缔私货交易市场。税务部门要加强对增值税专用发票的管理，扭转走私货物通行无阻地进入市场的状况。

发挥行业主管部门的作用，加强合作打击走私。走私不但具有地区性，而且呈现行业特点。如近年来走私在石化、烟草、汽车等行业比较突出。加强对这些行业走私犯罪的打击力度离不开与这些行业主管部门的合作。海关与这些行业主管部门，甚至大型企业签订合作谅解备忘录（MOU）制度是一种好的办法。同时，要逐步建立各个行业的守法评估制度，向全社会公布各行业及主要企业的守法率，大力促进行业和企业守法。

目前的法律，在打击走私方面仍然存在很多不完善的方面，在严惩走私犯罪方面缺乏力度。我国新刑法的出台为打击走私、惩治走私犯罪创造了一定的条件。同时，必须对现行海关法进行系统的修订，从法律上解决报关代理、承运人法律责任等一系列制约惩治走私的法律难题。同时，进一步规范执法程序，提高海关执法的透明度，不断提高海关管理的法治化水平。

（五）把反走私与反腐败结合起来

反腐败斗争不仅关系党和国家前途命运和事业兴衰成败，而且是打击走私的治本之策。

根据当前走私犯罪的实际，必须把清除执法腐败作为打击走私的关键措施。海关、公安、工商等行政执法部门要严厉惩治腐败，坚决清除队伍中的害群之马；不断加强反腐败教育和职业道德教育，全面提高人员素质，培养一支忠于职守、高效廉洁、纪律严明的反走私队伍。

反腐败必须依靠法律和制度。“制度更带有根本性、全局性、稳定性和长期性”，要尽快制定国家公务员法和严格的行政程序法，规范国家公务人员的执法活动，确保行政执法的公正、廉洁、文明、高效。实行联合缉私、统一处理的反走私新体制，改变分散缉私、多头处理所带来的廉政风险。

根据建立社会主义市场经济体制的总体要求，切实转变政府职能。走私之所以受到某些地方政府和执法部门的纵容和保护，和政企关系不分是分不开的。

（六）深化海关改革，加快海关现代化进程，不断增强海关的战斗力

在真正形成“大海关”格局，提高国家对进出境监督管理的整体效能，建立“联合缉私、统一处理、综合治理”的缉私管理新体制的基础上，进一步改革海关组织机构，创新海关职能实现形式，建立海关业务管理新体制。按照中国海关的现代化战略，中国海关将通过管理思想、管理制度、管理方法和管理手段的现代化，建立适应社会主义市场经济体制和对外开放需要的、充满生机和活力的海关管理新体系，全面地、高质量地实现海关各项管理职能。在建立这一体系的过程中，特别是在正在进行的通关作业改革过程中，将通过重新划分总署、直属海关和隶属海关三级事权，重新设计通关作业流程，重新设计职能机构和职能实现形式，改革海关组织体系，强化垂直领导体制，提高海关管理的整体效能。在海关管理手段和方法上，应广泛运用风险管理技术、信息化管理技术、担保制度、国内国际海关合作制度，创新海关职能的实现形式，实现海关业务管理的规范化、集约化、信息化和专业化。

美国海关的两次申报制度及税收保全机制①

美国海关与大多数西方国家海关一样，监管的重心在进口，因此本文将重点分析介绍美国海关的进口通关制度。1984 年，美国海关受理的进口纳税申报为 642 万票，到 2000 年已经达到 2000 多万票。美国海关是靠什么处理如此大量的进口监管和纳税业务，并确保海关通关管理严密规范、快速高效的呢？通过考察，我们认为主要有三点：一是独特的通关流程和两次申报制度；二是强大的计算机处理能力；三是有效的税收保障机制。

一、进口通关流程

美国进口通关制度的最大特色就是充分发挥计算机系统和担保（customs bond）制度的作用，实现提货和纳税的分离，从而最大限度地缩短货物处于海关监管状态的时间。

进口人的通关手续主要通过报关行（customs broker）进行。通关手续的流程如下：船舶到港—提货申报（到货后 5 日内）—货物放行—纳税申报（提货后 10 日内）—关税清算（1 年内）—复议申请—起诉。

（一）进口提货申报

进口提货申报（entry）可以在货物到港前进行，承运人参加自动舱单系统（Automated Manifest System, AMS），提货申报也没有问题的，在货物到港前即可决定是否准许进口，并做出暂定进口许可，但法定进口许可要在货物到港后预付相当于税款（海关估算）的保证金（deposit）后才能获得。

提货申报应在货物到港后 5 个工作日内进行，这是报关人的义务。如果 30 日内没有办理报关手续，货物将被存入海关仓库，费用由进口人承担，经过 1 年仍未办理进口手续的，货物将被拍卖。

① 刊于《海关政研参考》2001 年第 12 期。

对在担保条件下将货物从美国的入境地设关口岸转关到其他设关口岸的，其提货申报的方法有多种。

（二）货物检查

海关在审核提货申报的有关文件后认为需要实施货物查验的，在货物到港后对小批量货物或大批量货物中的某些货物在设有集中检查场的码头、集装箱站、集装箱货场进行，或者在进口人自备的场地设施中进行。其他货物则以箱、件为单位进行抽查，检查结束后放行。

（三）进口纳税申报（entry summary）

提货后 10 个工作日内必须用规定的进口纳税申报单向海关申报，并在银行预付相当于税款（海关估算）和手续费的保证金。虽说是估算税款，但申报人被赋予在税则归类、关税估价方面理应注意的义务（reasonable care），因此申报的税额必须是正确的。同时，也允许以进口纳税申报单充当提货申报的一次报关。

进口货物不直接提取，而是存放在保税仓库，在 5 年内进口或出口的，申报入库时免付关税和手续费的保证金。

（四）关税清算（liquidation）

海关将进口纳税申报的数据与进口专家（import specialist）根据调查所做出的货物归类、关税估价方法加以核对，只要未经特许延长手续，原则上 1 年以内决定最终税款，称为"关税清算"。清算的结果在海关公告栏公告，有的进口人也通过海关的善意通知（海关单证 4333A）获知。

根据清算结果，多缴的将余额返还并支付利息。相反，由于发生归类错误、错免、估价错误而少缴的税款，海关将事前发出追加税款的通知（notice of action）。对该清算通知 20 日内未提出异议，税额即确定并发出正式缴款通知书。

发生追缴时，还会产生滞纳金。滞纳金利率每季度在公报上公告一次，退款与追缴款的利息是不一样的。如 1997 年多缴的为 8%，少缴的则为 9%。

（五）复议申请（protest）及起诉

对关税清算结果有异议的，进口人先根据缴款书缴款，并自清算日起 90 日内申请复议，也可以要求海关署做出解释性裁定。

复议申请获得认可，海关提供汇出支票将多缴的税款加上法定利息一并返还。复议申请被否决时，进口人可以在 180 日内向国际贸易法院起诉，请求法院判决。

二、进口两次申报手续

1978年实行海关改革简化法后，只有进口人向海关提供担保，才能在通关手续中将进口货物的归类、估价、关税等的征收手续与进口许可手续相分离。

现今，进口人通过计算机系统利用即时提货制度（immediate delivery），最快的海运货物在到港前5日内、航空货物在出口国飞机起飞后即可获得暂定提货许可。

进口纳税申报（进口纳税手续）包括为国内消费而进口、必须在提货许可后10个工作日内办理的纳税申报（consumption entry），将货物置于海关监管之下使之继续处于保税状态的入库申报（warehouse entry），以复出口为前提、通过海关担保（bond）免缴关税，即提取货物的暂时进口等多种申报方式。

（一）进口提货申报

进口货物提货申报在货物到港（port of entry）后5个工作日内在进口地海关进行。

所谓进口提货手续是指为将进口货物从海关监管下提走而办理的手续。目前，几乎所有的进口提货手续都通过计算机系统（ABI）进行。

1. 用书面文件办理提货手续

在提供海关担保的前提下向海关提供下列文件：

（1）证明提货资格的文件（通常为B/L等运输单证）。

（2）发票。

（3）装箱单（必要时）。

（4）其他法律法规规定需要的文件。

2. 通过即时提货制度提货

即时提货制度是指以“3461号”海关单证申请进口许可和即时提货许可的提货手续，事实上进口货物大多是以该方式办理提货手续的。通过这一制度办理申报应当在货物到港前进行，必要的文件是发票，用进口人制作的形式发票代替发票也可以，其余手续与提货手续一样。

海关规章规定，下列货物可适用即时提货制度：

（1）来自加拿大、墨西哥的陆路运输货物。

（2）新鲜水果、蔬菜。

（3）美国政府机关进口货物。

（4）贸易展览用货物。

（5）关税配额货物及易腐进口配额货物。

（6）出仓进口货物。

（7）海关总署在权限内认定的货物。

根据关长的裁定，或根据海关总署权限认可，除进口配额货物外的几乎所有货物均可适用该项制度。

3. 计算机处理的提货手续

批准利用 ABI 者办理提货申报和即时提货申报手续时，对申报所需的信息通过 ABI 传输。承运人如果参加了 AMS，就可以将仓单信息与进口人的电子数据加以核对。

根据风险判定系统的标准及审核的结果，认定不需要提供书面文件时，该系统就会通过电子信息将提货许可通知传输人（申报人），货物到港后即可提货。需要提供文件时，如果提供快的话，在货物到港时也能提取货物，如果货物需要检查，则要等检查结束后方可提货。

发票信息通过以下形式提供：

（1）提供发票。

（2）电子传输发票信息。

（3）事前预申报或使用事前许可制度时的电子信息。

（二）进口纳税申报

进口纳税申报应在提取货物后 10 个工作日内用“7501 号”海关单证办理手续。这种申报的目的在于为海关提供对进口货物正确纳税、收集统计数据以及是否满足其他法令要件做出决定所必需的信息。

1. 书面进口纳税申报手续

通过进口提货申报提取货物后，在提交下列进口纳税申报文件的同时，预付相当于估算税款的保证金。

（1）由海关退还的有关进口提货申报的文件。

（2）海关单证“7501 号”。

（3）征税、统计、审核所必需的文件。

另外，进口纳税申报的文件可以在货物到港前提交，只为预审而不缴关税，审单结束即予退还。同时，配额商品为进口消费办理进口纳税申报时，即使进行进口纳税申报，海关也应等货物到港后受理。

2. 集中纳税申报

货物通过同一船舶、飞机、陆上运输工具运输，原产地相同，出口港相同，收货人为同一人时，可以在进口纳税申报单上分别填写进口提货申报单号，从进第一批货起 10 个工作日内，可以用一张进口纳税申报单。但是，下列货物不能使用同一张纳税申报单处理：

（1）配额商品。

（2）禁止进口品。

（3）禁止估价品。

（4）原则上 HTS8 位数税则编号相同但税率不同的货物。

（5）其他。

另外，收货人有多票货物，所有货物都是用同一运输工具，在同一天进口，在同一天提取，名义进口人——报关行以自己的名义申报的，也可以用同一张进口纳税申报单集中办理。

3. 计算机处理进口纳税申报手续

通过 ABI 传输进口纳税申报信息。根据风险分析系统及数据审查结果，如果判定为不需要书面单证，海关即可通过计算机系统向报关人发出提货通知。预付关税等后即转入清算程序。

（三）自动划账缴纳制度（Automated Clearing House, ACH）

ACH 是与海关签订 AHC 契约的 ABI 用户或进口人将有关进口货物的关税、其他各税、手续费通过 ABI 从自己的银行账户中划入财政部（海关）账户的纳税方法。这一制度在 1990 年 1 月正式采用。在此之前，进口人或报关行需按进口申报逐票开支票缴纳。采用本制度后，通过 ABI 将日缴付额按报关行或进口单位汇总制作缴款书。

缴款义务人确认缴款书的内容和金额后即通过 ABI 由自己的账户向海关作缴款承诺，海关核准义务人承诺的纳税款项后即通知纳税人在 2 天后划转。1994 年签订 ACH 契约的企业超过 1000 家，通过 ACH 征收的税款比例超过 65%，较上年的 50% 有较大幅度的增加。利用这一制度比起使用支票不仅节省成本，而且可以减少支票缴款带来的风险及操作上的差错，因此对纳税人和海关双方都十分便利。1993 年度海关通过 ACH 节省了 800 万美元的成本。

（四）其他申报方式

1. 进仓和出仓进口申报（warehouse entry and withdrawals from warehouse）

进仓申报适用于除易腐品、易爆品、禁止进口品外的所有货物。通过进仓申报的货物处在海关监管之下，在保税仓库允许放置5年，在进入国内市场前不需要缴税。货物或者从保税仓库出口，或者进入国内市场。进入国内市场的手续即进口手续就是出仓进口申报，在此时根据有效税率预付估算税款。

进仓申报在提货申报后或提货申报时将纳税申报类别栏当作进仓栏，并写明保税仓库名，但不填税额，以区别于消费进口。货物存放在保税监管仓库内，处在海关监管下，可以进行筛选、分类、包装和修复等作业。

存放保税仓库的货物可以在海关监管下运入对外贸易区（foreign trade zone），但对外贸易区处在关境之外，由对外贸易区管委会管理和运营。在美国，一般的保税加工大多在对外贸易区进行，海关法规定的保税工厂只能对极少量的商品进行有限的加工。

2. 保税运输申报

保税运输申报是指在提供海关担保的前提下，将保税货物运往其他设关港口或保税设施的申报。这类申报分两种情况：一是为运往国内其他地方进行申报；二是运往其他港口装船出口国外，但都是在入境地海关办理手续。

（1）未办理估价手续的即时运输申报（entry for immediate transportation without appraisement）。

国际联运时收货人一般要求承运人将货物运到内地后再提取。该申报是指将抵达入境地海关（entry port）的货物保税运输到其他设关口岸或保税设施。

有下列资格者在提供海关担保的前提下，用“7512号”海关单证向海关申报：①将货物运抵美国的运输公司；②美国国内的运输公司；③被证明与该货物的保税运输有充分利害关系的人。

（2）出口运输申报（entry for transportation and export）。

在运抵美国货物的舱单、运单中写明要装运到外国的情况下，为运送到其他设关口岸而作的申报。主要适用于通过美国运往加拿大、墨西哥的货物。

（3）其他。

从保税仓提取作保税运输的出仓运输申报（warehouse withdrawal for transportation），出口运输出仓申报（warehouse withdrawal for transportation）等。

3. 简易申报（informal entry）

小额货物通过邮递以外的渠道进口时，进口申报表随附发票等能证明货物价格的文件，不需要提供海关担保的简易申报方法。

其中，又分为一般进口人申报与特快专递公司作为委托货物的申报。

（1）一般进口人。对超过 250 美元的货物，用“7501 号”海关单证或“318 号”“318A 号”单证申报。适用的主要货物如下：①价格在 1250 美元以下的货物，但价格超过 250 美元的纺织品不在此列；②个人自用物品、家庭用品、职业用具等无偿进口或非卖品；③图书馆等进口的书籍；④剧场用品、电影胶片、商业样品等；⑤设计造型等特殊货物，价格难以确定、经海关署长认定为非商业用途的货物；⑥ 10000 美元以下的美国产品修理或加工后复出口，及委托销售的物品返还。

（2）特快专递公司。接受委托的下列货物一并申报：①如果单个货物在 1250 美元以下，在“3461 号”海关单证上附加发票或装载清单；②单个货物在 250 美元以下的，用装载清单作无税申报。

4. 邮递物品申报

邮递物品价值超过 1250 美元的必须正式申报，1250 美元以下的由海关官员制作邮递物品申报单（编号“3419”），由邮局送达收件人，海关从收件人处征收关税。

5. 价格鉴定申报（appraisement entry）

对申报难以估价的货物，海关为核定价格，令进口人必须用编号“7501”海关单证申报。估算税款根据海关发出的预付额通知书缴纳。

（五）货物查验

海关在货物放行前，将根据风险分析系统的标准做出是书面审核，还是货物查验的决定。货物查验通常是确定一定比例的抽查。

1. 检查的目的

确认进口货物申报的内容与提货申报的书面文件是否相符，具体检查以下事项：

（1）为满足征税的要求确定要件及价格。

（2）核对原产地标志及货物必要的特别标志或商标。

（3）与发票记载的货物是否一致。

（4）确认是否含有禁止进口货物。

（5）满足法令所需要件。

（6）超过或不足发票记载的数量。

为此，在必要时货物还需要由海关分析化验所研究确定货物的归类、数量、价格事项。在禁止进口的物品中，毒品被列为最重要的一项。

货物如果没有正确的原产地标志，就不得提取，只能作退运或废弃处理。

2. 数量及损坏货物的处理

认为运抵美国时货物数量不足或由于损坏、变质而使该商品失去作为商品价值，并经海关确认的，免征关税。但只是部分变质或损坏的，进口商如果不能在海关监管下将变质和损坏部分分离，海关不予调整。水果、蔬菜、其他易腐货物必须在卸货上岸后 96 小时以内向海关提出调整申请。钢铁制品或含有钢铁的物品由于变色、锈蚀而受损伤的不在关税调整之列。

货物数量短少的应在关税清算前通知海关，如能证明货物并未移交进口商，其不足部分的关税将予以减免。

3. 净重与毛重

对根据净重征收从量税的货物，只要可能就应减去外包装重量，确定净重，对特定的货物运用关税规则确定的推算方法确定。一般以发票上的净重作为征税的标准。

（1）适用实际箱包（捆包、包装）扣除包装重量按实际净重征税的，有下列情况：①进口商对发票或海关按测算表算出的包装重量不满；②海关关长认为发票或按测算表算出的包装重量不正确；③检查人有理由确信发票或按测算表算出的包装重量比实际的包装重量重。

（2）适用关税规则测算表的包装和货物。

三、有效的税收保障机制

美国海关的税收担保机制主要通过报关资格的设定和担保制度的建立实现。若没有强有力的税收担保机制的建立，推行两次申报制度是难以想象的。

（一）报关资格

进口货物的通关手续只能由货物所有人或购买人，或者由他们委托的报关行进行。

1. 进口人（importer of record）

进行进口报关的货物所有人或者购买人（以下简称进口人），应当是美国法人或美国常住居民，必须承担进口手续方面的责任。

进口人在向海关申报内容、提交文件时负有理应注意的义务（reasonable care），既是纳税义务人，也是对海关的要求做出反应、支付规费和罚款的责任人。

2. 报关行（customs house brokers）

报关行是作为进口人的代理人办理海关手续的独立经营实体，由海关给予三位数的代码。报关行根据进口人的委托，可以以进口人的名义签署全部海关文件。

报关行或者从海关总署得到在全美进行报关营业的执照，或者从管辖某一地区的关长处获得经营该地区业务的执照。全国性营业执照是为开展异地报关而设计的，是在海关现代化法中引入的制度。

报关行的资质各种各样，与日本经营综合物流业者兼营报关业的情况相反，一般经营事业规模小，业务范围覆盖全国各主要港口的大户极少。报关行社会团体以设在纽约的美国报关协会会员（National Customs Brokers & Forwarders Association of America，Inc，NCBFAA）为最大，几乎所有从业者都加入了。

法律没有对报关费用做出规定，由报关行与进口人协商决定。报关费有地域的差异，一般货物每票 80~130 美元，通常西海岸比东海岸的主要港口便宜。委托在进口港口没有办理报关执照的从业者报关，进口人需另行委托有执照的报关行，费用自然会高一些。这样，由于信息不充分，容易产生申报内容等方面的风险，应尽量避免。

3. 委托书

在美国常住的进口人委托报关行办理通关手续，必须填写海关固定格式的委托书。非常住居民以自己的名义进口货物时，采用另外格式的委托书。

（1）常住居民的委托书。可以将海关业务全部或部分委托给报关行。委托需要在海关格式（CF5291 或者 CFR141.32）列示的一般委托书上由进口人的负责关员签名。

一般委托书只要没有列明有效期限，即被认为没有期限，因此要取消时需要书面通知海关关长。

（2）非常住居民的进口和委托书。非常住居民的外国出口人通过美国常住的代理人提供海关担保，可以以自己的名义办理进口报关手续。代理人一般要借助报关行办理相关报关手续。在这种情况下，出口人应用有出口人抬头的信笺制作委托书，寄给报关行。不过在使用这种委托书时，为了证明委托书的真实性，需要出口国公证行的公证证明、成立法人的执照、给受托人授权的备忘录等文件，应当通过代理人事先确认。

（二）海关担保（customs bonds）

为了确保当事人在办理海关手续时遵守法规，应当提供担保。这种担保不仅进口人需要，从事海关监管下业务的报关行、国际承运人、保税设施管理人等同样需要。这里重点就进口人所必需的有关进口报关担保作一说明。担保一般使用财政部批准的保险公司保证书，现金、国债、财政部证券等也可以接受。

1. 保证手段的海关担保

依据提货后的纳税申报和从保税仓库提取的货物所进行的纳税申报缴纳的关税都是进口人计算的税款，这一税款原则上在一年以内由海关清算后确定。因此，海关为了确保税收、法律程序得到遵守、违反法律相应的损害赔偿金（liquidated damage）等，为确保进口人确实履行应当承担的义务，必须提出担保要求。

进口人一般通过保险公司，损害险保险公司以海关格式 CF301 做出担保。此外，以进口人代理人的报关行名义作的担保，海关也承认。

2. 进口通关的担保

货物的提货申报和纳税申报需要海关担保。这种基本担保包括只对特定申报有效的单项担保和适用于所有进口，并在一年内有效的总担保。

保证金因担保委托人的进口人信用状况而异，但是为了使担保被接受必须向担保人提供担保书。

美国的海关担保制度与日本的海关担保制度最大的区别在于，美国担保的是遵守法律的行为，而在日本则是担保货物的金额。

（1）单项担保（single entry bond）。由进口报关人在提货申报时或纳税申报时向海关关长提出，必须写明货物的价值和详细情况，并且担保金额必须包括足额税款。

（2）总担保（continuous bond）。事前向所在地海关关长提出，一年内在全美所有进口港有效。担保一旦被接受，就会给出担保号，进口人或作为代理人的报关行应填写担保号进行报关。

担保金额应当以过去一年内进口人所支付的关税、其他各税及手续费为基准，海关关长在考虑过去一年内企业守法的情况后确定能够接受的金额。对每月有固定进口数的进口人，担保额一般为上年度各项支付总额的 10%。

建立企业守法管理体系，让守法者获得最大通关便利①

海关是国家进出境监督管理机关，执法是各国海关的基本职责。但是，通过什么方式实现对进出境的监督管理职能，在不同国家、不同历史时期有着不同的看法和做法。在经济全球化、信息化和市场化的大背景下，海关既不能放弃监管和把关的职能，又不能对贸易构成障碍，增加贸易成本，影响企业竞争力。因此，各国海关都在研究和探索实现严格执法与便利贸易的平衡之策。笔者认为，总署新一届党组提出“依法行政，为国把关，服务经济，促进发展”的业务指导思想，其真正立意也在于此。实现把关与服务、执法与便利之间的有机平衡，关键是“让守法者获得最大通关便利”。一国海关管理水平的高低和制度方法的有效性，最主要的标志就是能否真正让守法者获得最大的通关便利，能否让违法者真正受到应有的法律制裁。这是所有现代海关所追求的最高境界。

通过促进广大进出境企业的自觉守法提高海关执法的有效性，高质量地实现海关管理的基本职能，是 20 世纪 90 年代以来主要发达国家和部分发展中国家海关管理战略的重大转变。这种战略转变反映了以下两方面形势的发展和情况的改变：一是国际贸易环境的改变。进入 20 世纪 90 年代以后，经济全球化、贸易自由化、管理信息化的步伐明显加快，国际贸易迅猛发展，进出口业务量快速增长，国际竞争更加激烈，海关在严格执法与便利贸易方面所承受的压力越来越大。二是各国政府管理思想和条件的改变。海关管理必须树立“客户导向”观念，既要执法，又必须提供贸易便利，促进贸易效率，为提升本国的产业竞争力和企业竞争力服务，也就是必须在执法和贸易便利方面取得平衡。与此同时，海关管理的资源则受到更多的约束，必须通过科技创新和制度创新才

① 刊于《海关政研参考》2001 年第 45 期。

能在新的历史条件下更好地实现海关管理的各项职能。在这种背景下，越来越多国家的海关转而实施守法管理战略。建立企业守法管理体系，让守法者获得最大通关便利是实施这一战略的根本宗旨。

一、企业守法管理的基本思想

企业守法管理的基本思想十分朴素。其主要内容是：①货物、运输工具和物品本身不会违法，违法的是支配这些货物、运输工具和物品的“人”（包括自然人和法人），因此海关管理必须突破传统管理中“海关管物不管人”、海关管理只能“由物及人”思想的束缚，更多地通过对“进出境人”的管理实现海关执法的基本职能；②将集中在口岸的通关管理作为海关管理的基本管理方式必不可少，但由于受口岸通关时间和空间的制约，管理的有效性不高，通过对真实记录和反映企业经营活动的会计账册和文件的稽查和审计，能够更加有效地评估“进出境人”的守法状况，发现和纠正其违法行为，从而使海关的执法更加严密和有效；③防范和打击虽然是遏制走私违法犯罪的常规手段，但不是最有效和最好的方式，通过建立一套新的制度安排，形成正面的激励机制，引导和促进“进出境人”自觉守法将更加有效；④“守法率”的概念既可以反映一家企业或一个当事人的守法程度，也可以反映一个产业的守法状况，同时也能够反映海关执法和管理的有效性，引入“守法率”指标有利于提升海关管理的层次和水平。

二、企业守法管理的基本内容

企业守法管理包括企业档案、企业守法评估、分类管理等基本内容。

（一）设定国家统一的企业代码，建立企业档案数据库

建立国家企业代码制度，一个企业一个代码，海关管理、税务管理、工商管理、银行管理全部统一使用同一代码。海关以企业代码为基础建立进出境企业档案信息系统。除反映企业的基本情况外，企业档案主要记录企业进出境活动中的经营情况、资信情况、守法情况等。企业档案的建立和各部门联网共享，将为政府各部门实施相关职能管理和决策提供强有力的信息支持。在国家实行统一代码制度前，海关实行以报关注册代码为基础的进出境企业档案制度，为通关管理、守法管理、打击走私违法活动提供强有力的支持。

（二）实施企业守法评估

评估的办法：一是采用数理统计的方法，对每个进出境企业在不同口岸进出境活动的守法状况进行分析评估；二是根据海关对企业的会计账册、文件等的审计，对企业的进出境行为进行分析评估。依据以上两种方法，按照守法程度高低依次划分出 A、B、C、D 四个等级。对评估的等级实行动态维护，随时根据企业进出境守法的结果进行调整。

在对进出境企业实行守法评估的同时，对产业进行守法评估也是近年来国外海关采用的方法。如美国海关根据对不同产业的评估结果，确定液晶显示器、电信、汽车、纺织品、钢铁、生产设备、农产品、化学产品、药品、钟表等相关产业的产品及零部件为高风险产业，对其进行重点监管。

（三）实施分类管理

即根据企业的守法等级，确定不同的监管组合。海关的监管组合将由信任放行、单证管理、查验、稽查 4 种方式组合而成。对守法程度最高的 A 类企业实行信任放行 + 事后稽查的监管组合，对守法状况良好的 B 类企业实行单证验放 + 事后稽查的监管组合，对守法状况一般的 C 类企业实行单证验放 + 货物抽查 + 事后稽查的监管组合，对守法状况差的 D 类企业则实行单证验放 + 货物必查 + 事后稽查的组合（见表 1）。

表 1　企业守法与海关监管方式组合

	信任放行	单证验放	货物抽查	货物必查	事后稽查
A	√				√
B		√			√
C		√	√		√
D		√		√	√

（四）确立海关稽查制度在企业守法管理体系中的核心地位

海关稽查制度是审计制度和方法在海关管理中的应用，指海关在规定期限内依法对进出口经营企业及相关单位的会计账簿、凭证、报表及其他资料进行稽核，以审查有关企业、单位有无违反海关法律法规行为的一种海关业务制度。海关稽查的对象是一切进出口经营者（包括经营一般贸易、加工贸易和其他保税业务的企业，享受进出口税收减免待遇的单位）、代理报关企业，以及其他与进出口有关的单位。海关稽查的范围应当包括会计账簿、商品或其他财产。海关稽查的内容应当包括进出口许可、其他管制以及税费减免等方面。海关稽查制度的建立，将使口岸现场的海关手续进一步简化，使守法者获得最大通关便利。同时，海关稽查又是打击偷逃税和走私违法活动的一种职能行为，是对口岸通关管理的一种有效延伸、补充、强化和监督制约。通关管理与海关稽查互为补充、互相强化、互相监督制约、相辅相成，必将全面强化海关对进出境活动的监督管理职能，达到方便与严密、效能与制约的高度统一，让守法者获得最大的通关便利，让违法者受到最严厉的惩处。与此同时，稽查制度与口岸通关的有机组合，将成为促进企业守法一种最为有效的制度安排，激励企业守法自律。在未来的海关管理中，将日益发挥重要的核心作用。

（五）重新设定进出境企业的义务和责任

进出境当事人或企业必须保证进出口通关时向海关的申报真实，对进出口货物做出正确的商品归类、估价，并按照法律规定的方法正确计算应当缴纳的税款。为确保海关对企业的事后稽查真实有效，进出口经营企业及相关的进出境运输、保税仓储、进出口收发货人、报关行等都有义务保证企业会计账簿、文件及相关记录真实，并根据海关法规的要求保存 3~5 年。

三、美国海关开展企业守法管理的实践

美国海关接受的进口报关单数，1970 年为 270 万张，而到 2000 年已经超过 2000 万张。

进口报关单年年增加，海关预算、人员（约 1800 人）却不可能同步增加，迄今为止主要通过计算机化应对。近年来，新开发的自动计算机系统（ACE），是在对过去使用了 10 年的 ACS 系统改造的基础上形成的，目的就是要实现海关手续的全部计算机化。

但是，美国海关认为，利用计算机应对业务量的无限增长也是有限度的。为了使海关有限的人力资源在促进企业守法自律方面取得更好的效果，建立进口商等海关用户的守法自律机制十分必要。基于这样的认识，1993 年通过的《美国海关现代化法案》强化了进口商向海关提供完全正确信息的义务，规定进口商具有“理应注意”的义务（reasonable care，也译为“合理审慎”），即对进口货物进行正确的商品分类、估价和计算的义务。因此，海关的责任就被限定在确认进口商的申报以及以此为基础缴纳的关税是否正确上。

基于这样的观点，美国海关署根据下列原则，实施各项促进守法计划：

（1）强化对美国有重大影响的重点产业的守法自律机制。

（2）通过海关法规审计对进口商的守法状况进行评估并指导改进。

（3）从逐单管理向以企业为单元的管理体系转换。

（一）确定重点产业和重点货物

战略贸易司认为，对美国具有重大影响的产业守法最为重要，因此自1993年4月以来，确定了实施守法管理的重点产业。1996年度确定了8个重点产业并持续到1997年。这8个重点产业依次为：①钢铁；②汽车及汽车零件；③纺织品和鞋类；④高级显示器；⑤关键件；⑥程控交换机及设备；⑦生产设备；⑧农产品。

这些产业的特定货物在申报进口时都被确定为查验的重点，进口专家也将对上述进口货物进行重点审单。此外，由战略贸易中心（STC）的国际贸易专家、特别调查官组成的贸易主管等将从各个方面对上述产业的进口给予特别关注，成为实施法规审计的主要目标。

（二）实施企业户头管理，促进企业守法自律

美国总共有32万家进口企业，但其中11.5万家（约36%）是一年只进一次的进口商。全美国进口总额的50%是由350家进口企业进口的，最大的1000家企业进口了进口总额的约61%（进口额为3500亿美元）。

美国海关建立并加强了与全国规模的主要进口商的合作关系，实施以企业为单元的企业守法管理体制，这比以逐票货物为监管单元的传统管理机制要有效得多。

自1996年起，美国海关从全美进口金额最大的1000家企业中挑选6家企业，开始进行企业户头管理（account management）计划的试点，并任命了负责这类企业的企业主管人（national account manager）。

目前，美国海关任命了包括三大汽车制造商在内的40多家全美大企业这类特定企业主管人。这40多家主要企业的名单中包括希尔斯、沃尔玛、通用汽车、摩托罗拉、福特等著名公司。而且试点中也任命了部分非专职的企业主管人，这些企业一般比较小，只在某个地区进口。

企业主管人的基本任务就是要建立主管企业的守法自律机制，具体开展以下业务：

（1）收集、分析有关该企业的信息。

（2）为企业在全美范围内实现手续统一提供协作。

（3）为企业提供海关法规和其他法律法规的信息。

（4）找出企业守法自律方面存在的问题。

（5）为企业解决海关纠纷提供协作。

（6）说服企业参加海关实施的各种计划和项目。

美国海关试图通过这一计划将管理体制从目前的以进口申报单为单元的管理向以企业为管理单元的管理体制转化，因此备受各方关注。

（三）法规审计和守法状况评估

美国海关认为，为了提高企业的守法率，必须改善贸易相关企业的守法体制。过去，海关对进口商实施法规审计（regulatory audit）的首要目标是确保海关税收。《美国海关现代化法案》扩大了法规审计的目标，增加了企业守法评估方面的内容，以期改善企业守法体制，促进企业守法自律。新法严格要求进口商将守法作为企业的经营方针，并以此为目标建立管理体制、教育从业人员。

美国海关的守法评估由专门成立的CAT（Compliance Assessment Testing）工作组实施，分三个阶段进行。第一阶段是对所有被确定为审计对象的企业进行守法评估，经过评估守法率在95%以上的，法规审计即告结束；第二阶段是对经过第一阶段评估，守法率低于95%的企业的所有领域实施周密细致的审计，提出改进意见，加强指导；第三阶段是对经过第二阶段审计的对象，在审计结束后一年内进行的守法改进状况进行审计。

（四）文件、记录保管义务

根据《美国海关现代化法案》做出修改的《关税法》第508条，大幅度扩大了保管义务人的范围，要求所有进口货物的所有者、进口商、收货人及其代理人（报关行），以及退税申请人、保税货物承运人、保税仓库经营人承担有关文件和记录的保管义务。按照新法的规定，上述当事人必须保管与进口相关的文件、记录5年，申请退税者在获得退税后3年内有保管有关文件和记录的义务。

随着信息化的发展，进口商保留的进口文件及记录越来越少，但是根据需要，海关在任何时候都有权力要求进口商提供。进口商不能满足海关要求的将受到处罚。

1. 需要保管的文件和记录

通常商务活动中需要保管的文件和记录，不仅限于进口交易活动，也包括电子数据，可以分为合同等契约文书、经营账册、账单、有关进口文件和记录等。需要保管的文件和记录要具体列名比较困难，但包括通信文书，以及法规要求的许可证件、批准证书、确认书、证明书等，记录方面则包括电子数据、电子文本及存储器。

2. 第三方的文件和记录保存义务

美国《海关法》第 3 部第 2 章第 5 节，也赋予了报关行等进口贸易的第三方保存有关进口贸易文件、记录的义务。《海关法》规定，海关对第三方（报关行）可以通过行政传唤通知的方式，要求提供进口商的特定文件和记录。

3. 罚则

有文件和记录保存义务者在海关要求提供或检查有关文件和记录时，即具有提供和接受检查的义务；不满足海关要求的，将处以罚款。如果违反这一命令，海关将要求联邦地方法院对文件和记录保存义务者进行传唤；如果不服从这一命令，将被处以进一步的罚款和取消进口的权利。

对海关提出的要求故意不合作的，罚款可高达 10 万美元，或不低于该批进口货物完税价格 75% 的价款。由于过失不能提供的，罚款 1 万美元或不低于货物完税价格 40% 的价款。

但是，上述罚款可以援引美国《海关法》第 618 条提出减轻处罚的请求。同时，由于不可抗力不能提供的，或者已经向海关提供过的，可免除罚款。

4. 保存义务的守法程序

对于故意或反复违反本程序的企业，代替罚款的是送交违反程序警告书，以敦促其采取避免再次发生的措施。

为了能够适用本守法程序，文件和记录保存义务者必须自主制定守法的制度程序和计划，并取得海关的确认证明。

为取得海关的确认证明，在建立以下管理制度的同时，还必须以与海关签订书面协议为条件：

（1）企业必须明确各项法律条件。

（2）文件和记录的制作、保存必须按照手册规定进行。

（3）对从事这项工作的人员进行教育培训。

（4）确定值得信赖的管理人员。

（5）建立文件处理的清单。

（6）明确在违反守法程序和发生差错时履行告知的手续。

在我国建立现代海关制度的进程中，企业守法管理体系建设是管理链条中不可缺失的重要一环。在建立企业守法管理体系中，美国海关实施企业守法管理的思想理念、基本做法值得我国海关借鉴。

构筑通关新模式　实现进出境物流无障碍通关①

在过去的10年中，经济全球化进程进一步加快，世界经济的格局发生了深刻的变化。总的特点是，世界多边贸易体制基本形成，贸易和投资自由化进程进一步加快，跨国公司的作用进一步增强，企业投资、生产和经营活动遍及全球，各国金融日益融合，经贸文化和人才的国际化倾向更加明显，国际竞争空前激烈。为了在日益激烈的国际竞争中获取竞争优势，各国企业采取了一系列竞争策略，在产业组织上实施大规模的跨国兼并，进一步提高产业的集中度和市场份额；在企业管理上实施企业流程再造，重组企业组织结构，回归人本管理；在经营方式上实施网络开发、大规模定制、全球采购、即时供货和零库存策略，新的商业模式不断涌现，游戏规则不断创新……毫无疑问，企业竞争已经向物流这一"未被开垦的黑土地"大步迈进。在经济全球化时代，在物流被提升为竞争中的"第三利润源泉"的时代，作为进出境监管管理机关的海关应该怎么办？我们的回答是：要积极顺应经济全球化形势发展的要求，认真把握国际物流的发展规律和特点，努力构筑新型的便捷通关流程，实现国际物流的无障碍通关，最大限度地满足企业竞争的需要，促进经济和贸易的发展。

一、国际物流的发展轨迹

国际物流，简单地说就是货物跨国界的合理配置和流动。国际物流起源于国际贸易。原始的国际物流不但时间长、速度慢、成本高，而且风险大。然而，由于当时的国际物流主要是为互通有无、满足生活享受所需，对时间和速度的要求不高。在一个生产和配置主要依靠人力、畜力及风力的时代，"慢吞吞的生

① 原标题《构筑新型的便捷通关模式　实现对进出境物流的无障碍通关》，刊于《海关政研参考》2001年第12期。

产，以及在经济领域内慢吞吞流动的货物”，无法创造庞大的生产量和交易量，因而也不可能对物流有太高的要求。

新能源的采用、新航路的开辟，以及产业革命的成功，使世界进入了殖民时代。西方列强在长达一个多世纪里将广大的殖民地当作自己的原料供给地和产品销售市场，使国际分工发生了深刻的变化，也使国际物流出现了质的变化。18 世纪末 19 世纪初，通信和运输方式的革命，使世界的距离日益缩短。“铁路与电报提供了迅速、定期及可靠的运输与通信方式，这对于大量生产与分配来说是不可缺少的，它们也是现代大工厂和营销企业的标志。”① 由于现代大工厂和营销企业的产生，劳动分工在全球范围内展开，企业的生产方式和经营方式发生了重大而深刻的变化。19 世纪末 20 世纪初，传统业主制企业由单一企业逐步过渡到由职业经理人员管理的包含多个单位的现代工商企业，从而使生产和分配超出了单个企业的范围，规模经济和范围经济得以形成，国际物流从单纯服务和服从于传统贸易逐步演变为服务和服从于国际分工和全球化生产的需要。

20 世纪 80 年代末 90 年代初，冷战的结束、世界贸易组织的成立，以及互联网技术在全球范围内的传播和使用，使 20 世纪的最后 10 年，成为信息化、市场化和全球化蓬勃发展的 10 年。 跨国企业在全球范围内掀起一次次企业兼并浪潮，将经济全球化推向了一个全新的阶段。

现代国际物流的形成和发展既是物流业不断适应国际分工变化和企业投资、生产、经营全球化要求的过程，也是满足日益激烈的国际竞争需要的过程。经济全球化与物流国际化是相辅相成的关系。“作为经济全球化的重要链条，国际物流发挥着巨大的作用。10 多年来，国际物流技术的进步和管理的改善，为经济全球化提供了更加可靠的基础和条件，使全球化进程进一步加快；而经济全球化趋势，又促进了国际物流的迅猛发展，并对国际物流提出了更高的要求。”② 现代企业的“大规模定制”“全球采购”“零库存”等经营方式对国际物流提出了全新的要求。现代国际物流的“八大原则”即最适宜的运输工具、最便捷的联运、最短的运距、最合宜的包装、最少的仓储、最短的时间、最快的信息、最佳的服务，就是经济全球化对国际物流提出的最新要求。

---

① 小艾尔弗雷德 · D. 钱德勒 . 看得见的手——美国企业的管理革命［M］. 北京：商务印书馆，1987.

② 杨瑞瑜 . 中国现代物流的现状与思考［A］// 现代物流发展战略——现代物流发展国际研讨会论文集 .1999.

二、传统的海关管理无法适应现代物流发展的实际需要

海关是国家进出境监督管理机关。顾名思义，海关就是一道“关”。从传统意义上说，设立海关与其说是为确保物流畅通，倒不如说是为阻断物流。在一个传统经济体内，海关就是以守住关口、征收税款和实施贸易管制为基本职责的。在西方，曾经就有人感叹“海关与商界是天生的敌人”。正因为如此，一切传统的海关制度和程序都是依据管住进出境物流的原则设计的。按照惯例，所有货物在进出关境时，必须在海关监管的特定区域或场所重新装卸，接受海关检查，由海关征税后放行。海关很少考虑货物通关的时间和效率，更不考虑企业所能承受的成本。在以保护关税和财政关税为主导的传统经济体中，这种传统的海关作业流程并无大碍。随着贸易自由化程度的日益提高，国与国之间经济联系的日益加深，这种海关制度再也无法适应现代经济贸易发展的现实需要。烦琐的海关手续被国际商界公认为“经济全球化进程中的最大障碍”。① 因此，20 世纪七八十年代以来，世界各国海关都在对传统的海关制度进行改造，努力实现海关制度的现代化。

改革开放以来，中国海关为适应对外经济贸易发展的需要，大胆借鉴西方发达国家海关的先进经验，进行了关税、保税、监管、统计等一系列海关业务制度的改革，取得了积极的成效，基本适应和支持了改革开放的实际需要。进入 20 世纪 90 年代以后，我国的对外开放进一步向全方位、宽领域、深层次迈进，经济贸易的自由化程度不断提高，国内、国际两个市场的联系更加紧密，企业竞争更加激烈。但中国海关的改革步伐仍然赶不上经贸发展的实际需要，进出境货物通关时间长、效率低、成本高，制约了企业的竞争力。贸易界对此表示了强烈的不满。特别是 1998 年全国打击走私工作会议以后，随着猖獗的走私违法活动得到遏制，进出境秩序得到规范，国际竞争进一步加剧，企业要求海关规范通关手续、提高通关效率的呼声比以往任何时候都更为强烈。海关通关手续不仅仅是贸易便利的一项措施，它还直接影响到跨国公司的投资方向，从而成为一个国家吸引国际投资的重要手段。为此，海关总署近年来在大力推行通关作业改革的基础上，进一步将提高通关效率、降低贸易成本作为海关工作的头等大事来抓。

2001 年初，海关总署对全国进出口业务量最大的 10 个沿海海关的通关效

① 秦晓在 2001 年亚太经合组织（APEC）海关与商界对话会上的发言。

率做了一次抽样调查，并将调查的结果与 1998 年的通关时效进行对比。调查发现，进口货物的平均通关时间从 1998 年的 2.9 天下降到 2001 年的 2.6 天，出口货物从 1998 年的 2.2 天下降为 2001 年的 1.5 天。不同的海关、不同的货物，在通关上所花费的时间存在很大的不同。尽管海关的通关效率在逐步提高，但海关总署认为，这样的结果是不能令人满意的。更让企业难以容忍的是，上述结果仅仅是海关通关作业的时间，并不包括海关以外其他口岸部门的作业时间。据宁波市口岸办 2001 年 3 月对宁波口岸货物“大通关”[①] 通关时间的调查，出口集装箱运抵港区至装船出运平均为 2.57 天，其中海关通关 1 天，检验检疫通关 1.79 天；进口集装箱自运抵港区到收货人提箱，平均时间为 9.07 天，其中海关通关 1.52 天，检验检疫通关 4.37 天。[②] 调查还发现，宁波以外的全国其他口岸的通关情况也大致相同。据宁波市口岸办的分析，影响通关的主要原因：一是港区、航站硬件设施建设不足，不能适应口岸外贸货物吞吐量快速增长的需要；二是口岸查验部门、代理服务单位、港口和航站等服务生产企业意识差，工作效率不高；三是部门之间协作配合还不够紧密，单位内部工作职责划分不尽合理。这样的分析是符合实际的。根据海关总署和宁波市口岸办各自所做的口岸通关效率调查，我们不难发现，国际物流在到达我国口岸时被人为地阻断了，有的中断的时间还很长。这样的口岸体制和通关效率，与现代国际物流的发展是格格不入的。

从海关自身通关作业制度和流程分析，造成海关通关效率低、耗费时间长的原因主要有：①传统的通关流程设计不合理。一般贸易进口通关必须经过申报、查验、征税才能放行。也就是说，海关通关的全套手续必须在货物进出关境的短暂时间和狭小空间内完成。这就给口岸通关造成了巨大压力，形成“口岸瓶颈”。②各部门的作业相互制约。如进口货物的申报通常必须在货物抵港后才能进行，货物查验需要等候港务部门吊箱作业和场地安排，对需要检验检疫的货物，海关必须在检验检疫部门先行验放后才能放行等。③海关内部各作业环节配合失调。商品查验、归类、估价和计税等作业分别由不同的部门完成，一旦某一个环节耽搁就会影响整个通关的速度。④海关监管的有效性不高。如我国与许多发达国家海关确定的查验率大致相同，通常进口货物为 10% 左右，

① 通常人们将办理海关通关手续称为“小通关”，将办理包括海关手续在内所有口岸部门的通关手续称为“大通关”。大通关需要办理海关、检验检疫、边防检查、海关监督、码头装卸作业、代理服务等一系列手续。

② 宁波市政府口岸办公室 . 宁波口岸大通关情况调研报告［R］.2001-03-20.

但我国海关的查获率仅为欧美发达国家海关的 1/10 左右。这与我国走私违法活动十分严重的社会现实形成了巨大反差。

三、构筑新型的便捷通关模式，实现国际物流的无障碍通关

经济全球化以及与之相呼应的信息化和市场化浪潮，正在改变社会生活的各个方面，对传统的政府管理体制和模式构成了巨大冲击和严峻挑战。把握经济全球化背景下国际物流运行的规律和特点，构筑新型的便捷通关管理模式，实现国际物流的无障碍通关，是中国海关面临的最为紧迫的课题。

第一，必须改革和创新海关管理的思想。改变“行政主导”式的传统管理思想，树立“客户导向”的现代管理思想，真正树立服务经济、促进发展的思想理念。依法行政，公平、公正执法是海关的天职，与此同时，海关的各项法律制度和作业程序，必须符合现代工商企业经营管理的基本要求，反映现代化大生产和国际物流运行的内在规律和要求。海关的执法和管理必须是公正、透明、快速和有效的。也就是说，海关管理必须在严格执法与便利贸易之间保持有机的平衡。实现两者平衡的最终目标就是“让守法者获得最大的通关便利”。

第二，必须重组海关通关作业的基本流程。一是提前报关，也就是在承运国际货物的运输工具从国外某港口启运后，即可通过船公司或外代公司向海关传输舱单，企业在国际航行船舶和货物到港前，提前向海关申报，海关提前完成相关的审单、征税、统计等作业，除海关确定需要查验的货物外，船舶一经抵港，企业即可提取货物，从而确保国际物流顺畅；二是实施预归类，对一些新特商品和疑难商品，企业可以提前向海关申请预归类，避免这些货物到港后因海关归类而耽搁通关时间；三是改革查验制度，要适当降低进出口货物的查验率，关键是提高查获率，使广大的守法企业不致因海关查验而影响通关效率，增加通关的成本，同时节约海关自身的管理资源；四是实施后续稽查，对一些即使存在商业瞒骗嫌疑，但一时无法取得证据的货物，也可以通过事后对企业账簿、记录和相关文件的稽查实现监管职能，避免因调查取证阻隔物流。总之，在通关作业流程方面，将原本在进出境通关环节进行的现场作业，通过前推后移，既实现海关监管的各项职能，又确保物流的畅通，从而实现国际物流的无障碍通关，将口岸通关的时间和成本控制在企业可以接受的最低限度。

第三，必须变革海关的管理方法。海关要重组通关作业流程，实现无障碍通关，一个重要前提就是改革和创新海关管理方法，实现管理方法上的三个转

变：一是实现海关对进出境的监督管理从“以货物为单元”的逐票监管向“以企业为单元”的企业守法管理转变。货物本身不会违法，违法者是法人和自然人。海关执法和监管的首要任务之一是促进企业守法自律。因此，重点是管住和管好作为进出境当事人的企业和自然人。要对进出境当事人进行守法评估，实施分类管理，采取各种激励和约束机制，引导企业或个人守法自律，最终实现“让守法者获得最大通关便利”。二是实现海关管理从孤军奋战到广泛合作的转变。现代社会是一个需要广泛合作的社会，合作可以使管理卓有成效。从通关效率的调查可以看出，海关“独善其身”并不能达到最大通关效率。海关必须与各口岸相关部门、广大守法企业进行广泛合作，才能创造“双赢”甚至“多赢”的局面。这里笔者特别强调海关与“第三方物流”的合作。“第三方物流”与第一方、第二方物流是一种纯粹的委托代理关系，作为“第三方”比较独立和超然，在进出境过程中较少有商业瞒骗的动机，因此海关与“第三方物流”具有广泛的合作基础。同时，现代综合物流不仅包括物流，还包括信息流、资金流和管理流，是“四流”的综合。海关应当充分运用“四流合一”、相互印证的现代综合物流特点，通过更加广泛的合作，获得管理的最大效能。三是实现随机管理向风险管理的转变。传统的海关管理大多实行随机监管，风险管理的意识和能力较弱，因而管理的有效性相对较弱。无论从管理资源的有效配置，还是从提高海关监管的有效性角度，实施风险管理是当代国际海关的共同选择。只有通过高水平的风险分析，才能突出打击重点，实现国际物流的流畅，从而确保广大守法企业获得最大的通关便利。

第四，必须创新海关管理的手段。经济全球化将导致商品、劳务、资金、信息等生产要素大规模、跨国界的自由流动，海关再也无法单纯依靠人的体能、感官实现对进出境的有效监管。广泛采用现代科学技术，将大大提高海关监管的有效性。必须广泛运用计算机技术、通信技术和各类先进的检查技术，提高海关监管的有效性，实现国际物流的无障碍通关。如海关在广泛采用 X 光检查仪和地磅称重系统后，较好地实现了在物流正常运行过程中完成对货物的实际检查和监管，在实践中已经取得了良好的效果。各口岸部门的信息联网、信息共享、“物流供应商提供全球多式联运的单一平台服务”无论对企业还是对海关都是十分有益的。日本、美国等国家和地区的 9 家大型海运公司正在联合投资、共同开发的“环球运输网系”（GTN）[①] 一旦建成，不仅是广大物流顾客的福音，

① 李宗豪 . 论现代综合物流及其发展趋势［J］. 中国远洋航务公告，2001（7）.

海关也一定能大受裨益。这将最大限度地改善海关等监管部门与进出境当事人之间的信息不对称状况，有效提高海关监管的有效性，进而从根本上促进通关效率的提高。

经济全球化必须依赖国际物流的蓬勃发展，现代国际物流的健康发展则离不开海关的积极参与，而海关与国际物流业界的广泛合作将更加有效地促进经济贸易的快速发展，有利于经济全球化。

海关管理中物流监控体系的地位、作用及实现方式①

一、海关物流监控概念的提出

1994年初，海关总署正式确立了现代海关制度建设的跨世纪发展目标，并对这一课题进行了长达数年的研究和论证。从1995年开始，通关作业改革作为现代海关制度建设的中心环节和突破口，率先进入研究论证和试点程序。物流监控体系这一概念正是在通关作业改革研究和试点过程中正式提出的，并于1998年被正式写入《海关总署关于建立现代海关制度的决定》(以下简称《决定》)。《决定》提出了现代海关制度建设需要建立八大体系，海关物流监控体系是其中的重要组成部分。关于物流监控是否应被作为一个独立的体系提出来，经过了反复论证，现代海关制度课题组坚持认为，全国海关的物流监控和实际监管十分薄弱，加强这方面的工作非常迫切，并且将物流监控作为一个独立的体系提出来可以引起广泛的重视和关注，有利于从根本上强化物流监控和实际监管。《决定》没有对物流监控体系下定义，但它强调要“建立严密的物流监控体系，增强海关的实际监控能力”，并且指出要“充分发挥物流监控中心和口岸现场海关的职能，在信息化管理的基础上，对进出境运输工具和进出口货物、物品进入关境、监管场所以及转关运输的全过程实行监控”。作为物流监控核心内容的“信息监控”和“实体监控”也在《决定》中得到明确。从近年来湛江、厦门等特大走私案件查处的情况来看，物流失控和执法腐败是上述案件的最大特征，这也从侧面证明提出建设物流监控体系是十分正确的。

如果说物流监控在《决定》中的正式提出还只是一个理论雏形的话，在此

① 原标题《论海关物流监控体系在海关管理中的地位、作用及其实现方式》，刊于《海关政研参考》2002年第6期。

后形成的《全国海关通关作业改革指导方案》（以下简称《指导方案》）中，物流监控则得到了更加明确和系统的阐述。《指导方案》前言指出："建立强有力的物流监控系统，大力强化海关实际监控，确保进出境物流处于海关有效监控之下是通关作业改革的重要目标之一。一要健全法制，进一步确立海关实施物流监控的行政执法主体地位。二要建立对海关监管区域、各类监管场所、进出境运输工具和物流实施全方位、全过程有效监控的作业机制，完善对口岸现场、各类监管场所、运输企业、货运代理企业和转关运输的规范化管理。三要增强物流监控力量，运用先进技术和装备，加强对海关监管区域、监管场所、进出境运输工具和货物的实体监控。四要运用现代化的信息网络技术，实现与口岸相关部门的计算机联网，加强信息监控。五要研究和制定出一套规范化程度高、行之有效的查验规范和技术，促进查验作业的规范化和专业化，切实提高海关实际监控的有效性。"《指导方案》还对建立物流监控体系的目标、原则和基本思路做了具体阐述，提出要通过加强物流监控的法制建设、转变物流监控的思想观念、改革和创新监控的方法手段、加强物流监控队伍建设等途径，建立健全海关物流监控体系，解决实际监管不到位的老大难问题。应当说，从《决定》的形成到《指导方案》的出台，经过几年的努力，海关物流监控体系建设无论在理论上还是在实践上，都取得了长足的发展，物流监控体系的基本目标和框架基本确定。

二、物流监控体系在海关管理中的地位和作用

《中华人民共和国海关法》规定："中华人民共和国海关是国家的进出关境（以下简称"进出境"）监督管理机关。海关依照本法和其他有关法律、行政法规，监管进出境的运输工具、货物、行李物品、邮递物品和其他物品，征收关税和其他税、费，查缉走私，并编制海关统计和办理其他海关业务。"按照传统的海关职能划分，海关管理被划分为监管、征税、缉私和统计四大职能。过去，海关的内设机构也都是按照这样的职能分工设置的。但是在业务现场，由于这样的职能分工和机构设置将进出境通关的有机过程人为割断，实践证明影响了通关的效率和监管责任的落实，必须加以有机整合。通关作业改革调整了现场的业务分工和作业流程。现场作业分工和业务流程调整以后，职能机构如何设置、各关的职能机构与总署的职能司室局如何对应便成了难题。协调的最终结果是，通关部门（审单中心及电子审单系统）进行货征统一体化审单作业，物

流监控部门负责对运输工具、货物的查验以及对各类监管现场和场站的实际监管，职能部门（主要指政法、关税、统计等）主要从事对各项业务规范的制定和业务的综合、分析和监督评估等。各现场海关将工作重心转移到物流监控和实际监管上。各直属海关保留了监管、关税等职能机构的名称，但对实际职能已经做出了调整。同时，各关增设了通关管理机构，附设审单中心，承担关区的集中审单职能。

通关作业改革的核心内容就是要围绕现场通关建立审单作业、物流监控和职能管理三个系统以及与三个系统相适应的全新通关管理机制。《指导方案》指出："审单作业、物流监控和职能管理三大系统既相互支持配合，又相互监督制约，形成一个有机的整体，共同构筑新的通关管理模式。"这一表述比较准确地反映了三个系统之间的相互关系。它包含三方面的意思：一是三个系统分别作为独立的主体存在并各司其职，审单系统负责报关数据的规范性、逻辑性和合法性审核；职能管理系统负责相应业务规范的制定，各项相关业务执行的监督、考核、评估；物流监控系统负责对进出境运输工具及其所载货物、监管场所的实际监控和查验。三个系统各有分工，三者之间既不能越俎代庖，更不能相互替代。二是三个系统是互补的关系，任何一个系统都不能独立承担通关的全部业务，任何一个系统都必须依赖另外两个系统的工作发挥作用，只有三个系统的功能都得到提高，通关管理的整体效能才能得到最大限度的发挥。三是物流监控作为一个独立的主体，承担了十分重大的责任，它不仅是其他两个系统有效工作的基础和前提，同时还承担了确认单货相符和全部进出境货物总放行的责任。单货相符既是海关监管的最大难题，也是海关监管的最大风险。应当说，物流监管部门承担的这一责任是十分重大的，但这点至今没有得到人们广泛和充分的认识。

三、近年来海关物流监控体系建设取得的进展和存在的问题

近年来，全国海关在建立海关物流监控体系、加强实际监管方面做出了巨大努力，并取得了一定的进展。

（1）加快物流监控体系建设、加强海关实际监管、确保实际监管到位成为海关工作的头等大事，其重要性、必要性和紧迫性得到海关全体干部职工的认同。

（2）全系统加大了对物流监控体系建设的科技投入，特别是 1998 年全国打

私会议以来，全国海关3年内共投入数十亿元，安装了H986集装箱检查仪48台，加上原来在深圳海关皇岗和文锦渡口岸安装的2台集装箱检查仪，共计50台，地磅292台。在实行“两水两路”改革的试点海关已经安装了车牌识别系统和电子闸门，一些海关安装了闭路电视或视频监视系统，海关物流监控的技术含量有了较大的提高。

（3）开展物流监控的业务制度建设，由口岸办组织对全国二类口岸进行了清理，海关总署对各关自行审批的监管场所进行了局部清理，并对其监管条件做出了规范，对查验制度也进行了逐步调整。

（4）增加了人力投入，通关作业改革后各关现场的实际监管力量普遍得到加强，特别是近两年来前后两批借调武警协助海关加强实际监管，共计6500人，极大地缓解了海关实际监管人力严重不足的状况。

（5）进行了以“两水两路”为突破口的跨关区快速通关作业改革，在加强和规范转关运输监管方面进行了积极的探索。

全国海关物流监控体系建设在取得一定进展的同时，仍然存在一些亟待解决的突出问题，主要如下：

（1）物流监控没有形成系统，无法发挥管理的整体效能。首先，职责分工不尽合理，物流监控工作并没有完全交由物流监控部门承担。物流监控职能的分散不利于监管整体效能的发挥。其次，作为物流监控职能重要实现形式的物流监控计算机系统没有被开发和使用。目前，一些物流监控工作子系统都是在原H883基础上开发的，如运输工具管理系统、查验子系统、舱单管理子系统、转关运输管理子系统等。这些子系统是H883系统的一部分，但从物流监控体系角度来看，从运输工具进出境到货物的装卸、堆放、出入海关监管场所、转关运输、查验、放行各作业环节之间，并没有建立起内在的有机联系，形成一个有机的整体；海关与港务、理货、港监、船务、船代、货代等各口岸部门没有实现真正联网，各部门之间的数据尚不能实现相互印证；对运输工具在沿海各口岸的停靠和装卸作业，口岸海关之间没有实现联网监管；各关的监管职能部门缺乏有效的指挥、协调和监督的工作手段。物流监控体系的现状制约了功能和作用的发挥。

（2）业务基础建设仍然存在巨大差距。作为物流监控核心环节的查验、场站管理、运输工具监管、转关运输的途中监管等，都存在亟待解决的问题。如原有的查验制度已经不能适应通关作业改革以后发展的需要，查验的概念、决定机制、作业程序、绩效评估均有待明确和规范；对物流监控非常关键的场站管理，我国《海关法》没有做出明确的规定，也没有统一的管理规章，而同样的问题在国外的海关法中大多有专门的章节加以规范；20 世纪 90 年代初船舶联检制度改革后，对国际航行船舶的有效监管问题并没有找到好的解决办法；转关运输中途“飞料”问题长期得不到解决，在新的形势下反而变得更加突出；物流监控的综合治理体制并没有真正建立起来；海关监管条例的制定尚未被列入议事日程；等等。

（3）走私链经常与物流失控交织在一起。从湛江、厦门特大案件中可以清楚地看出，走私链与海关物流监控的各个环节密不可分。走私集团的主要走私手法：一是运输工具和装载货物的监管信息不输机、不报关，甚至在海上过驳、锚地作业；二是假借保税名义搞假保函，事后通过假转口、假核销，实现走私；三是伪报品名，洗空柜（实箱申报为空箱进口后调包），锚地真假单证交接，以假单证报关。当然，这些手法之所以能够得手，除了海关在物流监控方面存在漏洞外，还有内部腐败分子与走私分子的策应和勾结。但物流监控的现状确实给走私分子和腐败分子留下了空子。

（4）物流监控仍然是海关管理中最薄弱的环节，实际监管不到位的隐患并没有得到根本的消除。①海关对出入境船舶的监管仍然存在漏洞，“体外循环”式的走私仍然存在；②监管场所点多、面广，不具备海关监管条件的各类监管场所大量存在，使海关监管力量难以企及；③由于风险管理水平较低，查验率偏高，查获率太低，单货相符仍然是海关管理中的最大隐患；④转关运输途中监管潜伏的巨大风险尚未得到有效化解；⑤物流监控队伍存在专业化程度低、知识结构不合理、人力不足等问题。

在这些老问题没有得到充分解决之前，随着形势的发展和海关业务改革的深化，物流监控又出现了一些新的问题，如：“两水两路”和跨关区快速通关实施以后，原本长期存在的“飞料”走私可能由于基础建设的薄弱和监管手段跟不上而进一步冒头；对特大高新技术生产企业实施便捷通关后，由于企业守法管理体系没有真正建立起来，对企业的守法评估和监控可能出现新的困难；对 IT 行业为适应经济全球化、竞争白热化需要而实行的“全球采购”“零库存”经营管理模式，海关还无法在高效运作的同时实施有效监管；在实行新的通关作业改革、新的业务分工后，还无法对物流监控的工作绩效进行科学客观的评估；等等。这些问题有的是在新的业务形势下出现的新问题，更多的则是过去的老问题在新形势下的不同表现。

四、科学规划和论证，努力建立和健全海关物流监控体系

（一）海关物流监控体系的基本内容

海关物流监控体系的基本内容概括为“一个目标、两种监控方式、三个阶段和四个关键环节”。

一个目标：就是管住、管好物流，将进出境物流完全纳入海关的有效监控之下，确保进出境物流依法通关，将体外循环、闯关、瞒骗、飞料等走私活动控制在最小的范围。

两种监控方式：一是对进出境运输工具、海关监管货物、监管场所、境内运输过程以及与物流相关的企业，如运输企业、仓储企业、报关企业等监管实体进行有效监控，防止物流失控；二是对以运输工具及其舱单信息为主线的，以进出境运输工具动态信息、监管场所内物流信息、报关信息、转关运输信息等为内容的物流信息实施信息监控，确保实际物流与相关的物流信息相互印证。

三个阶段：物流监控的过程可以划分为“进关前”、“进关后结关前”（通关过程中）和“结关后”三个阶段。“进关前”监控包括两方面的内容：一是对国际运输工具及其所载货物从国外或其他国际空域和海域进入我国关境后，到进入海关监管场所或区域向海关正式报关前的监管，这一块是当前物流最薄弱的环节，至今没有引起足够的重视，必须彻底加强；二是指物流监控部门在前期办理各类物流企业的审批、注册、备案业务，维护管理参数，设立监控条件，开展风险分析，提出风险布控。“进关后结关前”是指运输工具及其所载货物进入海关监管区域并向海关正式申报但尚未正式结关，这一段的监控内容既包括运输工具向海关申报后，货物在海关监管区域和场所装卸、拆拼箱、移动，也包括转关运输过程，甚至包括对加工贸易货物、未满监管期限的减免税货物的监控。查验是这一阶段海关物流监控的重要手段。这既是当前我们经常在做的物流监控，也是人们通常理解的物流监控，但事实上这并不是物流监控的全部。人们普遍认为，运输工具及其所载货物“结关放行后”不再有物流监控，这是错误的，在结关放行后对物流数据进行核对、综合分析和评估十分重要。对物流信息进行分析评估将为下次物流监控提供重要的依据。

四个关键环节：运输工具和货物进出境环节、在监管场所内仓储及移动环节、货物的查验和卡口放行环节以及转关运输途中环节。

通过两种监控方式，抓住“三个阶段”和“四个关键环节”，加强实体监控和信息监控，能够比较好地达到管住和管好物流这一重要目标。

（二）物流监控体系的基本结构

物流监控体系既然作为一个体系，就必然有其体系的内在逻辑结构。简单地说，这一体系的结构由“两个系统”和“一个制度”构成。“两个系统”，一个是指实体监控系统，另一个是指信息监控系统；“一个制度”是指查验制度。两个系统相互印证，通过查验制度将两者结合并统一起来。

1. 实体监控系统

实体监控系统包括运输工具监控系统，进出口货物监控系统（包括转关运输货物），监管场所监控系统，转运、过境、通运货物和转关运输货物监控系统，物流企业监控系统。

（1）运输工具监控系统：负责对国际航行船舶、飞行器、火车、汽车的进出境以及在境内的移动实施有效监管，如进出境申报、联检、查验、现场监管等。

（2）进出口货物监控系统：负责对进口货物自进境起，到办结海关手续止，对出口货物自向海关申报之日起，到出境止，其间所进行的装卸、拆拼箱、移动、存放等实施实际监控。

（3）监管场所监控系统：负责对新《海关法》第一百条规定的港口、码头、堆场、仓库和各关自行批准设立的存放进出口货物的监管场所进行监控。上述海关监管场所的设立必须符合海关规定的硬件和软件两方面条件。硬件方面，监管场所必须设立隔离围网，实行封闭式卡口管理。软件方面，上述监管场所必须实现与海关计算机联网。该项联网可根据各地的具体情况，以合适的方式实现：一是监管场所，如机场、车站及码头、堆场一体的港口直接与海关联网；二是区外场地，如码头与堆场相分离的港口与港区联网，港区再与海关联网。

（4）转运、过境、通运货物和转关运输货物监控系统：负责对转运、过境、通运货物和转关运输货物按照相应的管理办法实施监管。

（5）物流企业监控系统：负责对运输企业、仓储企业和报关企业的监控，主要是对其进行登记备案和年审，建立企业档案，并对上述企业的资信情况、守法状况进行分析评估和分类管理，推动其守法自律。

2. 信息监控系统

信息监控系统包括船舶进出境信息监控系统、舱单信息监控系统、港区物流信息监控系统、转关运输信息监控系统、报关单信息监控系统、企业信息监控系统。

（1）船舶进出境信息监控系统：是物流监控体系的第一环，各船代公司按照海关要求的统一格式，在船舶抵港前，通过口岸电子执法系统向海关发送船舶动态信息，海关负责接收、核对无误后编制船舶编号，便于调阅舱单及对进出港区船舶进行查询、布控等工作。

（2）舱单信息监控系统：海运进出口的，海关舱单管理部门负责联网接收船代公司的进出口舱单信息，并与外轮理货信息和船管部门移送的纸面舱单进行核对确认，确保舱单信息的真实性和准确性；负责对进出口舱单的核注、核销情况进行清查，定期编制超期未核销及未报关货物清单，并将未核销部分的情况、原因和采取的措施反馈给有关部门；根据舱单实时监控需要，开展舱单风险分析工作，确定监控重点，同时提出查验建议。空运及铁路运输进出口的，对其载货清单要比照海运舱单的监控办法结合各关的实际情况制定监控方案。

（3）港区物流信息监控系统：包括货物在港区内移动、转栈、拼拆箱、信息检索、港口放行等多个信息子系统，在实现港务局EDI信息平台与口岸电子执法系统联网的条件下，监控物流在港区内的流动状况。

（4）转关运输信息监控系统：是指海关利用计算机网络技术在全国范围对转关运输货物及其运输工具实施动态监控和有效监管的应用系统。由指运地、进境地海关或启运地、出境地海关分别输入转关运输货物的有关数据，通过卫星网络互相传递数据，达到对转关运输货物进行监管的目的，同时为海关统计、业务分析提供数据。

（5）报关单信息监控系统：主要实现报关单与舱单、转关运输单的自动核对核销。

（6）企业信息监控系统：包括对进出口经营企业、报关企业和运输企业的相关档案数据、进出口动态数据、守法状况等情况和信息进行综合分析、风险评估，指导口岸通关和事后稽查。

3. 查验制度

查验是物流监控体系中最重要的环节之一。海关物流监控水平的高低，乃至整个海关通关管理的有效性，在很大程度上要看查验的水平。从物流监控的角度来看，实体监控是否到位，信息监控是否有效，最后要靠查验检验。因此，查验制度在物流监控体系建设中具有举足轻重的地位和作用。我们说的查验制度主要包括如下内容：

（1）查验的比例，也就是查验率。有些同志对过去海关总署确定的查验率有看法，认为各口岸情况千差万别，不应确定查验率。这种看法不正确。其实，任何国家的海关都会根据一国企业的守法程度、海关监管的风险度以及海关自身的资源状况，确定在一定时期内（如一年）相对固定的查验率。但这一查验率并不是一成不变的，要根据口岸进出境的业务量、海关自身的资源状况和实际查获的情况及时进行相应的微调。我国海关确定一定的查验率是有必要的，关键是如何根据口岸的具体情况和查获率状况的变化进行适当的调节，以使查验率的确定更加合理和科学。

（2）查验的确定。过去的查验几乎都是由现场海关决定，通关作业改革后改变了这种方式，实际上是由通关的相关部门共同决定。从大的方面看，审单作业系统、物流监控系统和职能管理系统都有一定比例的查验决定权。《指导方案》规定的比例构成是：职能部门为20%，审单中心为30%，现场接单为20%，现场查验为30%。如果按通关作业改革的三个系统划分，这一比例实际是职能管理系统为20%，审单作业系统为50%，物流监控系统为30%。这个比例是通关作业改革初期确定的，并不一定是最科学的，也并非一成不变的，以后应当按照各部门的风险管理能力和水平，根据各部门实际布控的有效性和命中率不断地调整。但总的原则不会变，就是查验不能由一个部门决定，而必须由多个部门共同决定。

（3）查验的方式。查验的方式多种多样，有各种不同的分法。按实施查验的主体划分，可分为人工查验和机器检查；按查验的程度划分，可分为外形查验、开箱查验，开箱查验还可以进一步分为“打通道”和彻底查验；按查验的目的划分，可以分为搜查、核对、验证、取样等。由于过去对查验的概念缺乏统一的规范，实际上比较混乱。监管司目前正在加紧对这方面的研究，争取尽快对其加以统一和规范。

（4）查验的实施。在下达查验指令时，应当明确查验的目的和方式，这样物流监控部门就可以根据要求组织力量进行查验。在实施查验的过程中，查验人员根据情况变化可以对查验的目的和方式做出调整。对查验的结果，查验人员必须做出规范的查验记录。

（5）查验结果的反馈。指各查验主体将查验的结果向物流监控部门汇总和整理，并向做出查验布控指令的各个主体进行反馈。

（6）查验绩效的评估和奖惩。为提高查验工作的有效性，调动各查验决定部门工作的积极性，对查验的绩效进行评估和奖惩是十分必要的。海关总署应当制定相应的办法对查验进行奖惩，这是查验制度的重要组成部分。

（三）物流监控体系结构的逻辑关系

国际物流源于国际贸易，也源于进出口商的商品买卖。先有进出口商的买卖合同，再有货物的实际流动。流动的进出口货物必须严格与进出口商签订的买卖合同所确定的条款相符。因此，合同信息与货物信息必须是一致的。但货物本身不会流动，必须通过运输工具运载，按照现代社会分工，生产商、贸易商与运输商往往是分业的，一般不会是同一商人。因此，生产商或出口商要想把货物交付到进口商手中，必须借助运输商的力量。这样出口商必须与运输商签订委托代理运输合同。运输业务的受托方必须保证将货物及时、准确和安全地交付到合同指定的地点，否则就是违约，就可能产生合同纠纷和索赔。这样，运输合同的信息也必须是与实际承运的货物相符的。如果货物到达港口后不能及时提取，甚至尚未找到买主，货物就需要存放在仓库或堆场内，这样货物的实际所有人必须与仓储业务经营者签订储存合同，再将货物交付仓储经营者储存。如果进口人及其代理人向海关正式申报进口，就会填写报关单，就产生了报关单信息。从理论上讲，报关单信息与进出口商的合同信息、运输信息、仓储信息应当是完全一致的，与实际的货物也应当是完全一致的。如果在关境内进行转关运输，情况也应当是完全一致的。换句话说，实际物流的任何一个运动都有与之相对应的信息流，每个运动着的货物，都必须有一串与之相对应的信息，实际物流与信息流必须是完全相符的。如果出现实际物流与信息流不一致，不是商业差错，就是商业瞒骗。这就是海关物流监控设定实体监控与信息监控的原因所在，其为海关监管提供了非常坚实的基础。

查验是海关将实际物流与信息流进行对接和核对的基本手段。上面讲到的实际物流必须与信息流严格相符，这是从理论上说，实际情况究竟如何，如果不核对、不检查便无从知晓。海关只有在对运输工具和货物进行实际查验时，才能真正确定实际物流与信息流是否相符。而对绝大多数海关没有检查的货物，只能假设它们的实际物流与信息流是相符的。查验是实物与信息连接的桥梁，是将实际物流与信息流有机统一起来的基本手段。这就是各国海关都十分重视查验的原因，也是任何一国海关从不放弃查验的原因，查验率与查获率水平、查验的实际绩效因而成为衡量各国海关通关综合管理水平高低的重要标尺。

五、海关物流监控职能实现方式的改革与创新

在物流监控方面，我们经历了过去不重视物流监控的时期、重视物流监控但不知如何加强物流监控的迷茫时期，以及进行理性思考和科学规划的时期。

过去，我们对物流监控重视不够，忽视了物流监控的基础建设。20世纪90年代初期船舶联检制度改革、来往港澳小型船舶监管站撤销和转关运输制度改革以后，由于没有后续措施跟上，造成海关对物流的监控一度失控。在一些口岸，曾经出现成百上千个集装箱被盗、大量的舱单与报关单无法核销、报关单与转关运输报关单无法核销、转关运输货物满天飞、保税仓库被称作“走私仓库”等情况。湛江、厦门特大走私案件更是将这种状况放大到无以复加的程度。

通关作业改革试点的开展，1998年全国打击走私工作会议的召开，湛江、厦门等特大案件的暴露和查处，使海关各级领导和广大干部职工充分认识到海关加强物流监控工作的重要性和紧迫性。近3年来，全国海关上下普遍重视和加强海关物流监控体系的建设，物流监控的重要性被提高到前所未有的程度。但与此同时也出现了一种倾向，认为物流监控越严越好，甚至不顾条件和可能，提出一些不切实际的要求和想法。如要求对各类海关监管场所实行24小时巡查、提出一长串必查必验清单、对某类货物100%查验等。一时间，无所不用其极。实际上，这还是一种传统的思维逻辑，认为只有将所有的东西“全过程”“不间断”看住，才能管住，恨不能将进出境运输工具和货物全部装进海关的保险柜中才放心。这是一个误区，在经济全球化的条件下，任何国家的海关都无法做到。

经过一个阶段的迷茫后，我们终究要面对现实，进行客观冷静的思考，重新评估和规划物流监控体系建设的目标和原则，改革和创新海关物流监控的职能实现形式，找到一种理想的物流监控方式，实现物流监控效益的最大化。

借鉴各国海关的经验，结合我国海关的监管实践，海关物流监控最有效的形式是：管住物流及相关企业，实现综合治理，大力推行风险分析，提高物流监控的技术手段并建设一支高素质的物流监控队伍。

（一）从以货物为监管单元向以企业为监管单元的监管模式转化

从上面的分析中我们可以看出，国际物流在国际的跨国流动，都是由人（进出口商、运输商、仓储商、报关行等）在推动，无论是商业差错也好，商业瞒骗也罢，都是人的差错、人的瞒骗。在经济全球化，生产要素跨国大规模

快速流动的条件下，没有一个国家的海关能够完全做到对实际物流进行“全方位”“不间断”的有效监控。因此，随着以货物为单元逐票验放的通关模式逐步向以企业为单元的新的通关模式过渡，物流监控的方式也要从单纯的物流监控过渡到对物流企业的有效监控，如建立物流企业档案，对其资信状况和进出境行为进行守法评估，实施分类管理和重点稽查，采取一系列有效措施，促进物流企业守法经营。

（二）从单兵作战到综合治理

物流监控和实际监管并不是由物流监控部门独立完成的。在海关内部涉及审单作业部门、职能管理部门、信息技术部门、调查和侦查部门，在外部则涉及检验检疫、海事、边防、外代、港务、银行等一系列相关部门。只有将这些部门的信息综合起来，才能达到海关共管、社会共治的效果。要充分利用口岸电子执法系统的各项功能，实现海关物流监控的最佳效果。

（三）从随机抽查到大力推广风险管理

风险管理既是一种管理思想，也是一种管理方法。我国海关自 1994 年正式提出风险管理这一概念以来，一直存在两种思想和模式的交锋。一种是集中式智能化模式，期望建立高度集中的智能化风险管理中心或部门，由它掌管整个通关的风险分析和布控，其他各通关相关部门都在各自的岗位上分析、收集和提取风险要素，建立并维护各自的风险要素数据库，供风险管理部门或中心使用，从而确保每票货物通关时，计算机能自动显示风险值，从而决定是否查验。另一种则认为，前一种模式过于理想，时间太长，而且不利于调动各方面的积极性，主张采用集中与分布相结合，在开始阶段应主要以分布式为主的风险管理模式。原因有两个：一是风险管理在起步阶段首要任务是培养风险管理的意识，必须让参与风险分析的人能够直接看到自己的分析结果是否有效，从而不断激发其参与风险分析和提高风险分析水平的欲望。二是与通关作业相关的各个系统，都是风险分析的主体，都占有独特的信息资源，各有所长，各有优势，不可相互替代。多个积极性比一个积极性好。笔者倾向于后一种模式。采用分布式不影响风险管理中心的集中功能，在各个主体自行分析的基础上加以归纳综合，能够取得更好的效果。集中式主要是预警式，分布式主要是预定式，或者称指定式。无论是预警式还是预定式，都要按照现行的办法进行查验。过去海关总署下达的必查必验商品清单，大多属于预警式。这样的预警式越少越好。从这个意义上说，笔者主张在开始起步阶段，应当要求各个作业系统都设立风险分析机构，至少必须设立风险管理岗位。一些部门如审单部门、物流部门必须设立专门的风险管理机构，以加强这方面的力量，提高各自的风险管理能力和水平。

（四）从主要依靠人力到提高物流监控的技术手段

技术手段不是万能的，但是必不可少的。监控技术手段差无疑将使走私分子的走私行为更易得逞。如关锁的技术含量太低，很容易为走私分子所利用；没有集装箱检查仪就难以对付大规模的集装箱运输业务；没有地磅就难以对付少报和瞒报等。更重要的是，适宜的技术手段的使用可以减轻关员的工作强度，减少人力使用，提高工作的有效性。要在已投入的基础上，继续改进和完善物流监控的技术手段。

（五）从不重视查验队伍到加强物流监控队伍建设

必须充分认识到，物流监控不仅风险高，而且需要特定专业技能，并非像过去人们所想的那样，纯粹是一项体力劳动，谁都可以干。应当下大力气建设一支政治过硬、品德高尚、技能卓越的信得过的物流监控队伍；应当按照干部分类管理的原则，根据物流监控的业务特点，建立合理的队伍结构和职位体系。要“开前门、堵后门”，建立积极有效的激励和约束机制，激发广大物流监控人员的积极性和创造性。应当想办法在海关内部建立一个“查验奖励基金”，依照“查验绩效评估办法”，对在布控、查验中做出贡献的人员给予有力度的奖励。

加快推进海关税收征管制度现代化①

深入开展保持共产党员先进性教育活动，努力突出先进性建设与税收工作深度融合，以先进性建设统领、指导税收工作，以税收工作展现、检验先进性建设，不断深化党的先进性建设，加快推进海关税收征管制度现代化。

一、坚持从海关工作实际出发，深刻体会高质量地做好税收工作是保持党的先进性建设的根本要求

能否实现先进性，关键是能否“代表先进”。“代表先进”应该是具体的，而不是空泛的。海关税收作为海关把关服务能力整体状况的综合反映，是海关参与国家政治经济活动的重要途径和方式，既是体现“三个代表”要求的工作实践，也是党中央、国务院考核海关工作一项最重要、最基本的量化指标，反映了党和人民对海关队伍的根本要求。高质量做好税收工作是保持党的先进性建设的根本要求。

首先，这是由海关税收维护国家改革发展稳定大局，服务最广大人民群众的根本利益决定的。近年来，海关税收连年增长，在中央财政还有很大比重要返还和补助地方财政的条件下，海关税收在中央可支配的财力中占有更为突出的地位，对于增强国家财力和中央宏观调控能力发挥了重要作用。“财政财政，有财才有政”。现在中央财政支出的负担很重。2005年为抗击禽流感和地质灾害，重大工程如三峡工程、西气东输、西电东送，西部大开发、东北老工业基地振兴、社会主义新农村建设、创新型国家建设，都需要大量资金；国有企业改革、实现基本生活保障制度、提高工资、减轻农民负担、农村义务教育、扶贫帮困、加强国防建设都需要增加财政支出。温家宝曾经指出，海关税收多收100亿元，我们就能为人民多办很多事情。这充分体现了海关税收工作的

① 刊于《海关政研参考》2006年第44期（“党的先进性建设”专题第8期）。本文有删减。

重要性。

其次，这是由海关始终站在党和国家全局利益的高度，千方百计完成税收任务的实际行动体现的。近年来，在税收连年超大幅度增长的情况下，税收计划不断增加，2005 年海关税收计划为 5207 亿元，在上年完成数额的基础上增加了 10%，任务更加繁重，完成任务的压力更大，难度更高。尤其是在先进性教育期间，海关税收工作面临着前所未有的严峻形势，人民币升值、应税商品进口增长率疲软、一般贸易进口乏力，税收征收额与计划进度缺口最多时达 105 亿元。在困难和压力面前，海关没有推诿扯皮，更没有退缩，而是以保持共产党员先进性教育活动为动力，在海关总署党组的统一领导下，坚持国家利益高于一切，本着为国分忧的思想，以高度的政治责任感和强烈的使命感，从政治要求、政治任务、政治责任的高度，组织推动全国海关克服困难、迎难而上，千方百计做到“颗粒归仓”，确保应收尽收，超额完成了年度税收计划，突破了 5000 亿元大关，向党和人民交出了一份良好的税收答卷，得到了党中央、国务院的充分肯定。

二、关键要在深度融合上下功夫，以先进性建设统领、指导税收工作，以税收工作展现、检验先进性建设

只有在思想上保持先进性，才能在行动上体现先进性。推进先进性建设，不仅要强调抓学习，更重要的是要抓贯彻、抓落实。对于关税司来说，如何正确认识和把握先进性建设和海关税收工作的内在规律，如何科学实现先进性建设与税收工作的深度融合，是平时工作的重中之重，也是衡量工作是否取得成效的重要标尺。

（1）坚持做到“一岗”，着力做好“双责”。一岗双责，关键在责。要切实做到“一岗”，把先进性建设与税收工作深度融合起来；真正不忘“双责”，统筹安排好教育活动和业务工作，既不能脱离税收中心工作孤立地搞教育活动，也不因为税收工作面临的严峻形势而忽视先进性教育，做到两不误、两促进。

（2）坚持“两手抓”，着力“两手都要硬”。“两手抓”易，“两手都要硬”难。“两手抓”的关键是“两手都要硬”。要坚持一手抓教育不放松，一手抓海关税收工作不含糊。抓得不紧，等于不抓。只有“两手都要硬”才能抓出成效。先进性教育不是看做了没有、做了多少，主要是看怎么做、力度大不大、效果怎么样。既不能搞形式、走过场，也不能陶醉于取得的阶段性成果，而是要着

眼于长效建设，一抓到底，抓出成效。

（3）坚持“一分为二”，着力化被动为主动，化不利为有利。2005年，在税收工作巨大的困难和压力面前，海关坚持“一分为二”地处理问题，通过加强综合治税，使税收工作管理制度、工作机制上了一个新台阶，特别是提出构建综合治税大格局，在确保应收尽收、完成税收任务的同时，力争从机制上、体制上和根本上解决长效机制的问题，打开了工作新局面，使海关工作上了一个新台阶。

（4）坚持“积小胜为大胜”，着力先进性长效建设。先进性建设是一个“积小胜为大胜”的过程，要从小事做起，从自身做起，既注重眼前的、可见的、明显的效果，又做到“关键在解决影响税收长远发展的问题上下功夫”，注重长远的、潜在的、暂不明显的效果，保证先进性建设的长期有效性。

（5）坚持工学并进，着力以先进性建设统领、指导税收工作。缺乏理论指导的实践是盲目的实践，没有实践的理论指导是空洞的理论。抓先进性建设，应具体体现在海关税收工作中。要全面认识海关税收工作的重要性和必要性，做好税收征管工作。要不断提高税收征管能力，确保应收尽收。

（6）坚持抓住实效这个关键，着力以税收工作展现、检验先进性建设。形式是内容的载体。关税司先进性建设应该体现在做好税收征管工作上。要以先进性建设为龙头，带动税收征管工作；要以税收征管工作的良好成绩展现先进性建设的实效。

三、坚持与时俱进，不断深化先进性建设，全面推进海关税收征管制度现代化

实践无止境，思想提高也永无止境。党的先进性建设要随着实践的发展而发展，不可能毕其功于一役。一定要以高度的历史责任感、强烈的忧患意识和宽广的创新视野，抢抓机遇，应对各种挑战，认真解决制约海关事业科学发展的深层次矛盾和问题，突破税收发展的瓶颈制约，为国家的改革开放和现代化建设做出新的更大的贡献。

制度建设是最根本的建设。深化海关先进性建设，首先要抓好制度建设，要在制度上“代表先进”“体现先进”和“实现先进”。2006年，关税司结合教育活动和工作实际，坚持用落实先进性建设的要求及成效，审视并检验海关税收工作，提出了以加快推进海关税收征管制度现代化贯穿海关税收工作的设想，

从整体上推进现代海关制度第二步发展战略，努力开创海关税收事业的新局面。

海关税收征管制度现代化是全国海关税收工作在实践中形成的理性思维，是一个开放的思想体系，是一个逐步完善的过程，需要全国海关在实践中与时俱进、集思广益，不断对其加以丰富和发展。要在综合治税大格局的背景下，本着理念创新、制度创新和方法手段创新的原则和精神，建立与我国市场经济体制建设相适应、与国际海关税收征管通行做法相衔接的科学、严密、高效、文明的海关税收征管制度，努力实现海关税收征管制度现代化。

建立现代海关税收征管制度必须建立三个体系，即建立一套适合我国经济和社会发展要求、与我国法制化进程相一致、与国际惯例相衔接的比较完备的海关税收政策法规体系；建立以风险管理为中心环节，以税收担保制度为保障，以企业为征管单元，征管时空前伸后移，征管方式灵活多样的征管运行体系；建立以科学完备的指标体系为基础，定量与定性分析相结合，分析评估与监督控制有机统一的公平、公正、公开的税收征管质量监控和考评体系。

建立现代海关税收征管制度必须大力推进四项改革，即按照市场经济发展要求和国际惯例，进一步深化估价、归类、原产地和减免税制度的改革，实现关税征管技术的现代化。

建立现代海关税收征管制度必须构筑三个保障，就是不断推进税收征管信息化建设，构建高效能征管组织和高素质专业化征管队伍，为税收征管制度现代化提供强有力的科技、组织和人才保障。

三个体系、四项改革和三个保障相互联系、相辅相成、有机统一，构成现代海关税收征管制度的基本框架，必将成为我国海关税收应收尽收的长效机制，有力推动现代海关制度第二步发展战略的全面实施。海关税收长效机制的全面建成，也必将推动海关税收创造新的历史辉煌，为我国的改革开放、现代化建设和全面建设小康社会做出贡献。

关于海关大监管体系建设的若干思考①

"贯彻落实科学发展观，推动科学发展，必须有科学的体制机制作保障"，"在这次学习实践活动中，要把解决现实问题与建立长效机制紧密结合起来，针对管理体制和工作机制中与科学发展不适应的地方，加大重点领域和关键环节改革攻坚力度，加快构建充满活力、富有效率、更加开放、有利于科学发展的体制机制"。海关总署强调指出，对照科学发展观，海关管理存在思想观念、自身建设两方面的不适应，特别在自身建设方面存在基础不牢固、管理不到位、素质不适应等问题。实际监管不到位、执法不统一、两个风险威胁越来越大等问题，实际上是"思想观念、自身建设"两个不适应的具体表征。这些问题之所以长期存在并没有得到很好解决，客观上是国民经济和进出口贸易迅猛发展、海关业务量无限扩张与海关管理资源相对不足的矛盾日益深化的结果，主观上是海关管理和改革仍然没有跟上经济全球化背景下，我国对外经济贸易快速发展的必然结果。改革开放以来，特别是近 10 多年来，尽管海关改革和现代化建设取得了很大的进展，但海关管理仍然受传统"守门人"理念的影响，在制度方法上仍然没有改变单一的、逐单逐票验放的传统通关作业模式。因此，建立海关大监管体系，首先必须调整管理理念，转变作业模式，加强和改善海关管理，从根本上解决上述制约海关事业顺利发展的深层次矛盾和问题。

一、把握海关管理的内在规律，找准海关大监管体系建设的出发点和落脚点

从海关起源上看，国家设立海关的目的就是征税、实行贸易管制。因此，征税和实施征税以外的贸易管制是海关的两大基本职能。现代国家海关的职能经多次分化和演化，机构和名称各不同，但其本源是同一的。如保税是从关税

---

① 刊于《海关研究》2009 年第 2 期。

职能派生的，安全、环保、知识产权等是当代海关非关税贸易管制职能的变化与发展，贸易统计则是现代国家实施贸易管理的一种辅助职能通过海关来实现。

监管是海关税与非税贸易管制职能的实现手段和方式。广义的监管是进出境监督管理的简称，代表着海关管理的全部含义；狭义的监管是对海关物流监控和实货查验的指称。海关要确保税与非税两大职能得以实现，必须把全部进出关境的运输工具和货物置于海关的监管之下。因此，确保对进出境运输工具和货物的实际控制，以及实际进出境运输工具和货物与企业申报相一致是海关监管的基本职责和任务。换句话说，海关监管是实现海关税收和非税贸易管制两大职能所必需的手段，是两大职能派生的职能。

当海关用常规的监管手段和制度无法确保海关税收和非税贸易管制职能实现时，海关必须用非常规的强制手段和制度，这就是海关的缉私职能。因此，从根本上说，缉私是海关确保税收和贸易管制职能得以实现的非常手段。

稽查是在当今全球化背景下，海关为应对生产要素大规模跨国界流动，海关税与非税职能再也无法像过去那样完全在口岸实现而产生的新的职能实现形式。从本质上说，稽查是海关口岸征管通关管理的延伸，是海关税与非税职能的另一种实现方式，是海关监管职能的进一步派生。它与监管的区别在于：监管在口岸查货，稽查在企业查账。两者都是为确保进出口人申报的真实性，以及物流与单证流、资金流的一致性与真实性，确保海关税与非税职能的实现。

厘清上述海关职能演化过程，分清海关管理的目标与手段，可以帮助我们理解并把握海关管理的内在规律，为海关改革和建设，特别是海关大监管体系建设提供思路和启示。可以说，海关大监管体系建设的根本宗旨，就是要更好地实现国家赋予海关的税与非税两方面职能。体制机制的调整，方法手段的改变，管理职能的分化，都是为了上述宗旨能够更好地实现。这当中，需要特别强调的是海关税收职能的特殊地位和作用。因为海关税收不但是中央财政的重要来源，而且责任重大。加入世界贸易组织以后，关税是世界贸易组织允许一个国家对进出口贸易实施合法管制的最基本手段。贯彻落实各项进出口税收政策具有履行海关税与非税职能的双重意义。同时，还应当看到，海关非税的贸易管制及统计职能，很多仍然需要依靠商品分类、价格、原产地等关税技术实现。因此，海关的税收职能在海关管理中无疑占据十分重要的地位。

综上所述，海关税与非税的两大基本职能是海关事业存在和发展的重要根基，也是当前海关大监管体系建设的出发点和落脚点。

二、实现监管模式转变是海关大监管体系建设的关键

所谓海关监管模式，是指一个国家海关实现税与非税（贸易管制）职能的工作制度和方式。如果我们将海关监管模式划分为传统监管模式与现代监管模式的话，两者的主要区别见表 1。

表 1　传统监管模式与现代监管模式对照

类别	监管时空	监管单元	征管流程	作业方式	职能方式
传统监管模式	压缩口岸通关过程	报关单	单一流程	手工作业	审单＋查验＋查私
现代监管模式	以口岸通过为基点前伸后移	进出口企业（税收人）	适用不同对象的规范多样化流程	信息化	审单＋查验＋查账＋查私

从表 1 可以看出，中国海关现行监管模式已经大大超越典型的传统监管模式，但与成熟的现代监管模式相比还存在明显的差距。这些差距主要表现在监管单元、征管通关流程几方面。中国海关经过 10 多年的改革，在作业单元上仍然没有改变以货物（报关单）作为作业单元的传统状况；在征管通关流程上仍然没有摆脱传统单一流程的特点；在多职能协调配合和整体功能实现上，仍然缺乏顺畅的体制机制，无法形成合力。

海关大监管体系建设在本质上是海关制度现代化的继续和深化，可以说是现代海关制度建设的决胜之战。要赢得这场战役，关键是要实现海关监管模式的根本性转变。传统海关监管模式，把海关征管通关的过程主要压缩在口岸通关的狭小空间和短暂时间之内，实施逐单逐票征管和验放。如果说，这种监管模式在进出口规模不大、通关时效要求不高，或者海关管理资源可以无限供给的经济贸易环境中还能基本适用的话，在当今经济全球化、经济贸易高速发展、各种生产要素大规模跨国界自由流动的背景下，已经无法完全适应。当前，海关管理中实际监管不到位、执法不统一，都与现行的监管模式有关。如果不从根本上转变监管模式，上述问题就不可能得到解决。因此，实现海关监管模式从传统向现代的转换是海关大监管体系建设的关键。

三、建立以企业（纳税人）分类为基础的分类征管（通关）制度是构建海关大监管体系的重要基础

（一）建立科学有效的企业（纳税人）分类制度是建设分类征管（通关）制度的重要基础

若没有对企业（纳税人）的科学分类，分类征管通关就无从谈起。要对企业（纳税人）进行科学分类，需采用风险分析的方法和理念。我们必须改变当前把风险分析的目光盯在具体的货物和报关单上的传统做法，把焦点转向企业（纳税人），“由人及物”，通过管企业（纳税人）来管货。这也要求我们改变当前管理的基本理念和思路，自觉把风险管理引入企业管理。只有把风险管理与企业管理真正融合，科学的企业（纳税人）分类才有可能。因此，调整和改革现行风险管理和企业管理的理念、方法、重点，势在必行。根据风险管理的基本理念和方法，对进出口经营企业（纳税人）资信和守法状况进行科学评估，确定风险等级，是分类征管（通关）最重要的基础。

（二）企业（纳税人）风险等级的确定，为科学规划和设计分类征管（通关）模式提供了可能

应当根据纳税时限、纳税方式、纳税凭证、担保方式、验估方式、征管时空、后续管理（稽查）等条件约束，规划设计出不同的征管（通关）流程。总的原则是，风险越高的企业（纳税人），征管流程应当越复杂，监管越严密；风险越低的企业（纳税人），征管流程应当越简化，越趋向于企业自助式管理（关税司前期通过对纳税人管理制度的研究，已经规划设计出 4 个不同等级的征管通关作业流程）。从根本上改变当前单一征管通关流程的现状。从而实现海关管理资源的科学配置，进而推动企业守法自律导向的确立。

（三）建立新的单证作业与实际监管分工合作模式将大大提高税收征管和实际监管的有效性

通过 10 多年的通关改革，我们非常清楚地看到，单证作业只能解决企业（纳税人）申报的合法性、规范性和海关执法的统一性问题，解决不了实际监管问题。换句话说，当前实际监管不到位的问题，只能通过加强实际监管解决。基于这一认识，要逐步改革现行单证作业方式，最大限度地改变逐单审核、流于形式的传统审单模式，按照分类征管（通关）的原则，将单证作业的重点放在少数高风险企业（纳税人）上，通过不同流程、征管作业的前伸后移，对资

信好、风险低的企业纳税人，更多地通过计算机审单系统实现规范性和合法性审核，更多地通过通关后的集中式综合分类单证审核（如彭非工作法）发现解决问题。现场人工审单将被控制在最低限度。现行单证作业模式的改革，将大大提升单证作业的有效性，最大限度地解决口岸通关瓶颈问题。在实际监管方面，我们必须把工作重心真正转向物流监控和实货查验方面。确保实际进出的运输工具和货物与企业（纳税人）的申报相一致，既是实际监管到位的重要标志，也是实际监管部门的首要目标。单证作业与实际监管新型合作模式将通过规范作业流程、明确岗位职责，在风险分析平台上实现。

四、实现一线征管通关与后续稽查的有机联动是海关大监管体系运转的必要条件

海关稽查制度从1992年开始研究试点，经过了15年的实践探索，历经曲折，取得很大进展。但是，对稽查工作定位的争论长期没有平息，在稽查与征管通关一线的互动机制建设上也没有取得突破。首先，应当重新明确，海关为什么要建立稽查制度。稽查制度的建立，就是为了应对经济全球化背景下海关业务量大幅增长与管理资源相对不足的矛盾，更好地解决口岸通关瓶颈等重大难题。因此，建立稽查制度本身就是海关监管模式从以货物（报关单）为监管单元向以企业（纳税人）转变的需要，是对口岸一线管理的有效补充。海关稽查是与一线通关管理互为一体、互联互动、不可分割的两个方面。但是，稽查制度一建立，几乎就割断了这一联系，完全成了独立运行的体系，追查偷漏税成了海关稽查的最高目标。事实上，这并不是稽查制度建立的唯一目标，甚至不是最重要的目标。与查偷漏税相比，规范企业（纳税人）相关进出口企业（纳税人）会计账册管理及内部控制制度，促进企业守法管理，才是稽查制度建设的核心目标。对企业进出口申报进行核查验证，对口岸征管通关过程解决不了的问题（如实际成交价格等），通过对纳税人会计账册的事后审计解决，也是稽查工作的重要内容。因此，与口岸一线征管通关实现紧密合作、协调行动，既是口岸征管通关的需要，也是海关稽查步入正轨并取得更大成效的必然要求。海关大监管体系建设，必然要求海关稽查与口岸征管通关建立良好机制，良性互动，协调行动，实现海关监管效能的最大化。

五、缉私与征管通关、后续稽查的深度融合是建成海关大监管体系的重要保证

1998年，全国打私会议后建立的新型海关缉私体制是海关管理史上的一次重要创新。10年来，这一体制对遏制猖獗一时的走私势头、保持反走私高压态势、维护进出境秩序发挥了十分重要的作用。这一体制之所以能够取得成功，除外部环境的改变（如党政机关不得经商办企业等）外，基本经验不外乎两个：一是新组建的缉私队伍被赋予了公安刑事执法的权力（俗称“抓人的权力”），并实现了刑事执法和行政执法的相对集中和统一；二是保持了缉私体制的相对独立性。但从10年来的实践看，这一体制也存在不可回避的问题，就是现行缉私体制在一定程度上割断了海关业务管理的有机联系，客观上制约了缉私整体效能的获得，也影响了海关管理的整体效能。突出表现为缉私部门与征管通关一线、后续稽查之间缺乏深度融合，缉私部门往往以“未满足立案条件”的理由，不接受非缉私部门移交的案件线索。缉私部门与征管、通关、加贸、稽查等的合作还主要停留在案件的交接和查处上，没有真正融入海关业务。可喜的是，在署党组的号召和推动下，不少海关正在进行将缉私融入海关业务的尝试，并且取得了一定的进展。但最重要的是努力解决好在保持缉私体制相对独立的前提下，实现缉私工作与海关业务管理深度融入，提高缉私本身和海关管理的整体效能问题。只要处理好这两个问题，海关反走私工作就会有巨大发展潜力和空间。

此外，海关风险管理与企业管理的深度融合及其平台的成功运行、海关信息化系统的升级改造，以及干部人事（专家）制度的改革和完善，也是海关大监管体系建设和成功运行的重要条件。

我们相信，海关大监管体系的成功建设，必将从体制、机制上克服海关管理业务量无限扩张与管理资源相对不足的基本矛盾，推动“实际监管不到位、执法不统一、两大风险”等老大难问题的解决，从而更好地履行海关税收、贸易管制等国家赋予的基本职能，建设中央放心、人民满意的海关。

关于当前综合治税中海关反瞒骗工作的几点思考①

2008年下半年以来，受国际金融危机和世界性经济衰退影响，我国的对外经济贸易出现了改革开放以来第一次的负增长，海关税收也面临改革开放以来最为严峻的形势。从历史的经验看，凡经济贸易形势严峻，企业经营困难时，往往也是商业瞒骗高发的时候。从近年来关税监控分析、风险分析、执法评估等多渠道分析看，情况也大抵如此。因此，在当前形势下，深入推进反商业瞒骗工作，以打促税，对于做好税收工作有着特殊且重要的意义。

一、对当前商业瞒骗形势的分析和判断

走私分为绕越关境走私和通过设关地走私。通过设关地走私可进一步分为未通过通关系统的体外循环和通过通关系统的瞒骗（包括伪瞒报、夹藏）走私。在保持反走私高压态势下，走私更多地通过瞒骗实现。

商业瞒骗走私是特指经过设关地点，并且通过海关通关系统的瞒骗走私，包括归类瞒骗、价格瞒骗、原产地瞒骗，以及为实现上述瞒骗进行的辅助性瞒骗手段，如制作假合同、假发票、假装箱单、假运单、假提单等，甚至从源头上洗单、洗公司等。综合分析近年来商业瞒骗案例，可以发现以下基本特点：一是多与香港公司有关；二是多与跨国公司有关；三是多与代表公司有关；四是多与保税区外贸公司有关；五是多与报关公司有关。在持续反走私高压态势下，绕越关境、体外循环走私毕竟风险巨大，而瞒骗走私比较隐蔽，海关查处难度大，被抓获的风险较小，因而十分常见和普遍。我们通过分析认为，目前全国海关面临的反价格瞒骗形势依然复杂严峻。

① 成稿于2009年。

一是审价补税大幅增加。2008 年，全国海关审价补税 72.6 亿元，比 2007 年增长 47%，从一个方面看取得很大成绩；但从另一个方面看海关反价格瞒骗工作任务仍然艰巨，打击价格瞒骗挖掘税收漏洞工作潜力较大。

二是粤港两地数据对比显示价格瞒骗规模仍然较大。以两地对比分析看，随着粤港两地贸易规模的不断扩大，广东口岸自香港转入货物价格瞒骗规模仍然较大，价格瞒骗形势依然严峻。自香港转出至内地的洋货存在低瞒报前置情况，且税率越高的商品低瞒报程度越严重。仅 2008 年上半年，内地自香港转入的税率 20% 以上的洋货低报价格的规模约 116 亿美元，这些进口货物主要集中在广东地区。

三是部分低税率商品存在伪瞒报等征管风险。一方面，从两地数据对比情况来看，与综合税率高于 20% 的货物价格下降相反，2008 年自香港转入内地综合税率低于 20% 的洋货呈现价格增长现象，其综合价格指数为 1.2183，即自香港转入内地货物价格比进入香港时的价格高 21.83%，即使扣除正常增值部分（2004 年香港特区政府统计处调查测算香港商人转口货物到内地的平均毛利率 6.6%）仍处于较高水平。不排除部分不法进口商可能采取伪报品名，将高税率的货物伪报为低税率的货物，同时以提高价格的方式规避海关管理，达到偷逃税款的目的。另一方面，从查获的案例来看，基本上都是通过伪报品名、模糊申报功能用途等形式低报税率偷逃税款。

四是货运渠道行业性瞒骗风险依然较高。一方面，传统重点敏感商品行业的价格瞒骗风险依然较高。主要集中在废五金、废塑料、不锈钢板、旧挖掘机、皮革、化工原料、机电产品等行业。如低值废五金进口量激增且比重高于全国，平均单价与全国水平差幅进一步拉大等现象值得关注。从查获案件反映的真实价格来看，普遍低报价格 1/3 以上。另一方面，高税率、非主要税源商品等新的敏感行业的价格瞒骗风险越发突出。二手设备、红酒、手表、水钻、轮胎、硫化橡胶线、音箱等行业的瞒骗风险也较高。如广东海关近年查获涉税 3000 万元的葡萄酒低报价格案，对二手设备审价补税超过 3000 万元、对硫化橡胶线补税 850 万元并查获低报价格案件等，从正面看价格管理成效明显，从侧面看反映了行业性瞒骗呈现蔓延趋势。这些案例具有以下几个特点：第一，大部分的瞒骗案件与香港的公司有关系，或者是由香港的中间商实现贸易，通过香港转口；第二，虽然是离岸贸易，有的也不是直接表现为香港的公司与内地的公司交易，但是也会表现在支付的方式上，比如钱是汇给香港一家公司，通过香港的公司再转给另外一个贸易商。这个现象说明，通过香港实现瞒骗是一个非常突出的现象。这是一个特点。这些年跨国公司转移定价、关联交易在增加，打击转移支付难度大；同样，进出口的报关行不同程度地介入了一些走私，很多集团性的企业走私有时是在收货人的栏目里面出现，有时候连收货人的栏目里都不出现，有些报关行，代理时收取比正常高几倍的报酬，本身就是不正常的，这样的情况大大地增加了打击通过货运渠道商业瞒骗的难度。

五是快件渠道瞒骗风险逐步显现。以广东快件为例，2004 年以来，广东关区进境快件业务量以年平均增 26% 的高速递增，来自港澳的陆路运输快件约占快件总量的七成，部分海关监管的快件全部为陆路转关进境快件，蕴含着较大的监管风险和价格风险。据不完全统计：2004—2007 年上半年，广东省内各关共立案办理快件渠道走私违法案件 929 起，案值人民币 7476 万元，涉税 1010 万元。2007 年上半年，仅广州关区就立案查处快件渠道走私违规案件 26 起，同比增长 2.7 倍，立案案值 667 万元，2006 年同期案值为零。

六是 2009 年第一季度全国海关查获走私违法犯罪案件大幅增加。2009 年第一季度，全国海关查获走私罪案件 221 起，案值 49.15 亿元，涉税 6.44 亿元，同比分别增长 12.8%、2.62 倍、2.34 倍；立案走私行为 1563 起，案值 4.55 亿元，涉嫌偷逃税款 6186 万元，分别下降 21.2%、增长 77.0%、增长 55.8%。其中，千万元以上案件 36 起，亿元以上特大案件 7 起。从过去的经验来看，在这个时候，走私最容易出现；实践中的情况和我们经验上的判断正好可以相互印证，所以我们可以从上述的事例看出，当前反瞒骗的形势依然非常严峻。

二、当前海关反瞒骗工作存在的突出问题

（一）目标错位

海关管理体系工作目标在定位上存在错位现象。从传统上，审单部门、查验部门、稽查部门、缉私部门、统计部门、督审部门工作的主要目标都是盯住高风险货物。什么是高风险货物？就是贸易管制类商品和高税率商品。这些商品存在高风险，我们要紧紧盯住它，审单的时候要认真审，查验的时候要认真查，甚至还出现过必查必验的要求。但是，我们认为这些货物到底是高风险还是低风险，往往是基于当事人的申报，申报人申报是高税的、贸易管制商品，海关就把它当作高风险目标去瞄准，去打击，去查处。但实际上，真正的走私

和瞒骗恰恰是把高税率和贸易管制商品报成低税率和非贸易管制商品，这个情况在我们目前反瞒骗的工作当中是一个非常普遍的问题。海关的整个管理制度、业务系统包括 H2000 系统、关税监控分析系统、风险管理系统、执法评估系统等，都是以协调制度商品编码展开的，当前海关判断货物风险高低的依据，主要依据企业申报。众所周知，瞒骗最大的特征恰恰就是模糊申报、伪瞒报、夹藏等。

（二）体制机制不适应

海关反商业瞒骗在体制、机制上也存在问题。在现行体制下，审单部门可以发现线索，但缺乏有效的手段取得证据；缉私部门有手段，但远离通关渠道，发现不了瞒骗的线索。另外，对于一般的商业瞒骗案件，缉私部门的情报手段往往用不上，存在两个制约因素：一是缉私部门接受移交的门槛过高，通关部门发现的线索一般达不到缉私部门的要求，很少有上海海关价格处那样的条件，能提供如此高质量的案件；二是取决于两个部门合作的程度。

近年来，全国海关都在总结如何深化缉私和海关业务之间的深度融合问题，很多海关总结的“查发在现场、侦办在缉私”是从体制、机制上打击商业瞒骗的一个大跨越，虽然在一定程度上可以缓解上述矛盾，但不能从根本上解决。现场部门比如审单部门发现了企业有低报价格的情况，而且发现低报的幅度超过 10%~22%，但是审单部门没有任何手段可以拿到进一步的证据材料，只是判断有可能低报。解决办法就两个，先做价格磋商，磋商不下来就交给缉私部门，或者稽查部门，但是往往稽查部门也不愿意接，缉私部门则认为不符合移交案件的条件。缉私部门立案侦查的条件是，两套发票、两套合同确定了才立案，但现场审单、查验部门是不可能获取这些证据材料的。审单部门只好磋商，价格稍微加点补税就了事了，这极大地影响了打私的效果。客观的结果是，现场的通关部门发现了线索无法深入下去，缉私部门有手段但没有掌握现场的情况，两者之间并没有完全打通关节。这几年，上海海关缉私局和通关部门，特别是上海价格信息部门进行了很好的合作，缉私局 70% 的案件是通过业务部门移交的。上海海关价格处有一批专家在专门做价格分析，其他海关不可能有这样的条件。这种体制上的障碍使我们反商业瞒骗的难度非常大。

三、在通关环节开展反商业瞒骗的几个工作重点

加强海关反商业瞒骗工作，当务之急必须加强海关监督管理。当今世界所有的关税政策和非关税政策都是根据 HS 商品编码制定的。从反商业瞒骗的策略考虑，首先要加强正面管理，海关政策制定、制度设计、流程设计必须以商品分类为基础；其次从强制执法手段上考虑，反瞒骗、反走私不应当只盯住商品，而应当紧紧盯住高风险企业。

（一）调整工作目标，将重心从货物转向企业

要把反商业瞒骗的重心从货物转向企业，即使盯住货物也是为了筛选目标企业。从 20 世纪 80 年代开始，西方一些国家开始对风险进行分析的一个重要启示，就是现代海关和传统海关的最大不同是像乡村警察一样对自己村子、街区里所有的居民情况都了如指掌，如果区里出现了什么问题，首先想到哪几个人有嫌疑，判定是否是这几个人干的。我国海关应逐步朝这方面努力，如果我们每个关区都能够对在自己关区里的每个进出口企业的情况了如指掌，保一方平安，那么全国反瞒骗的工作就要有效得多。将工作重点转向企业，就是海关缉私部门要与企管部门、监管部门、关税部门、稽查部门共同协作，掌握贸易公司情况，梳理不同贸易公司的不同特点，确定一些高风险公司走私的特点和手法，把关区里的企业梳理清楚，哪个存在高风险，哪个存在低风险。

（二）认真梳理并锁定打击目标

在认真梳理、集中目标的前提下，海关缉私的侦查部门、情报部门可以有针对性地对关区里面的高风险企业展开有针对性的收集，进一步缩小锁定打击的目标，收集高风险企业情报，主动寻求反商业瞒骗工作的突破口。

（三）要重点关注香港的转口贸易

据我们研究分析，凡是通过香港公司转口的贸易约 60% 以上都不同程度地存在瞒骗问题。我们在锁定这些企业的时候，要重点关注通过香港的转口贸易，或者通过香港公司进行支付的这些企业；通过香港的离岸贸易、跨公司的关联交易，境外大公司在境内的代表处做代理商，往往也是参与瞒骗的。从查获的案例来看，目前保税区的许多外贸公司，利用在保税区里注册自动取得外贸经营权的有利条件，先在区内注册一家公司，然后在区外注册另一家公司，从左手卖到右手，通过这种方式实现瞒骗；还有大量新组建的公司和异地经营公司，

在酒店租一个房间就是一家公司，对此海关要高度关注。

（四）创新反瞒骗工作体制机制

税收征管和缉私业务相互依存、有机统一于海关执法管理过程中，要不断深化税收征管与缉私办案工作的深度融合，既要充分发挥缉私部门打击走私的“主力军”作用，又要充分发挥税收征管对打击走私的基础作用，形成分工协作、优势互补、操作规范、高效运作、统一协调的联系配合工作机制。一是在总署的层面，缉私局与各业务司局之间要建立联席会议制度，定期分析形势，确定工作重点。按照“业务上深度融合，工作上协调一致”的要求，建立健全缉私部门与业务司局的联系配合机制，每半年召开一次联席会议，相互通报工作情况，交流工作经验、共同研究疑难问题，共同执行工作部署，共同制定反走私的行动方案和工作计划。二是在直属海关的层面，缉私分局和业务处室建立相应联席会议机制。三是缉私部门向通关过程中的审单、接单、物流监控等主要业务部门选派缉私分析员和情报员。有组织、有计划、有针对性地开展对重点企业、重点行业和重点商品偷逃税收风险的联合分析监控，在专项行动和重大案件查办中，统筹利用各自的专业优势，探索提前介入、联合办案等工作模式，提高打击商业瞒骗的有效性和针对性。四是建立专家组解决难题机制。建立专家合作机制，成立由缉私部门部分专家和有关业务部门专家组成的混合专家组，共同研究反商业瞒骗工作中遇到的重大疑难问题，特别是涉及跨公司、转移定价、关联公司的交易，以及涉及知识产权等方面的复杂难题，提出解决问题的办法。

四、“以打促税”的几个要点

通过迅速、坚决、有力的打击，最大限度地挤压偷逃税违法活动的空间，最大限度地提升税收应收尽收的空间，坚决打击各种“体外循环”走私，体现“以打促税”的效果，把打私的成果转化成综合治税的效果。

（一）降低案件移交的门槛

调整海关总署缉私部门对各关缉私局的立案考核办法。因总署对各关的缉私局有立案考核，已经立了案，最后成不了案，就要扣分。因此，直属海关缉私局在接案件的时候就变得非常谨慎，建议对考核办法做修改调整，将移交和立案分开。

（二）分类指导，突出重点

在不同关区采取有针对性的、不同的打击方式。一是在一些边境口岸和有边民互市的海关，主要是针对一些水客的走私，重点打击其幕后的操纵公司。比如，广西、云南和东北边疆地区，有边民互市的地方，走私分子就是利用每个人可以携带8000元免税物品政策带物资过境，境内公司收购，积少成多，如蚂蚁搬家。要解决这个问题，打击“水客”没有用，要把后面收购的公司打掉，没人收购，“水客”也就做不起来。二是对交易市场，重点调查幕后运作主体及其运作规律。很多地方形成交易市场，这些交易市场多是灰色交易的平台，往往由几个大的公司在幕后进行操作。如果形成了这种市场，应该想办法把这些幕后公司打掉，这个市场就很难成气候。三是做好市场调查，重点掌握商品来源、运作主体和运作方式。这几年形成的高档消费品市场，包括烟、酒、香水、名表、名牌皮具、名牌服装、高尔夫球具等，一般通过正常的渠道贸易进口很少，都是通过分散、瞒骗、夹藏等各种方式走私，而这实际上幕后都有公司在操纵，绝对不是单个人在做的。缉私部门要走向市场，通过市场调查公开的情报进行分析，谁在专门经营这些东西，它的来源是哪里，通过分析，顺藤摸瓜。四是对报关公司要了解掌握其收费标准。对每个关区的报关行要认真地梳理，很多查处的商业瞒骗案件证明，很多报关行都参与其中。锁定了哪个报关行存在高风险线索之后就搜集其违法证据材料。如果我们全靠H2000的数据，一旦数据不真实，就无法通过这个数据得出正确的结论。这些问题值得我们思考。

（三）在策略上“严查轻办”

在策略上为了确保将打私成果转化成税收，要严查轻办，打掉重点，以达到补税的目的。如果真的是走私大要案，就要坚决打掉它。针对行业性、政策性、倾向性的低瞒报行为，要抓这个行业里面的龙头，打掉一两起案件，进行公布，形成威慑力量；对相关联有问题的一些公司要向其发出自查自纠、主动补税通告，稽查和关税部门受理企业主动补税。

（四）解决政策制度障碍问题

一些政策上和制度上的障碍，需要我们排除，在工作层面加以解决。对于通过企业自查自报发现的短征税款案件，建议按以下原则把握：一是如果短征税款是由于海关自身原因而非因纳税义务人违反规定造成旳，有关海关对自查自报并主动补缴税款的纳税义务人应表示鼓励，同时考虑在不违背法律的情况下给予其便捷通关待遇或其他优惠。二是如果短征税款系纳税义务人违反规定，但纳税义务人违反规定情节轻微，且主动自查自报并纠正错误，没有造成税款流失等危害后果，依法不予行政处罚。三是如果短征税款系纳税义务人实施违反海关监管规定行为所致，但纳税义务人能够主动自查自报，积极配合海关调查，自觉履行补缴税款义务，可依法从轻、减轻或免予处罚。四是如果短征税款系纳税义务人实施走私行为所致，但纳税义务人在海关发现前能够主动说明情况、交代问题，并积极采取措施消除或减轻危害后果，可依法从轻、减轻或免予处罚；上述行为如构成走私罪嫌疑，海关在移送起诉的同时应向检察机关提出具有自首或立功情节从轻、减轻或免予追究刑事责任的建议。

扎实推进海关文化建设①

一、加强海关文化建设的重要意义

（一）坚持海关政治方向的重要保证

文化属于意识形态层面，文化强大的引领和凝聚功能决定了其在政治上的巨大作用。一是通过海关文化践行社会主义核心价值体系。党的十七届六中全会指出，社会主义核心价值体系是兴国之魂，是社会主义先进文化的精髓，决定着中国特色社会主义发展方向。只有进一步加强海关文化建设，通过教育和引导，长期潜移默化地影响关警员，才能做到内化于心、外化于行。二是通过海关文化引领关警员树立正确的理想信念。坚定的信念、正确的价值、自觉的意识、规范的道德和健康的心理构成了海关文化的核心内容，只有通过文化的力量，才能强化关警员的政治信念，提高政治意识，帮助他们牢固树立正确的世界观、人生观、价值观。三是运用海关文化提高海关管理水平。海关文化建设解决的不是海关的具体问题，而是提供解决这些问题的基本信念、价值观念和道德规范等，是海关管理中的世界观和方法论，是解决海关管理中的理念性和方向性问题。

（二）提高海关队伍素质的重要途径

海关文化建设的关键要素和主要内容在于提高队伍素质。一是通过文化建设提高队伍政治素质。通过开展“四好”主题实践活动，增强关警员的责任感和使命感；通过开展创先争优、争当国门先锋等活动，提高队伍的荣誉感和奉献精神；通过对海关历史文化的学习教育，激发队伍的自豪感和自信心；通过强化准军事化海关纪律部队建设，提高队伍的“精、气、神”。二是通过文化建

① 原标题《深入贯彻落实十七届六中全会精神　扎实推进海关文化建设》，刊于《海关研究》2011 年第 19 期“学习贯彻十七届六中全会精神”专题。

设帮助解决关警员思想问题。引导关警员提高思想境界、生活品位和宽容精神，帮助关警员正确认识自己、他人和社会，正确对待困难、挫折和荣誉，减少思想认识上的片面性和极端性，从而有效调节人际关系和社会关系。三是通过文化建设促进党风廉政建设。党风廉政建设是海关发展的生命线，是防范风险的主要内容，通过文化的手段，大力开展廉政文化教育，能从根本上提高关警员的反腐倡廉意识，警示违反党风廉政的行为。

（三）强化海关业务建设的重要手段

海关文化不仅仅是队伍建设问题，更是业务建设问题，海关文化的广泛内涵和深厚底蕴决定了其对海关业务建设具有根本性的影响。一是通过文化建设规范海关业务。规范统一执法是对海关工作的基本要求，而规范统一执法的前提是海关各项规章制度的统一和规范。海关制度文化是海关文化的重要组成部分，对于当前海关的规章制度建设和规范统一执法具有重要的指导意义和借鉴价值。二是通过文化建设促进关警员岗位成才。把提升关警员的业务素质寓于文化建设之中，运用文化的手段和形式丰富学习方式，树立“比学赶帮超”的良好风气，为提高关警员业务素质提供载体、注入动力。三是通过文化建设提高海关窗口服务水平。海关窗口单位关乎海关形象，运用适当的海关文化建设理念和手段，统一规范窗口单位的设备设施、办事流程和服务内涵，是海关落实“为民服务、创先争优”的有效形式。

（四）促进海关和谐发展的重要力量

海关文化是海关关警员共同的精神家园。一是通过文化建设提高队伍凝聚力。引导建立群众性海关文化社团组织，组织开展适当的文化活动，为关警员发挥兴趣特长提供平台，不仅可以培养关警员健康的审美情趣，而且可以团结海关各方面力量，培育轻松和谐的工作氛围，提高队伍的凝聚力和向心力。二是通过文化建设提高海关影响力。引导和鼓励海关题材文化创作活动，激励海关文化创新活动，不仅可以丰富关警员的业余文化生活，而且可以繁荣海关特色行业文化，提高海关的知名度和影响力。三是通过文化建设了解民意、倾听民声。健康向上的文化活动既是关警员之间交流分享的重要平台，也是传达民意的重要渠道，各级领导可以从中了解民情、体察民意，为正确决策提供参考。

二、海关文化建设的主要特点

文化在不同的社会领域、社会团体和社会成员身上表现为不同的形式，具有独特的文化特征。海关文化由于具有鲜明的行业特色，受其历史发展、工作职能、组织体制、内部管理等因素的影响，在自身发展的过程中形成了独特的文化管理模式，在建设中呈现出以下特点：

（1）具有服务经济和政治把关有机统一的需求导向特点。作为行政管理机关，海关与企业一样是提供产品和服务的主体，只不过提供的产品和服务由国家赋予的职能所决定，具有高度的专属性。税收征管、贸易调节、打击走私、推动区域开发开放等经济职能，与国家主权维护、政治安全、社会安全、公共安全等政治职能，两者有机的内在统一构成了海关最本质的特征。海关的这种特征直接决定了海关文化建设的基本走向，既要在进出境环节上发挥“文化把关”的政治作用，又要在支持文化事业和文化产业创新发展中发挥应有作用，推动社会主义文化大发展、大繁荣，更要通过全面履行海关职责，推动国家经济社会的可持续发展。

（2）具有建设准军事化海关纪律部队政治性与人本性相结合的组织特点。从文化类型来看，海关文化属于一种组织文化，是为实现组织目标、提高组织管理水平服务的文化。当前，对海关内部管理而言，其目标就是提高队伍执法能力，提升海关人整体素质，建设一支高素质的准军事化海关纪律部队，实现“政治坚强、业务过硬、值得信赖”。这个目标蕴含了海关人忠于党、忠于国家、忠于人民、忠于法律、忠于海关事业的决心，具有非常强的政治责任感和使命感。同时，也充分考虑和体现了“人”的根本利益，弘扬爱国、厚德、增信、创新、奉献精神，形成上下一致的行政意识、行政观念、行政行为、行政作风和行政气质与习惯，强调和谐文化、文化育人，提振队伍“精、气、神”。

（3）具有传承发扬优秀传统文化和兼收并蓄国内外先进文化相统一的开放性特点。党的十七届六中全会指出，优秀传统文化凝聚着中华民族自强不息的精神追求和历久弥新的精神财富。海关的雏形自周代产生后，在三千年的漫长历史过程中形成了厚重的积淀，这需要我们在历史纵轴上重视对优秀海关历史文化的传承，坚持批判汲取、保护利用、普及弘扬并重。从世界横轴看，在经济全球化的今天，中国与世界的联系日益密切，而海关职能的高度涉外性更是决定了其文化必须海纳百川，学习借鉴世界各国先进理念及文明成果，洋为中用、博采众长，增强海关文化的时代感、开放性和科学化水平。

（4）具有受中央垂直管理和关区地域区划双重影响的特点。海关实行垂直的领导体制，在对外开放的口岸和海关监管业务集中的地点设立海关，这种组织架构既有利于海关在思想上、政治上、行动上与党中央、国务院保持高度一致，也有利于掌握地方发展实际，切实发挥为经济社会保驾护航的作用。与此同时，由于所处地域的文化存在较大差异，沿海、内陆、边境不同类型海关各有特色，全国海关的文化实践更是百花齐放，精彩纷呈。尤其是岭南文化、海派文化、吴越文化、中原文化、齐鲁文化、少数民族文化等，都给海关文化打下了鲜明的区域印记，在一定程度上丰富了海关文化建设的内涵。

三、加强海关文化建设的总体思路、基本原则及主要措施

自深入推进文化建设以来，尤其是制定《海关文化建设纲要》后，海关在文化建设方面取得了一系列成效，切实发挥了文化为促进现代化强关建设提供坚强思想保证、强大精神动力、有力舆论支持、良好文化条件等作用。但是，从总体上来看，我们过去对海关文化的认识还是初步的，所受的局限较多。例如，对海关文化建设的重要性及长远性认识不足，缺乏中长期发展规划及整体建设思路；对文化建设定位不准，没有形成与业务、队伍及海关其他建设整体推进的局面；对文化建设成果深度提炼不够，导致文化建设价值没有得到普遍认同等。所有这些，都在一定程度上影响了海关文化建设在深度和广度上实现跨越式发展。当前及今后一段时期，海关要深入贯彻落实党的十七届六中全会关于社会主义文化大发展大繁荣的战略部署，就必须着眼长远，立足实际，明确文化建设总体思路，逐步、扎实推进海关文化建设。

（一）总体思路

高举中国特色社会主义伟大旗帜，以马克思列宁主义、毛泽东思想、邓小平理论和“三个代表”重要思想为指导，深入贯彻落实科学发展观，以弘扬“爱国、厚德、增信、创新、奉献”兴关之魂为核心，以凝聚队伍全面履行海关职责为目标，将“以人为本、人文关怀”作为出发点和落脚点，进一步增强队伍的荣誉感、归属感、幸福感，共创海关精神家园，切实将文化建设融入海关业务工作和队伍建设、反腐倡廉及精神文明创建等各个领域，逐步形成系统、多元、立体的文化体系，从而使先进文化更加深入人心，和谐文化建设全面推进，基层文化创作氛围浓厚，广大干部职工文化需求得到满足，思想性、艺术性、观赏性相统一的文化精品不断呈现，队伍思想道德素质和科学文化素质全面提高，全面推动现代化海关建设不断向前发展。

（二）基本原则

1. 坚持服务海关

把文化建设和充分履行把关服务职能、发挥海关在国家经济社会大局中的作用紧密结合，解决实际工作中与先进文化发展要求不适应的深层次问题，切实发挥上层建筑对海关工作的引领和推动作用。

2. 坚持以人为本

把满足队伍基本文化需求作为海关文化建设的基本任务，把干部职工“需不需要”“满不满意”作为衡量文化建设有效的标准，培养造就德才兼备、锐意创新、结构合理的海关文化人才队伍。

3. 坚持重在基层

按照文化源于基层、服务基层、推动基层的要求，做到文化创作素材来源于基层，文化表达方式适合于基层，文化建设成果共享于基层。

4. 坚持品牌带动

突出重点，集中力量建设好文化品牌，“出样品、出精品，争创一流”，既为其他文化活动树立标杆，也作为关区文化的象征，切实在文化建设上展示大关的风采。

（三）主要措施

1. 塑造富有关区特色的核心价值观

核心价值观引领文化建设的发展方向，是共有精神家园的现实表述。当前，要在积极实践“爱国、厚德、增信、创新、奉献”兴关之魂的基础上，注重结合关区实际对核心价值观进行发掘和提炼，多角度、全方位地诠释核心价值观的深刻时代内涵，使其内化于心，外化于行，切实融入海关业务建设和队伍建设全过程，打牢全面实现“四好”总体要求的思想基础。2010—2011 年，广州海关在全关区开展核心价值观大讨论，“自下而上”地提炼了“忠诚敬业、公正廉洁、创新和谐”广州海关核心价值观，并上下互动掀起学习实践热潮，不断引导广大关警员将实现自我价值与献身海关事业紧密结合起来，尊重职业伦理，尽到职业责任，收获职业荣誉，以更加昂扬的精神面貌投身于海关改革和建设的伟大实践中。

2. 构建“以人为本，人文关怀”的和谐文化

崇尚和谐、追求和谐是文化建设的价值取向，其关键在于以干部群众的文化需求为第一信号，运用丰富多样的载体和生动活泼的形式，吸引大家广泛参

与文化建设，并注重把思想道德教育、岗位业务知识提升等工作有机地融入各种文化活动，以丰富的内涵、健康的格调促进干部职工政治素养和业务技能的提高，进而构建和谐国门、和谐口岸，为全面实现“四好”总体要求营造良好发展环境。应以建立学习型海关为切入点，立足读书研讨会、海关学会、《政策参考》等研究组织及载体，着眼于海关工作实际进行研讨，促进理论研究成果及时向实际应用转化，进一步提高理论研究的层次和应用效果，以“善于把握规律、富有创新精神”为方向，通过文化的手段和形式丰富的关警员学习方式，促进关警员的成长成才。同时，完善文体协会及单项协（分）会，积极开展群众喜闻乐见的文化活动，与“安心工程”双管齐下，同步满足干部职工的精神文化和物质文化需求，进一步增强队伍的荣誉感、归属感和幸福感。

3. 着力繁荣基层文化建设和人才建设

海关基层单位是文化建设的基础，海关人就是文化建设的最小单元。海关文化建设要着眼基层、突出重点，培养一批较专业、有热情的基层文化骨干，并发挥其示范辐射作用，带动基层的文化创作积极性，从海关工作、学习、生活中汲取素材、提炼主题，创作思想性、艺术性、观赏性相统一，广大干部职工喜闻乐见，有一定社会影响力的优秀文艺作品，使干部职工从享受文化成果到参与文化创作，不断提高海关队伍的文化素养和创新精神。进一步加大对基层单位文化设施的投入及保障力度，同时积极借助社会文体设施，并与地方体育运动场馆加强合作等，为干部职工开展文体活动创造条件。不断丰富和创新基层文化载体，因地制宜加强文化新阵地建设。

4. 培养干部职工高度的文化自觉和文化自信

文化建设的最终目标是凝聚队伍，全面履行海关职责，但前提是着力提高对文化建设成果的集体认同，筑牢个体人员共同的思想基础和价值观，广州海关党组结合实际，提出了“出样品、出精品，争创一流”的指导思想，努力擦亮文化建设老品牌，建设新品牌，潜移默化地感染和凝聚干部职工，切实在文化建设上展示大关的风采。目前，已成功扩大了自 20 世纪 80 年代中期延续至今的青年读书研讨会的影响力，放宽了入会标准，会员已达 950 多人，成为广州海关最具影响力的协会品牌。近年来，还成功创办人文杂志《粤海新关》，利用网络唱响海关思想文化主旋律，切实成为广大关警员思想交流的平台、心灵沟通的桥梁、精神休憩的家园，在了解和领悟海关文化过程中对海关文化生出认同感和自豪感，增强全面实现“四好”总体要求的信心和决心。

5. 传承弘扬优秀海关历史文化

优秀海关历史文化连接了海关的过去、现在和未来，是海关人历久弥新的精神财富。要全面认识海关历史文化，坚持传承与创新、批判及保护、普及和弘扬并重，使其成为新时期鼓舞海关人的精神力量。要充分发挥海关优秀物质文化资源的影响力，如近代海关以钟楼为特色的建筑风格，已经成为人们心中海关形象的象征，广州海关近年来深入挖掘大钟楼、红楼等老海关建筑群文化内涵，将其改造成为海关博物馆、关员会馆等，使其成为海关的文化名片，树立了良好社会形象。

6. 大胆探索海关文化制度改革

对于海关系统而言，当前文化建设的主要阵地在内部，主要力量依靠海关干部职工，影响范围也以海关内部为主。从推动海关文化走向社会、走向大众来看，必须转变观念。可以借鉴“公安文化”“部队文化”的宣传营造方式，充分利用社会优质文化资源和专业力量积极“引进来”和“走出去”，加大与地方的文化交流和文化资源共享力度，通过各种传媒的力量扩大海关文化的影响力，在更大的空间里升华和弘扬海关优秀文化。

关于在广州开展关检合作“三个一”改革试点报告[①]

2011年4月，根据国务院的指示，海关总署要求广州海关在广州“开展关检合作、建设和谐国门”研究试点，积极探索关检合作的经验和范例。我们在充分调查研究的基础上，向海关总署提出建议方案，在海关与检验检疫体制不变的情况下，通过机制创新和流程再造，使海关与检验检疫在进出口环节实现“一次申报、一次查验、一次放行”，简称“三个一”改革。这个建议方案得到海关总署和质检总局的批准同意，并自2011年5月起在广州率先试点，随后陆续在全国各口岸推广。

一、关于关检“三个一”合作方案的目标原则和实现方式

（一）基本目标

在信息化技术手段的支持下，通过机制优化和模式创新，在南沙实施关检“三个一”试点，实现关检信息共享、执法互助，简化通关手续，提高通关效率，降低企业贸易成本，同时为企业提供公开透明的通关环境，实现阳光通关，共建和谐国门。

（二）信息平台

为节省资源，加快进程，我们依托广州电子口岸信息系统，搭建实现“三个一”的公共信息平台，主要是在平台上增加支持“三个一”及通关信息查询的功能模块，增设海关、检验检疫、企业三个用户端口。这种设计安排，使关检双方不需要改变各自现有业务管理系统，就能够实现作业流程整合与互动。该平台有四大功能模块：① 申报模块：关检双方共同开发报关单和报检单申报

① 成稿于2011年7月。

模块，实现报关单和报检单“一单两报”；②查验模块：接受关检双方发送的查验、检验指令，实现双方指令对碰，支持实现“一次查验”；③放行模块：接受关检双方发送的放行指令，实现双方放行指令对碰，形成“一次放行”指令；④企业服务模块：对外展示关检双方货物通关过程中的实际状态，提供查询服务。

（三）“三个一”的完整表述和实现方式

（1）“一次申报”的表述和实现方式。“一次申报”实际为“一次录入、分别报关报检”。对依法须报检和报关的货物，企业在平台上的企业端一次性录入申报数据，由平台自动转换成报关单电子数据和报检单电子数据，分别点击发送指令即可完成报检和报关。具体实现方式：①企业利用申报模块一次性录入申报数据，系统自动将录入数据转换成报检单电子数据和报关单电子数据；②直接向检验检疫部门申报报检数据；③系统在报关单申报前对商品项进行是否需要通关单的校验；④对需要通关单的报关单，在检验检疫返回通关单编号后方可进行申报；⑤对于不需要通关单的报关单，可立即办理报关手续。在这一模式下，对需要检验检疫部门出具通关单的货物，检验检疫部门收到报检单后立即生成通关单电子数据并向海关先行发送，海关即可同步接收企业申报。这在实际上突破了“先报检后报关”的程序约束，为海关赢得了更从容的作业空间，缓解现场执法压力。

（2）“一次查验”的表述和实现方式。“一次查验”实际为“一次开箱、分别查验和检验检疫”，是指海关与检验检疫通过公共信息平台对碰查验、检验信息，双方需要对同一批货物实施查验或检验检疫时，同时但又分别实施查验和检验检疫作业，双方查验作业部门承诺开展执法互助和资源共享。具体实现方式是：①双方把各自执法系统的查验指令通过广州电子口岸平台发送至查验模块；②查验模块依设定条件对碰查验、检验信息，对双方有查验和检验需求的货物，作“一次查验”标识；③企业根据该模块给出的查验指令，由码头查验中心安排调柜作业，并反馈信息；④关检双方收到反馈信息，对未标注“一次查验”的，分别安排各自作业；⑤对标注“一次查验”的，按照双方各自职责，由双方同时进行查验和检验检疫。

（3）“一次放行”的表述和实现方式。“一次放行”实际为“联网对碰，一次放行”，是指海关放行信息与检验检疫放行信息实现对碰，形成关检法律意义上的放行指令，再由海关实施卡口放行。具体实现方式是：双方通过广州电子口岸发送放行指令到放行模块，对碰成功后将关检放行指令发送至口岸经营单位，海关接收口岸经营单位反馈的信息并实施卡口放行。

二、实现“三个一”的重大意义

深化关检合作，构建和谐国门，是海关总署根据国际、国内形势发展要求做出的重大判断和政治决策。提出实现“三个一”，是落实总署决策的重要举措和建设和谐国门的集中体现。

（1）实现“三个一”，对提高口岸效率、促进贸易便利化意义重大。实现关检“三个一”，能够有效促进贸易便利化，是改进监管和服务的重要举措。“三个一”合并了关检双方作业程序，能够节约时间、提高效率。“三个一”优化了作业流程，能够避免重复拆卸，降低费用、减负增效。“三个一”构建了新型通关模式，能够优化大通关环境，支持地方发展。特别是在当前全球经济低迷、进出口贸易乏力的背景下，实现关检“三个一”意义更大。

（2）实现“三个一”，对促进执法互助、提升口岸整体执法效能意义重大。实现关检“三个一”，提高执法效能，是履行把好国门基本职责的重要举措。“三个一”促进了关检双方执法互助和资源共享，能有效提高整体执法效能，实现合作共赢。“三个一”形成了双方协同作业、相互监督的格局，有利于促进执法公正，防范廉政风险。通过公共平台能够及时展示货物通关信息，政务更加公开、透明，便于社会监督。

（3）实现“三个一”，对维护国家利益、提升国家形象意义重大。和谐国门的实质，是国家利益、国家形象。“三个一”是关检实质性、深层次的合作模式，是和谐国门的集中体现。“三个一”创建了新型的口岸执法模式，在提高执法和服务水平、提升国家形象等方面，能发挥重要的作用。“三个一”是国家利益至上原则在口岸的集中体现，因此从中央领导，到总署、总局，到基层单位，再到地方党委政府，都高度重视，充满期待。

这项工作得到了总署领导的肯定和支持。总署认为，广州海关开展关检合作，推进“三个一”工作很好，能够为企业简化手续、降低费用、节约成本、减负增效。同时，要求广州海关全面把握“海关把关与服务职能的有效履行、海关与质检部门合作共赢和为企业减负增效”等三项原则，加大力度、加快推进，争取早日取得成效。

这项工作也同样得到了地方党政领导的关注和肯定。地方党政领导多次表达了尽快实施运作的迫切希望，要求在南沙全面推行试点。

三、实施“三个一”存在的业务问题

（一）关于“一次录入、分别报检报关”

（1）关于“一次录入”的界面问题。为方便企业，我们把企业报检和报关两个申报界面整合为一个界面，企业无论在哪里申报，都是相同的录入界面。对关检相同类型的申报项目尽可能整合，目前已初步合并 14 项，但合并后仍有 150 余项，很多项目实际上大同小异，或者角度不同，或者编码规则不同。建议总署组织力量研究，进一步合并申报项目，增大“一次录入”的实际效果，更大程度便利企业。

（2）关于报检的口径问题。从一开始，关检双方对“一次申报”的适用范围就存在分歧。广东检验检疫局认为，该局从 2007 年开始，在其管辖范围内已要求对所有商品都进行申报。广州海关则坚持，只有列入《出入境检验检疫机构实施检验检疫的进出口商品目录》等法定检验的商品，才适用“一次申报”。但检验部门坚持认为，全口径报检已实施了 5 年，不能因为关检合作而要求质检退回去，否则合作便无基础。因此，广州海关提出“依法需要报关、报检的商品，适用一次申报”的方案，得到双方认可并付诸实施。

（3）关于国检是否得到全口径数据问题。“一次录入、分别报关和报检”，尽管录入界面是统一的，但系统在一次录入后即自动转换成报检单和报关单，分别报检和报关，使质检部门得到的数据仍然是报检的数据，这与现行做法并无不同。“一次录入”仅为各自数据采集的一个界面，数据上不具备法律依据，在“三个一”模式下，企业不能直接应用 QP 系统申报数据，必须先通过集成通系统申报，才能传入 QP 系统和 H2000 系统。

（4）关于质检坚持全口径报检问题。广州海关采用“依法报检”的表述，保留对“法”的不同理解，对质检的既存事实予以理解。

（二）关于“一次开箱、分别查验检验”

（1）既有利于减少企业成本，还可避免海关查验前检验检疫部门开拆货物。通过对碰查验、检验指令信息，对双方分别需要查验、检验的货物，通过约定共同作业，可以避免企业反复吊卸集装箱、拆卸搬运货物，既能降低成本，又能提高运作效率，也能避免检验检疫部门未经海关许可开拆货物，有利于海关把关与服务职能的有效履行。

（2）有利于执法互助和监督制约。双方协同作业，为加强执法互助、共享信息资源、提升整体执法效能创造了更好的条件，有利于实现合作共赢。双方协同作业，也有利于相互监督、防范风险，使政务更加公开、透明，促进廉政建设。

（3）强调分别而共同作业，互不混淆职能。我们强调维护双方的法定职能职责。协同作业只是在查验、检验时间上协调一致，同时强调分别作业，各自独立履行法定职能，相互不混淆、不干涉。

（4）查验结果的数据交换问题。双方建立打击走私和防止逃漏检的合作机制，及时通报双方查验异常结果、监管风险、违法动态等信息。检验检疫部门希望所有查验结果互通，我们坚持了法定职责权限的原则，只对涉及职责权限范围内的货物查验结果开展数据交换。

（5）规范码头作业，提高通关效率。目前，在很多码头都是海关把需要查验的信息提供给码头经营单位，被动等待码头安排吊柜作业，通知海关查验时间，等待的时间往往比较长，既影响通关效率，也存在管理风险。质检部门这个环节的作业模式也基本与此相同。在方案中，我们坚持查验时间由关检双方主导，码头根据关检需求在规定时间内做出安排。防止查验指令提前通知码头后，对查验实施时间没有约束而引发的管理风险。

（6）关于查验时间及以谁为主的问题。按照现行作业流程，海关下达查验布控指令往往晚于国检部门，也容易产生检验检疫提前开拆货物的问题。在新模式下，需要共同作业的货物，查验时间由关检双方主导确定、共同约定。另外，“一次查验”实际为双方同时但又分别实施作业，不存在以谁为主的问题。

（三）关于“联网对碰、一次放行”

（1）放行信息对碰，实现法律意义上的一次放行。虽然实现一次放行是双方的共识，但理解上还有所差别。我们强调一次放行是法律意义的放行，而非物理意义的实物放行，即关检双方放行信息通过系统实现对碰，对碰成功后形成最终的货物放行指令，即表明该票货物已经实现法律意义上的一次放行。

（2）海关把守监管场所卡口。我们坚决维护海关对监管场所的管理权，在形成最终放行指令后，由海关实施实物放行。

（四）关于联系配合的问题

这项改革与广东出入境检验检疫局联合开展，双方的真诚合作是试点成功的关键。地方党委政府也大力支持，积极推动。虽然由于受双方法律体系、作业模式等限制，在一些具体问题上存在分歧，但双方合作目标明确、态度坚决。

针对上述尚未解决的问题，我们将进一步深化改革试点，确保关检合作“三个一”改革顺利推进。

通关一体化——海关全面深化改革的攻坚之战①

"实践发展永无止境，解放思想永无止境，改革开放也永无止境。"我国改革开放取得了举世瞩目的成就，同时也伴随着深刻的矛盾和问题。要解决这些矛盾和问题，关键在于深化改革。本文将对过去35年海关的改革历史做简要回顾，并结合我国全面深化改革的新形势，对以通关一体化改革为标志的海关一体化改革目标和路径进行探索。

一、对海关改革历史的简要回顾

海关是一个政治、经济、社会、文化色彩高度集合的政府监督管理部门，其改革发展的进程受到国家改革发展大局的深刻影响。

（一）党的十一届三中全会推动了中国海关的恢复和重建

党的十一届三中全会使中国海关获得重生和发展的历史机遇。1980年1月，中央政府决定恢复关税征收。2月，《国务院关于改革海关管理体制的决定》发布，海关组织体制和业务制度开始重建。从20世纪80年代初到90年代初的10多年里，海关总署在国务院的直接领导下，对海关进行了一系列恢复重建工作。

在海关监管制度方面，海关开始重新建立货运监管制度，报关制度、转关运输制度、公路通关制度相继建立和完善。以"三来一补"为代表的保税监管制度也在这一时期开始建立和发展。经济特区、沿海开放城市、经济技术开发区、保税区等沿海、沿边开放区建设，要求海关建立以贯彻特殊优惠政策为主要内容的海关特殊监管制度。在非贸领域，旅客申报制度、红绿通道制度、物品管理制度、免税店制度也相继建立并不断发展。

---

① 刊于《海关研究》2014年"京津冀海关区域通关一体化改革"专刊。

在关税制度方面，1980 年 1 月恢复关税征收以后，我国于 1985 年发布了《中华人民共和国进出口关税条例》，1988 年加入协调制度公约，1992 年以公约为基础的海关新税开始实施，海关估价、原产地规则逐步与国际接轨，征、减、免、退等征管制度逐步建立和完善。不过，这一时期的关税制度主要是以促进沿海、沿边开放为目标，减免税优惠发挥了很大的作用。在一些年份，减免的税收要比实际征收的多。

在恢复征税的同时，海关统计也相继恢复。随着海关统计的逐步确立和完善，外贸部门的业务统计为海关编制的进出口贸易统计所替代，海关统计成为国家对外贸易的权威统计。

在打击走私方面，这一时期先后打退了东南沿海地区 3 次走私高潮，同时从建立反走私指挥体制、完善反走私立法、改善缉私技术装备、加强反走私队伍建设、开展反走私综合治理等方面，建立和发展了中国海关的缉私体系和制度。

科技应用在这一时期取得了重大成就。以 H883 为标志，海关在报关自动化和管理信息化方面走在了社会的前列，开创了海关科技应用的新局面。

在海关法制方面，1987 年，暂行几十年的《暂行海关法》终止施行，新的海关法在这一年正式实施。此后，以海关法为主体的海关法律体系逐步建立和完善起来。

在海关指导思想方面，20 世纪 80 年代中期，以“促进为主”代替了以“防范为主”，并将其确立为海关的工作方针。这对解放思想、改革创新海关管理制度、促进经济社会发展发挥了重要的作用。

通过这一时期的改革和建设，海关组织体系和业务制度基本确立，海关事业开始进入高速发展时期。

（二）党的十四届三中全会开启了中国海关的现代化进程

1993 年，海关总署提出了“当前和今后一个时期海关改革的基本目标是：要逐步建立起与加快经济建设和扩大开放相适应，与建立社会主义市场经济体制相适应，与国际通行规则相衔接，方便与严密、制约与效能有机统一的有中国特色的海关管理体系”。1994 年初，全国海关关长会议把这一管理体系明确为社会主义市场经济条件下的现代海关制度。以此为标志，中国海关开启了现代海关制度建设的历史进程。

回首来看，现代海关制度命题的提出和目标的确立，有几个大的历史背景。

一是国内市场经济改革的推动。1992年初邓小平南方谈话，同年10月党的十四大确立建设社会主义市场经济体制的目标。1993年11月，党的十四届三中全会进一步通过了《关于建立社会主义市场经济体制若干问题的决定》，财税、外贸、外汇、计划体制等一系列以市场经济为导向的改革相继展开。这是推动现代海关制度建设的社会原因。

二是国际海关制度现代化浪潮的推动。从20世纪80年代末到90年代初，以英美为代表的西方发达国家为迎接21世纪的到来纷纷提出了海关现代化发展战略。以1993年12月美国国会通过《美国海关现代化法案》为标志，海关现代化成为国际社会的时代潮流。这一时期，海关现代化的主要特征是：确立"客户导向"的管理理念，大幅度简化手续，促进贸易效率，大力倡导企业守法自律；全面推行风险管理、外部审计（海关稽查）等新型管理制度，信息网络技术在海关管理中得到大规模应用等。

三是中国海关应对自身矛盾问题的推动。经过改革开放10多年高速发展后，海关管理面临一系列矛盾和问题，主要是中国经济融入世界经济的进程加快，海关职能迅速扩大、业务迅猛发展与管理资源相对不足的矛盾日益尖锐，走私违法、执法腐败、管理弱化等问题开始抬头，并对海关发展构成严峻挑战。破解这些矛盾和问题成为当时最为紧迫的课题。这构成了现代海关制度建设的内在动力。

现代海关制度从提出命题到《海关总署关于建立现代海关制度的决定》出台，经过了4年多的时间，其后又实施了近10年的"两步走"发展战略。[①]客观地说，中国海关的现代化之路基本是遵循国际海关的现代化路径走的。实施通关作业改革，建立了审单中心、物流监控和职能管理"三位一体"新的通关管理体系，通过规范化、集约化、信息化、专业化实现通关管理"从低水平分散到高水平集中"，着力解决执法不统一、"权力下沉"等问题；通过建立稽查制度和企业管理制度，缓解口岸通关的瓶颈压力，促进企业守法自律；通过风险管理中心的建立，实现海关监管从传统随机抽查、经验式管理向现代风险式管理的过渡；通过科技业务一体化，用计算机技术与信息技术创新海关管理，从H883到H2000再到H2010几度跨越，实现海关管理的高度信息化；改组海关缉私体系，组建走私犯罪侦查局，建立了集行政执法和刑事执法于一身的海

① 根据《海关总署关于建立现代海关制度若干问题的决定》，建立现代海关制度分两步实施，首先对通关作业制度进行改革，其次开展其他各项改革工作。

关缉私新体制；在改革业务制度的同时，重新划分了总署、直属海关、隶属海关三级事权，优化海关垂直管理体制。在业务指导思想上，从“促进为主”方针到“依法行政，为国把关”，再到“依法行政，为国把关，服务经济，促进发展”的16字方针，海关工作方针几经转换，以适应急剧变化的执法环境和形势要求。

20世纪90年代中后期，是中国海关改革和发展历史中最为重要和活跃的时期。这一时期既是海关改革全面深化，新思想、新制度不断推出，现代海关制度建设加速推进的重要时期，也是海关内部执法腐败大案频发的“廉政风暴”高潮期。1998年海关总署发布《关于建立现代海关制度的决定》，海关廉政的“风暴潮”也达到了最高点。厦门远华、湛江等系列腐败大案相继爆发。这种时间上的重合使规划、建设中的现代海关制度适用与否受到了质疑。事实上，现代海关制度的设计和建设者确实已经看到了海关隐藏的日益严重的危机，希望通过改革和新制度建设，解决“权力下沉”和执法腐败问题，真正实现“方便与严密、制约与效能有机统一”，从制度上和源头上消除爆发危机的根源。但之所以未能阻止危机爆发：一是制度建设没有跟上形势发展的速度；二是“政策确定以后，干部是决定的因素”，再好的制度终究要靠人来推行。正是这些问题的集中爆发，反过来对中国海关的进一步改革形成了倒逼效应。然而，无论从哪个角度来看，当初推行的现代海关制度都集成了那个时代海关现代化的基本要素，代表了那个时代海关理论和实践的最高水平。

二、过去30多年海关改革取得的成就与遗留的问题

30多年来，海关管理变革和制度创新的脚步从未停歇。从外部来看，海关改革是为了更好地适应改革开放、国民经济发展、市场经济体制建设的需要，更好地与世界通行做法相衔接、相协调。从内部来看，海关改革是围绕着海关管理资源的相对短缺与业务量的快速增长、走私与反走私、腐败与反腐败三条主线展开的。三对矛盾所构成的三条主线，相互交织、相互影响，成为推动过去30多年海关改革与发展的基本动力。总体来说，持续不断的改革，特别是现代海关制度的两步走战略，使中国海关较好地应对了上述三方面的矛盾。回顾我国改革开放的历史，我们可以清楚地看到，改革开放推动了我国对外经济贸易持续30多年的高速增长，中国海关持续不断的制度改革和管理创新为我国对外开放和经济发展做出了重大贡献。中国海关以有限的管理资源较好地应对并

促进了过去几十年的进出口高速增长。通过巨量的监管服务和持续不断的反走私斗争，海关维护了国家进出口贸易的正常秩序。过去35年，海关为国家征收了逾12万亿元的税收，海关税收在中央财政本级收入中的份额始终保持在1/3左右，为党和政府治国理政做出了巨大贡献。海关统计对国家宏观调控和经济决策发挥的作用越来越大。海关在政治保卫、社会安全、文化建设和反恐维稳等方面都发挥了不可替代的作用。中国海关本身的开放和国际化，不但提高了自身的国际地位和影响力，也维护和增进了国家的开放形象。这一切都与海关持续进行的管理变革和制度创新密不可分。

然而，我们在充分肯定和高度评价30多年来海关改革所取得巨大成就的同时，必须清醒地看到长期改革发展所留下的矛盾和问题。30多年来贯穿始终的三大矛盾依然存在，在新形势下将以新形式呈现出来。

执法不统一。执法不统一是海关执法管理中最受社会诟病的话题。其表现形式为，在实际执法中，不同海关在进出口商品的税则分类、商品估价、原产地认定，通关作业的程序、标准、要求事项，违规和违法事实认定、处罚幅度掌握上都存在差异。造成执法不统一的原因既有制度和管理上的，也有技术上的，更有不少是人为因素导致的。执法随意性，甚至选择性执法加剧了执法不统一情况。外部环境压力的差异也会导致海关执法差异。执法不统一既增加了企业守法的困难，影响执法的整体效果，也加大了海关执法的廉政风险。海关执法不统一问题长期存在，并随着经济和贸易规模的迅猛增长而日益严重。

关区壁垒。开放口岸是国内市场和国际市场对接的“闸门”，国家设立海关就是为了管理这个“闸门”，把好国门。因此，海关属于中央事权，实行垂直管理体制。《海关法》规定，海关的隶属关系不受行政区划的限制。然而，海关设到哪里，就在哪里设定管辖的关区，关区就形成一个自然执法单位。关区以关区代码为标识，以关区信息系统为支持，以一个或若干行政区划为范围，以直属关行政架构为组织体系，自然形成了业务管理和队伍管理的执法管理单元。毫无疑问，关区的设定是执法和管理的需要，但在实践中，以关区为单位的业务考核、技术系统、信息配置、地方因素、本位利益等，日益将关区固化为利益单元，关区之间形成樊篱，进而强化为壁垒。关区壁垒主要表现为业务壁垒、信息壁垒、技术壁垒。关区之内形成“自然保护和垄断”。关区之间信息不能共享，执法不能互助，监管不能互认，甚至为税源、业务量、案件管辖相互争锋，为区域通关设置障碍。关区壁垒的最大后果就是违背物流的基本规律，阻碍统一大市场内生产要素的自由流动，不利于统一大市场的形成，也是海关执法不统一的重要原因之一。

效应离散。如果把海关看成一个大系统，海关内部各司局和各海关是构成大系统内的子系统，各子系统之间、子系统与大系统之间存在内在有机的联系，各子系统都要服从和服务于大系统的目标。但是从实践来看，海关系统内部的结构功能配置在形成有机联系方面存在障碍，系统目标设定不明确，子目标替代总目标，相互掣肘、相互推诿现象突出。从最近 10 多年制度规划设计和改革实践看，局部改革、单项改革多，各项改革缺乏必要的衔接和配套，主导改革的主体之间“文来文往”，甚至互不通气。改革的整体性、系统性、协同性不够。从外部看，同样存在本位角色定位和部门之间利益的冲突，积累的矛盾和问题难以解决。从总体上说，由于执法、管理和改革缺乏系统性和整体性，效应离散，改革目标存在局限，改革和管理的协同效应不易获得，既影响整体效能，也影响外部形象。

制度失灵。一方面，执法不统一、关区壁垒、效应离散必然会影响制度的有效性。另一方面，海关制度的失灵还与自身独特的作业模式和管理制度有关。海关是政府部门中仅有的对大规模经济活动长期维持逐单申报、逐单征税、逐单统计作业模式的管理部门。这种作业模式和管理制度在管理对象相对单一、规模相对较小的情况下比较有效。或者说，逐单作业模式从单一作业单元看比较有效，当管理对象呈几何级数增长时，审单作业会疲于应付，逐单审核流于形式。同时，海关风险分析的基础数据主要来源于企业填报的报关单数据。如果我们把风险分析聚焦在进出口商品上，那么操纵这些数据和进出口商品的“人”就有了很大的作为空间。从根本上说，只要海关监管制度的关注点和着力点仍然放在进出口商品，而不是经营这些商品的“人”的基础之上，那么在高度信息化时代，这个制度体系就处在制度性失灵的风险之中。如果贸易便利化、放松管制再与监管制度和监管能力不能同步，甚至相互脱节，那么区域性风险和系统性风险就会进一步加大。以上制度失灵的现象不仅是逻辑上的推论，也有大量事实支持。比如在价格、原产地和商品分类上低瞒报现象的普遍存在与海关反瞒骗能力的严重不足，香港与内地进口贸易统计差长期大量存在，一些高档奢侈品国内市场销售规模与海关进口监管统计量的严重不对称，以及在应对贸易碎片化、数字化方面的制度严重滞后，海关在通关程序性手续中的巨量投入与成效不彰等，都说明海关制度体系存在着严重的制度失灵现象。

上述四大问题既是海关基本矛盾运动在当前历史条件下的新表现，也是过去历次改革希望解决又没有解决好的老问题。党的十八届三中全会明确了全面深化改革的总体思路。如果不能及时解决好这些深层次的矛盾和问题，我们将无法适应国家开放发展和全面深化改革的形势需要，也将错失自身发展的良好机遇。

三、党的十八届三中全会推动以通关一体化为标志的海关一体化改革

2013 年 11 月党的十八届三中全会通过的《中共中央关于全面深化改革若干重大问题的决定》(以下简称《决定》) 是指导我国新时期改革发展的总蓝图和总纲领，必将对推动中国特色社会主义事业产生重大而深远的影响。《决定》关于国家全面深化改革总目标和关于市场与政府关系的论断对海关全面深化改革意义重大。海关正在进行的一体化改革是海关总署贯彻党的十八届三中全会精神的重大决策，是对市场经济理论逻辑和海关改革历史逻辑的统一和把握，标志着海关一体化改革正式启动，海关全面深化改革的历史序幕正在拉开。

(一) 一体化改革是市场经济建设的必然要求

党的十八届三中全会《决定》指出："必须加快形成企业自主经营、公平竞争，消费者自由选择、自主消费，商品和要素自由流动、平等交换的现代市场体系，着力清除市场壁垒，提高资源配置效率和公平性。"海关属于中央事权，由国务院直接领导，不受行政区划限制，维护全国关境的安全与统一。实践中，以直属海关为执法单元的关区存在是执法不统一、关区壁垒等问题产生的重要原因之一。上述海关执法和管理中存在的问题与市场经济的原则和精神格格不入。海关作为市场经济的捍卫者和进出境监督管理机关，必须破除关区壁垒，维护国内市场的统一性；必须提高海关执法的统一性，维护国家法律和市场规则的公正和公平；必须克服海关执法和管理效应离散的问题，维护全国海关一盘棋，实现改革的整体性、系统性和协同性；必须解决管理上存在的制度失灵问题，维护国家的整体利益和全局利益。以京津冀通关一体化改革为标志的海关一体化改革，通过"一个中心、四个平台"[①] 的搭建，从区域一体化向全国一体化转变，有利于从根本上破除根深蒂固的关区壁垒，促进国内统一大市场的建立。一体化改革最大的亮点在于"一体化"本身，在于与市场经济原则和精

① 一个中心为区域通关中心，四个平台包括统一申报、统一风险防控、统一专业审单和统一现场作业平台。

神的逻辑统一。

（二）一体化改革是海关全面深化改革的攻坚之战

习近平总书记指出："要有强烈的问题意识，以重大问题为导向，抓住关键问题进一步研究思考，着力推动解决我国发展面临的一系列突出矛盾和问题。"回顾过去30多年海关的发展史，制约海关改革发展的三大矛盾依然存在，当前执法和管理中突出存在的四大问题是三大矛盾的集中表现。一体化改革核心目标就是通过系统性、整体性、协同性的改革，解决我们长期以来想要解决而又没有解决、没有解决好的深层次矛盾和问题。任何改革都是对既存利益格局的调整。以一体化改革为标志的全面深化改革就是要解决这三大矛盾和四大问题，这既是对过去一系列改革的继续和深化，也是本轮海关全面深化改革的攻坚之战。改革的广度、深度和力度都将超过以往。我们必须以国家利益、社会利益和人民利益为出发点和落脚点，彻底打破部门和关区界限，打破行业部际界限。这是历史的选择，时代的要求。这是一场深刻的革命。要取得这场革命的胜利，必须凝聚更多的人心、更大的力量，必须汇集全国海关的思想共识和行动力量。

（三）一体化改革是落实区域协同发展国家战略的实践探索

区域协同发展是国家发展战略的重要组成部分。新一届党中央高度重视区域协同发展。习近平总书记从国家战略全局高度，于2013年5月提出要谱写新时期社会主义现代化的京津"双城记"，8月提出了京津冀协同发展的战略，再到2014年2月就北京发展和京津冀协同发展发表全面系统谈话。特别是对京津冀协同发展的7个方面要求，是习近平总书记关于区域协同发展最重要、最系统的论述。之后，国务院为贯彻落实习近平总书记讲话精神，多次召开会议，推动京津冀、长三角、珠三角区域协同发展。京津冀通关一体化改革是推动京津冀协同发展的最先尝试，受到了社会的关注和广泛欢迎。这是因为京津冀通关一体化改革贯彻了习近平总书记的思想，是京津冀协同发展这一国家战略中第一个真正落地的项目，不但符合国家战略方向，也为推动地区之间、城市之间打破既存利益格局，科学调整产业布局、环境和空间布局创造了条件，为各部门、各领域的协同发展提供了示范。

四、京津冀通关一体化改革取得的进展和海关一体化改革的发展方向

京津冀通关一体化改革是海关一体化改革的开场锣鼓，序幕刚刚拉开。时间虽短但3个月来已经取得了实实在在的效果。

一是建立了通关一体化的工作体系。通关一体化改革没有经验可循，必须通过制度创新实现。《京津冀海关区域通关一体化改革方案》作为改革的顶层设计，明晰了改革的目标原则方向，提出了打破关区限制等核心理念和“一个中心、四个平台”的基本模式，形成了一体化改革的基本框架。同时，京津冀海关通过《业务标准化规范》《协调配合办法》《应急协调机制》等一系列制度安排，将各关职责分工、岗位要求、执法规范、协调配合中的问题解决和应急处理机制制度化，形成了通关一体化改革的基本工作制度和规范。

二是改革成效初步显现。通关一体化改革 3 个月来，企业的所在地就地报关率、就地纳税率逐渐上升，企业参与通关一体化热情日益提高。反映在通关效率上，企业跨关区通关时间从改革前的平均 65.82 小时 / 单大幅缩短为 41.81 小时 / 单，通关效率提高了 36.5%，而其中一体化通关时间为 35.76 小时 / 单，比改革前提高了 43%，企业就地报关清关部分效果更好，实际只有 32.55 小时 / 单，比改革前快了 50% 以上。广大参与一体化通关的企业表示，一体化通关“省时、省钱、省力”。李克强总理指出，区域通关一体化等工作推进了贸易自由化，为企业赢得了时间、增加了财富，也为国家增加了财富，使中国在国际市场上有更强的竞争力。

三是为全国海关一体化改革提供了示范。京津冀通关一体化改革是“试验田”和突破口，为全国其他区域的通关一体化提供了可借鉴、可复制的经验，也为全国通关一体化和海关全面深化改革提供了有益的探索。

根据总署党组的决策，通关一体化改革已经从京津冀走向长三角、珠三角地区，计划向全国推广，以一体化为标志的海关全面深化改革也在深入研究和筹划当中。通关一体化改革作为总署党组响应国务院关于稳增长、促改革、调结构、惠民生的重大举措崭新亮相，受到社会的广泛关注，可以说好评如潮。但是，我们必须对此有清醒的认识。改革才 3 个月，取得的成效还只是初步的、局部的。我们要防止把“一个中心、四个平台”的建成和成功运作当成通关一体化大功告成，把通关一体化改革的目标定位于把过去的区域通关方式转换为一体化通关方式。实际上，要做的工作才开了个头。很多认识问题和理念问题还需要进一步的实践来回答，改革实践中出现的许多新问题还需要进一步的创新去解决。

（一）进一步确立一体化思想和工作理念

海关一体化改革正式启动，并不表明一体化思想观念已经在全国海关确立。

"一体化"是一个社会经济学术语，是表明两个或两个以上相对独立的主体为谋求共同的目标和利益，通过一定的机制和制度安排形成一个有机整体，实现目标利益的最大化。在全球化时代，一体化已经成为各类政治、经济、社会实体提升竞争力、扩大影响力，为自身赢得更好机遇和更大发展空间的重要手段。海关一体化改革目标在于打破关区之间、部门之间的壁垒，在执法和管理层面把区域海关乃至全国海关整合成一个有机整体，实现海关管理效能的最大化，更好地服务国家和社会。从外部来看，海关一体化改革将使企业通关更加便利，进出口企业可以享受更加统一的执法和服务，特别是可以在全国范围享受"通存通兑"式的通关服务。从内部来看，一体化改革还将使通关流程更加优化、资源配置更加合理、管理更加高效，使严密监管和高效运作实现有机统一，提升海关治理体系和治理能力现代化水平。

确立一体化思维就是要确立现代市场经济理念。海关要积极推动企业自主经营、公平竞争，消费者自由选择、自主选择，商品要素自由流动、平等交换的现代市场体系形成，着力消除关区壁垒，提高资源配置效率和公平性。

确立一体化思维就是要确立系统性思维和全局性思维。一是海关系统是国家大系统中的子系统，海关的目标和运行规则必须服从、服务于国家的大目标。各部门、各海关都要走出"一亩三分地"，超越部门利益和局部利益，坚决维护国家全局利益。二是充分认识到全国海关是一个整体，各司局、各海关是海关这一大系统中的子系统，各子系统的目标和运行规则必须服从、服务于大系统的目标和原则。

（二）从通关一体化到管理一体化

通关管理是海关管理的核心。通关一体化的实质是海关业务管理的一体化。京津冀通关一体化拉开了全国海关通关一体化改革的序幕，必将推动全国海关业务管理的一体化进程。一体化改革将从根本上打破根深蒂固的关区壁垒，构筑起全国海关集中统一的通关作业平台，为海关全面深化改革奠定重要基础。在一体化作业平台上，海关应大张旗鼓树立"负面清单"管理理念，大力推进"负面清单"式管理，把风险分析重点从商品转向企业，把海关管理资源投放到少数高风险企业的管控上。只有这样才能让广大守法企业享受最大的通关便利。无论什么形式的简政放权、放松管制或减负增效，都没有"负面清单"的管理意义重大。从一定意义上说，"负面清单"管理与一体化改革具有同等重要的意义。因此，一体化平台 + "负面清单"管理，应当构成未来海关管理的总体格局。贸易管制和税收征管等海关核心功能的实现方式，都应当在这一总体框架内统一规划和设计。对沿海、沿边和内陆海关管理功能的定位和资源配置，也应当按照这一总体格局重新布局。

（三）加强一体化信息系统等基础设施建设

一体化改革必须有强大的基础设施作为保障，信息系统的支持尤其重要。要改变现行以直属海关为单元设立服务器提供信息服务的格局。一是整合现有系统，打破信息系统之间的条块分离，提升信息化服务水平。要采用大数据、云技术等现代信息技术手段，为一体化提供全方位的信息服务。二是建立跨关区协调机制，将跨关区通关中遇到的问题统一提交到公共平台研究解决，“阳光是最好的防腐剂”，公开透明是解决跨关区通关各类问题的最佳途径。三是为全国一体化通关作业、集中税收征管、反走私综合治理提供强大的风险分析支持平台，为全国海关执法和管理提供“负面清单”。

（四）建立与一体化改革相适应的考核指标体系

建立适应一体化改革发展目标方向的考核指标体系，有助于确立一体化战略目标，明确一体化改革导向，开展一体化改革成效的评估，推动一体化改革顺利发展。当前，要重点建立通关一体化指标体系，用以引导通关一体化发展方向。通关一体化的考核指标体系可以从内部管理和外部成效两个维度规划设定。内部管理绩效主要看区域内各关电子审单量、人工审单量、现场接单量、现场查验量、批量复审量等指标，以反映一体化条件下区域各关实际工作量和工作绩效，为工作绩效评估和管理资源配置提供依据。外部成效主要考核一体化改革带来的社会效益和企业实际分享到的改革红利，如企业参与通关一体化的热情和意愿，就地报关率、就地纳税率、跨关区通关效率提升，成本降低幅度、执法统一性程度提高，监管有效性强化，实质性投诉率下降等。这些指标反映海关“通存通兑”式贸易便利化程度，体现改革价值取向。在规划设定通关一体化指标体系的基础上，统一研究海关管理一体化的综合指标体系，将发挥改革的正向激励作用，推动引导一体化改革朝着正确的方向不断深化、优化，顺利发展。

（五）从内部一体化到外部一体化

海关在自身一体化改革的同时，努力追求外部一体化的协同效应。要进一步加强与检验检疫、边防等口岸相关执法单位的沟通合作，以关检合作“三个一”和“单一窗口”建设为突破口，加快推进“信息互换，监管互认，执法互助”，逐步实现外部一体化。在这一过程中，要运用科学的策略方式，更多地依靠市场力量和社会力量推动这一进程。同时，要树立全球视野，科学定位，加强与 WTO、WCO、APEC 等国际组织和主要贸易对象国在海关事务上的广泛合作，提出合作倡议，履行合作义务，在国际海关合作与竞争的大格局中发挥更大的领导力。

深入学习贯彻党的十九大精神 推进强化监管与优化服务有机统一①

上海海关深入学习宣传贯彻党的十九大精神，自觉把海关工作置于新时代中国特色社会主义的大背景下谋划推进，全关发动开展“大对标、大调研”主题活动，找出海关短板弱项，摸清进出口企业难点、痛点和堵点，坚持“三个导向”，深化改革、强化监管、优化服务，努力当好“改革开放再出发”的先行者和排头兵。

一、切实强化监管，全力以赴为人民守好国门

监管就是为民把好国门，就是维护大多数人的利益。放松监管，放松对走私违法的打击，就是对社会安全、人民利益的懈怠。上海海关站在落实总体国家安全观和全面从严治党的高度，将把好国门作为海关最基本、最重要的职责，不断增强进出口监管、口岸管控能力，坚决将危害国家和人民生命财产安全的有害物质封堵在国门之外。

针对前期检查中发现的问题，上海海关坚决贯彻落实署党组关于强化监管的要求，开展了一系列整改行动。

一是实施规范监管，确保作业标准统一。按照“马上就办、真抓实干”的要求，对全关监管工作开展大检查、大整改，不断提高科学监管水平。深化监管场所标准化建设，切实解决监管场地不规范、不标准的问题，堵塞管理漏洞，严格管理规范。深化查验场地标准化建设，推进上海所有港区建成标准化查验场地，集成视频探头、实时监控、无线网络等功能应用，并将图像尽快接入监控指挥中心，便于对查验开展集约化管理与风险防控。深化卡口规范化管理，明确监管场所卡口、码头卡口、特殊监管区域卡口等管理责任主体，尤其是武

① 刊于《海关研究》2017年第25期“学习宣传贯彻党的十九大精神”专刊。

警撤勤后卡口值守管理规范，强化卡口实际监管。深化查验作业及时间标准化管理，制定查验关员上岗程序、操作规范和时间标准，改进现场排班模式，确保查验作业“标准化、进系统、留痕迹、可追溯”。深化查验人员专业化培训，提高查验关员的职业素养和专业技能。

二是强化精准监管，确保实际监管到位。上海海关以全国海关 6% 的人力完成约 25% 的业务量，提升监管的针对性和有效性。应用大数据分析建立风险判别规则和指标体系，准确锁定高风险目标，近 3 个月通过“查验数据挖掘模型”下达布控指令，查获率达 13.30%，其中实质性查获率达 8.6%；通过“查验透视模型”自动提示高风险报关单查获率达 6.20%，高出关区同期查获水平 1.8 个百分点。通过“双随机”改革丰富随机布控方法，压减低效布控数量。2017 年年预定式随机布控查获率达 10.10%，是无干预随机布控查获率的 3.5 倍。事中查获率达 9.52%，高于全国平均水平（8.54%）；事后稽核查查发问题数量同比上升 62.40%，其中稽、查有效率分别为 61.30%、27.70%，分别高出总署考核指标 11.3 个和 7.7 个百分点。

三是实行顺势监管，大幅提升监管质效。主动顺应企业物流规律，把海关监管嵌入物流全程，减少海关作业对物流链条的人为干预和物理隔断。通过推进通关无纸化、自报自缴、税单无纸化等改革，上海关区通关作业无纸化率超过 95.0%，税收电子支付率为 95.7%。支持洋山四期自动化码头建设，量身打造“验放自动化、监控远程化、通关零等待、物流零干扰”即时通关模式。推行非侵入式集装箱查验，将 H986 设备和自动引导车（AGV）合二为一，行驶中自动扫描生成集装箱货物图像，辅以后续智能判图功能，实现机器代人。

四是注重智能监管，提高科技应用水平。探索新技术和科技设备应用，探索“人机合一”。货运渠道推广应用移动单兵、音视频执法记录等设备和机检集中审像等作业模式，共配发移动单兵查验设备 552 台、音视频执法记录仪 231 台，关区 28 个查验场地的 125 个摄像头与总署监控指挥中心实现视频联网。旅检渠道配置 X 光机对托运行李实施 100% 非侵入式前置判图，引入 RFID 技术对海运分运行李实施自动追踪监管。自贸区建成 108 道智能化卡口，一线进出境货物自动快速验放比例稳定在 90% 以上，达到发达国家海关水平，车辆平均过卡时间从 6 分钟缩短至 15 秒。

五是强化口岸管控，筑牢国门安全堤坝。坚决打击枪支弹药、毒品、反宣品、洋垃圾等危害国家安全、生态安全、人民生命健康、社会公共利益的走私违法活动，2017 年立案数和案值同比分别增长 17.7% 和 77.8%。加强与检验检疫、海事、边检、安检、消防、环保等部门联系配合，建立健全口岸安全联防联控工作机制。加强进出口监测预警和统计分析，完善外贸出口先导指数，实施针对性调研分析和联合防控，2017 年共查发涉嫌虚假贸易线索 20 起。坚持人防、物防、技防并举，做好监管现场反恐防暴工作，营造安全稳定的口岸环境。

二、不断优化服务，打造最高水平贸易便利化高地

习近平总书记强调，“推动形成全面开放新格局。实行高水平的贸易和投资自由化便利化政策，全面实行准入前国民待遇加负面清单管理制度，大幅度放宽市场准入，扩大服务业对外开放。赋予自由贸易试验区更大改革自主权，探索建设自由贸易港”。这些新部署都与海关工作直接相关。上海海关继续在监管服务体制上“革自己的命”，使改革发展成果更多、更公平地惠及广大企业和人民群众，更好地服务新一轮高水平对外开放。

一是流程删繁就简，通关效率有了新提升。深入落实供给侧结构性改革和“放管服”改革各项部署，先后取消行政审批事项 11 项，取消进出口环节经营性收费 8 项，下放核批权限、减少核批环节 74 项。推进“双随机”改革，“查验随机自动派单”率保持 100%。开展上海海运口岸政府承担查验作业服务费试点，累计为 6.9 万家“查验无问题”企业免除费用 3.5 亿元。扎实推进全国通关一体化改革，制定业务联系配合办法，打造上下贯通、指挥灵便的管理和作业系统。2017 年上海海关提前实现压缩进出口通关时间 1/3 的目标。

二是管理集约高效，改革红利有了新释放。扎实推进“三互”大通关改革，参与上海国际贸易“单一窗口”39 个项目中的 21 项，95% 以上货物和所有船舶实现“一点接入、一点反馈”。实现关检合作“三个一”关区全覆盖，“一次申报、一次放行”占报关单总量八成以上，“一次查验”率达 100%。融入地方商事制度改革，实现企业注册登记“7 证联办”。深入推进“互联网 + 海关”建设，在全国率先推广“12360 服务号”和微信应用平台，在线为企业、个人及关员提供信息订阅、交流互动、业务查询等便捷服务。上海海关“深化作风建设、改进窗口服务”事例入选全国“点赞”政务大厅。

三是贸易便利自由，营商环境有了新改观。主动对接“五个中心”（国际经济、金融、贸易、航运中心、科技创新中心）建设，营造稳定公平透明、可预期的跨境贸易营商环境，为稳住出口、扩大进口发挥好海关作用。通过推进

通关无纸化、自报自缴、税单无纸化等改革，上海关区通关作业无纸化率超过95%，税收电子支付率为95.7%。加强关港合作，邀请跨国机构作为独立第三方，组成联合工作团队，对从船舶靠泊到货物提离全过程的各时间节点和经费分摊方式进行全息扫描分析，从流程再造、时间节点重组、经费精减等方面研究制定整改措施。

四是聚焦国家战略，服务开放有了新成效。①服务自贸区和自贸港建设。研究制定了建立海关综合监管新模式、实施贸易便利化新规则、创新服务贸易管理新机制等6大类23项具体措施，深入推进自贸区3.0版；按照“一线不申报、不征税、不统计，区内企业自由中转、自由存放、自由加工、自由交易”原则制定了自贸港建设方案，同时制定配套实施细则和操作办法。②服务科创中心建设。撤并南汇关区，实现浦东关区与南汇关区整合，成立了全国首个科技创新促进服务机构，海关建立面向上海市所有科创主体的统一平台。开辟战略性科研项目免税特快通道，实现进口急需物资“次日取单”，2017年共为科创项目减免税款7亿余元。③服务“一带一路”建设。以举办中国进口博览会为契机，用上海智慧打造全球贸易新平台，构筑跨境贸易新标准，实现“市场向国际开放，进口向上海集聚，通关向智能提升”的美好愿景。与相关部门共同制定了监管服务便利化方案，全力做好“6+365”会展服务。

三、全面深化改革，在更高层次上推进强化监管与优化服务有机统一

党的十九大确定了全面深化改革的总目标是完善和发展中国特色社会主义制度、推进国家治理体系和治理能力现代化。海关改革是全国改革的重要组成部分，我们必须把握好全局和局部的关系，以习近平新时代中国特色社会主义思想为指导，把建设新时代中国特色社会主义现代海关，实现海关治理体系和治理能力现代化，作为新时代海关全面深化改革的总目标，全面推进管理思想、管理制度、管理模式、管理手段、管理能力现代化，为中国海关发展贡献智慧。

（一）以人民利益为中心，突出“三个同步推进”的改革新思路

当前，我国社会的主要矛盾是人民日益增长的美好生活需要和不平衡不充分的发展之间的矛盾。这一矛盾同样体现在海关工作中，国家、社会、企业和广大人民群众对海关全面高效履职的要求越来越高。同时海关改革发展不平衡、不充分的新情况也不断出现，包括信息化应用水平不平衡，资源配置使用效率不够充分；各区域、各层级、各海关改革发展不平衡，整体效能体现不够充分；

监管服务水平有待进一步提高，企业和人民群众的获得感不够充分等。

解决好这些问题，需要我们坚持把人民利益摆在至高无上的地位，以问题为导向，深入查找差距短板，开放搞改革，开门搞改革，协同搞改革，在更高层次上推进强化监管与优化服务的有机统一。要突出“三个同步推进”：一是强化监管和优化服务同步推进。监管是海关改革的前提和基础，要在管得住的基础上更好地方便人民群众和广大进出口企业，既不能以放松监管优化服务，也不能以弱化服务强化监管。二是坚持科技创新与制度创新同步推进。创新的核心在科技、制度，要破除一切不合时宜的思想观念和机制弊端，使“两个轮子”相互协调、持续发力，最大限度释放创新活力，让人民群众切实感受到海关改革的红利。三是坚持海关治理体系和治理能力现代化同步推进。这一总目标组成一个有机整体，就是要建成系统完备、科学规范、运行有效的中国特色社会主义海关制度体系。

（二）以全球贸易链为基础，打造跨境贸易的智慧通关新模式

国际贸易必然涉及货物在国与国之间的流动，一个国家的出口，也是另一个国家的进口。海关的管理从以往关境线上，向境内延伸、向境外拓展，今后要思考通过信息化手段，做到贸易链、供应链、物流链跨境信息共享和大数据应用下的企业精准“画像”，有效解决海关监管局部化、碎片化问题，实现全景式、全息式监管。根据总署关于新一代信息系统（智慧海关）的建设部署，上海海关结合工作实际，探索打造上海跨境贸易智慧通关的全新模式。

通过构筑跨境贸易大数据平台，将进出口商交易信息、承运商物流信息、港务（机场）当局服务信息、银行支付信息接入。贸易商既可以通过平台签订交易合同，也可以通过 ERP 系统将交易信息接入平台，提前完成合同信息向海关等监管部门备案；交易双方在完成合同货物装箱、装船后，即时发送物流信息到平台；起运后，进口商向海关提前申报；货物到港前，海关等监管部门完成全部数据比对、风险分析、征税统计及其他相关作业，对无风险、低风险货物，船舶靠泊后实行船边直接提离。这一平台把海关“未知”变为“已知”，通过“好人举手”，凡诚信守法企业的进出口货物，都能在无干预、无停滞环境下实现无障碍通关。

（三）以进出境企业为单元，建立公平正义的信用管理新机制

海关作为执法部门，必须落实国家总体安全观，维护国家主权、安全、发展利益，运用法治思维和法治方式全面履行职责，通过公平、公正、公开执法，全过程可追溯，保证各类主体平等参与市场竞争，让人民群众和广大进出口企业感受到公平正义。

海关由传统的以货物为管理单元转变为以进出境企业为单元，完善纳税企业风险画像，发挥信用管理的核心引领作用，在通关中体现差别化管理措施，实现“由企及物”。建立前、中、后道各环节信息共享共用、联动作业的模式。事前，引入大数据、人工智能应用技术，研究非结构化数据分析技术，统筹开展综合风险研判、处置与联合验证。事中，建立完善规范统一、高效透明、可预期的监管程序，推进海关监管区（场所）、查验场地、卡口等标准化和规范化管理，探索应用新技术智能装备实现“机器代人”，加强对货物全流程监管，厘清物流底账。事后，落实“选查处”相分离，推进“多查合一”，统筹开展属地企业常规稽核查、指令性专项稽查，加强稽查、缉私部门协作，形成后续验证合力。

（四）以内外一体化为路径，构建协同推进的通关管理新架构

全国通关一体化和全球经济一体化发展，使国家、区域之间的产业链、贸易链、创新链融为一体，由新一轮科技革命和产业革命催生的向“微笑曲线”两端延伸新业态、新产品和新商业运作模式，需要包括海关在内的各级政府主动适应，用一体化的思维强化监管、优化服务，培育经济发展新动能。

一是全面推进全国海关通关一体化改革。上海海关将主动对接“两中心”，着眼于打破关区部门壁垒，实现全国海关如一关，细化落实基于安全准入的风险防控、税收征管改革、隶属海关功能化改造等配套措施和各环节联系配合机制，推动一体化整体作业链条顺畅运行，不断提升企业和基层关员获得感。二是加强跨层级、跨部门、跨区域协调配合。继续推进“三互”大通关和国际贸易“单一窗口”全国口岸覆盖，实现“管多道的合成一道，多口管的合成一口，程序多的切实减下来”。加快“互联网＋海关”建设，构建在线公共服务平台，打造“指尖上的海关”，让数据多跑路、群众少跑腿。三是推进与“一带一路”沿线国家互联互通。以《贸易便利化协定》为范本，探索贸易便利化标准、流程和平台对接的实现方式，推动建立畅通便利的贸易环境。四是协同促进新型贸易业态发展和产业结构转型升级。对维修再制造、集成电路设计、生物医药研发、国际会展、国际中转集拼、跨境电商、保税展示交易等战略新兴产业，建立完善配套监管模式，联动抓好制度创新和复制推广。

（五）以党的政治建设为统领，打造凝心聚力的坚强战斗堡垒

党的十九大明确党的建设总基调是“全面从严治党永远在路上”，强调党的政治建设是党的根本性建设，决定党的建设方向和效果，其首要任务是坚决维护党中央权威和集中统一领导。联系海关工作，就是要求所有党员旗帜鲜明讲政治，在政治立场、政治方向、政治原则、政治道路上始终同党中央保持高度一致，把维护核心、捍卫核心、追随核心作为思想和行动自觉，做到知行合一。推进“两学一做”学习教育常态化、制度化，以“不忘初心、牢记使命”的忠诚投身于海关改革创新。对标最高标准、最高水平开展大调研，联系实际抓好细化落实。突出基层党组织政治功能，把党支部建成领导改革建设、团结凝聚干部、推动创新发展的坚强战斗堡垒。各级领导干部要带头树立永不懈怠的精神状态和一往无前的奋斗姿态，敢于直面矛盾、勇于担当负责，锻造过硬的政治素养，提升抓管理、带队伍和深化改革、攻坚克难的能力。

以“五关”理念为指引　努力建设新时代中国特色社会主义现代化海关①

2018年初，海关总署以习近平新时代中国特色社会主义思想为指导，提出了“政治建关、改革强关、依法把关、科技兴关、从严治关”的新理念，深刻阐述了新时代海关的政治使命、历史任务和实践要求。准确领会“五关”理念，并以此勾勒出新时代海关工作思路，指导具体工作实践，是当前海关系统贯彻落实习近平新时代中国特色社会主义思想的首要任务。

一、充分认识“五关”理念对现代化海关建设的重大指导意义

“政治建关、改革强关、依法把关、科技兴关、从严治关”理念的提出，是海关总署党组在习近平新时代中国特色社会主义思想指引下，对海关发展和履职规律认识的升华，是贯彻中央大政方针理论自觉和行动自觉的直接反映。其中，政治建关是灵魂，是统帅，是海关总署党组带领全国海关坚决在政治立场、政治方向、政治原则、政治道路上同以习近平同志为核心的党中央保持高度一致的政治站位和行动准则；改革强关是动力，是路径，是海关总署党组保持全面深化改革的战略定力，是重新出发构建全面开放新格局的冲锋号；依法把关是根本，是基石，是海关落实总体国家安全观、强化监管优化服务、践行人民海关为人民的神圣职责；科技兴关是手段，是支撑，是海关把握高质量发展的根本要求，对标国际最高水平，实现海关发展的质量变革、效率变革、动力变革的核心战斗力；从严治关是基础，是保障，是海关把握新时代党的建设总要求，努力建设新时代中国特色社会主义现代化海关的坚强保障。由此可见，“五关”理念在对海关理论和实践成果进行科学总结和发展的基础上，业已形成内

① 刊于海关总署研究中心编印的《领导参阅》2018年第12期。

涵深刻、逻辑严密、完整统一、相互贯通的科学理论体系。深刻领会“五关”理念理论价值、实践意义和根本立场，对于建设新时代中国特色社会主义现代化海关具有重大而深远的意义，应成为在新的历史起点上进一步开创中国特色社会主义现代化海关新局面必须长期坚持的指导思想。

二、准确把握全面践行“五关”理念的实践要求

全面践行“五关”理念，首先要领会和把握“五关”的实质。从哪里出发？以什么样的标准？有什么样的精神状态？这是全面践行“五关”理念首先要厘清的问题。

（一）把全面践行“五关”理念作为海关贯彻落实习近平新时代中国特色社会主义思想最深刻的实践

“政治建关、改革强关、依法把关、科技兴关、从严治关”理念的提出是海关总署党组融会贯通、真学实用党的十九大精神所形成的重大理论成果的集中体现，折射出习近平新时代中国特色社会主义思想光辉。海关全面践行“五关”理念就是海关系统贯彻习近平新时代中国特色社会主义思想最大、最重要的实践。我们要准确把握“五关”理念的继承性、创新性、时代性、指导性，切实以此统领海关改革发展。通过政治建关，把党的领导贯穿各项工作过程，确保政治过硬、绝对忠诚；通过改革强关，拓展改革广度和深度，在重点领域和关键环节取得突破性成果，争当改革创新的排头兵、先行者；通过依法把关，在法治轨道上同步加强监管和服务，既严格履行法定职责，确保监管到位，又文明执法、高效服务，维护好国家和人民群众的根本利益；通过科技兴关，统筹推进科技和制度创新，不断强化业务和科技融合，以科技创新引领全面创新，为海关现代化建设提供强大支撑；通过从严治关，做到信念过硬、政治过硬、作风过硬、能力过硬、责任过硬，打造忠诚干净担当的准军事化海关纪律部队。

（二）以“大对标、大调研”为抓手，设定全面践行“五关”理念的工作起点

“五关”理念是启航新时代海关事业的全新蓝图，出发之前要先弄明白从哪里来、到哪里去。习近平总书记指出，没有调查，就没有发言权，更没有决策权。全面践行“五关”理念，以“大对标、大调研”为起点既是科学态度，也是内在要求。要坚持需求导向、问题导向、效果导向，对标国家领导对海关的指示和要求，更加准确地把握海关工作在国家发展大局中的方位，提升海关工作的层次和水平。要对标国际最高标准，对标发达国家海关和兄弟单位最高水

平，看到别人的长处，找出自己的“短板”，找准下一轮改革创新的突破点和发力点，巩固和增创新的发展优势。要瞄准企业的痛点、难点、堵点，搞明白企业需要什么、反对什么，拿出“活血化瘀”“疏经通脉”的对症良药，提高企业的满意度，增强企业的获得感。只有跟最好的比，向最好的学，从最薄弱处改，践行“五关”理念，才能站得更高、行得更远。

（三）以脚踏实地、重新出发的精神风貌，全面践行“五关”理念

海关的发展有着光荣传统和光辉历史。但过去的成就不能代表现在，更不能代表未来。历史的创造靠的是海关人一代接一代地苦干、实干加巧干，不能一蹴而就，更不能一劳永逸，我们没有资格也没有理由躺在过去的功劳簿上。一代人有一代人的使命，新的时代要有新的作为，沿着“五关”新理念绘就的蓝图奋勇前进就是当代海关人的使命。2018年是改革开放40周年，习近平总书记强调要“改革再深入”。要接过海关发展的历史接力棒，脚踏实地、重新出发，付出更大的努力，在海关改革发展的新征程中开辟新时代海关的新业绩。

三、把“五关”理念贯穿于海关全部工作实践中

“五关”理念的重大价值突出体现在对海关实践的指导上。我们要坚定方向、保持定力、狠下功夫，把海关总署党组的决策部署落实到具体工作举措中，体现在实际工作成效上。

（一）坚定不移推进政治建关

把学习宣传贯彻习近平新时代中国特色社会主义思想和党的十九大精神作为首要政治任务，全面增强“四个意识”，坚定“四个自信”，坚决维护习近平总书记党中央的核心、全党的核心地位，坚决维护党中央权威和集中统一领导，始终在思想上、政治上、行动上同以习近平同志为核心的党中央保持高度一致。坚持行动自觉、令行禁止，将海关总署党组的决策部署作为工作的重中之重，将海关总署领导的批示要求作为行动的号令，坚决落实、迅速行动，用最短的时间、最有力的措施，取得最大、最好的效果。扎实开展“不忘初心、牢记使命”主题教育，深入推进正风肃纪，切实解决工作效率低、落实速度慢、时限意识不强等突出问题。

（二）坚定不移深化改革强关

深化通关一体化改革，着力发挥“两个中心”（全国海关税收征管中心、风险防控中心）作用，协调推进隶属海关功能化建设和综合保障一体化改革。深

化自贸港海关建设，对标国际最高标准、最高水平，积极在自贸港实施“一线放开”“二线安全高效管住”的贸易监管新机制。深化“一带一路”海关建设，全力做好中国国际进口博览会海关监管服务，推动落实“一带一路”沿线大通关合作行动计划，健全中欧班列通关协调机制，促进沿线供应链安全与贸易便利。深化放管服改革，升级“单一窗口”功能，持续优化跨境贸易营商环境。深化加贸保税监管改革，加快特殊区域转型升级，推进货物状态分类监管、一般纳税人资格试点、选择性征税等改革项目。

（三）坚定不移强化依法把关

发挥法治对海关改革发展的引领、规范和保障作用，运用法治思维和法治方式全面履行职责。推进简政放权，稳步开展行政审批事项的取消下放。持续推进监管作业场所标准化建设，进一步强化联网监控、登临检查、查验等薄弱环节的规范化管理，落实“多查合一”要求，加大科技应用力度，实现行邮监管效能与通关效率的同步提升。实施属地纳税人管理制度，加快推进自报自缴，有序开展税收多元化担保，全力完成年度税收预算目标。瞄准“洋垃圾”、枪支、毒品、农产品、象牙及其制品等重点领域，针对重点走私方式和渠道，开展“国门利剑 2018”联合专项行动，保持打击走私高压态势。

（四）坚定不移实施科技兴关

坚持业务和科技融合，切实提高科技应用效能。探索运用大数据、物联网和区块链等技术，构建包括完整贸易链、物流链等信息的跨境贸易管理大数据平台，积极推动口岸作业流程再造，打造智慧通关新模式。整合优化各类业务和政务信息化系统，加大 X 光机、物项识别仪等设备应用力度，发挥科技设备在强监管、提效率、降成本等方面的作用。大力推行“互联网 + 政务服务”，提高海关办事服务的便利性和透明度。

（五）坚定不移落实从严治关

压紧压实党建责任，促进机关党建与海关业务工作一体推进、有机融合，推动机关党建工作脱虚向实。继续加强反腐败斗争，用好“四种形态”，同步追究主体责任、领导责任和监督责任。推动建立常态化迎审机制，推进内控机制建设，强化风险联防联控。加强干部队伍管理，实施“平时考核”办法，探索建立与践行“五关”新理念相匹配的考核体系。发挥表彰奖励正向激励作用，千方百计提振关警员士气。

海关制度创新和管理变革的伟大实践

——写在洋山特殊综合保税区挂牌之际

设立中国（上海）自由贸易试验区临港新片区（以下简称新片区），是以习近平同志为核心的党中央总揽全局、科学决策做出的进一步扩大开放重大战略部署，是新时代彰显我国坚持全方位开放鲜明态度、主动引领经济全球化健康发展的重要举措。作为自贸试验区创始规划和主要管理部门之一，海关积极参与新片区规划建设，研究思考洋山特殊综合保税区作为对标国际公认、竞争力最强自由贸易园区的建设路径，主动服务新时期国家对外开放战略布局，以实际行动推动上海高水平开放、高质量发展。在新冠肺炎疫情国际大暴发、大流行的大背景下，洋山特殊综合保税区（以下简称特殊综保区）的挂牌运行，意义重大。

一、认识与体悟：充分把握新片区建设对海关职责使命要求

（一）深刻认识新片区建设背景要求

我国进入了新时代，中国经济发展的长期战略机遇期的内涵和条件发生了巨大的变化。新片区承担着改革开放再出发的方向性选择的历史使命。按照习近平总书记在 2018 年首届中国国际进口博览会开幕式上的重要讲话精神，新片区要对标国际上公认的竞争力最强的自由贸易区，选择国家战略需要、国际市场需求大、对开放度要求高但其他地区尚不具备实施条件的重点领域，实施具有较强国际市场竞争力的开放政策和制度，打造更具国际市场影响力和竞争力的特殊经济功能区，主动服务和融入国家重大战略，更好地服务对外开放总体战略布局。

在 2019 年第二届中国国际进口博览会上，习近平总书记对新片区提出“五个重要”的目标定位：“上海自贸试验区临港新片区要进行更深层次、更宽领域、更大力度的全方位高水平开放，努力成为集聚海内外人才开展国际创新协

同的重要基地、统筹发展在岸业务和离岸业务的重要枢纽、企业‘走出去’发展壮大的重要跳板、更好利用两个市场两种资源的重要通道、参与国际经济治理的重要试验田，有针对性地进行体制机制创新，强化制度建设，提高经济质量。”这“五个重要”，从不同层面进一步明确了新片区建设的战略定位、发展目标、实现路径和具体举措，是对特殊经济功能区“全方位高水平开放”内涵的再聚焦、再深化、再明确，是未来新片区建设发展的根本遵循和行动指南。

洋山特殊综保区是临港新片区的核心区，是带动新片区建设和政策制度创新的重要引擎。海关推进新片区及洋山特殊综保区建设，是通过海关制度创新和管理变革，为上海高水平开放高质量发展提供重要制度供给和政策供给的一次具体实践。海关将积极探索并实践具有国际示范意义的海关监管办法和制度体系，推动战略核心产业、关键技术在这一区域集成、集聚，建设更具国际市场影响力和竞争力的特殊经济功能区，服务新时期国家对外开放战略布局，促进形成经济转型发展新动能和国际竞争新优势。

（二）深刻把握新片区及洋山特殊综保区特殊内涵

新片区及洋山特殊综保区的特殊性体现在以下四个方面：

一是特殊的意义。增设新片区是习近平总书记亲自谋划、亲自部署、亲自推动、亲自宣布的，并明确提出了目标定位和发展要求，这既是与全国其他自贸试验区及综合保税区最大的不同，也是新片区最显著的特点。

二是特殊的定位。建设新片区，特别是特殊综保区，就是要把着力点放在发展实体经济上，选择国家战略需要、国际市场需求大、对开放度要求高但其他地区尚不具备实施条件的重点领域，发展集成电路、人工智能、生物医药、航空航天等关键领域产业，这既与全国其他自贸试验区的定位有较大不同，也与其他综合保税区“五个中心”（加工制造中心、研发设计中心、物流分拨中心、检测维修中心、销售服务中心）定位有较大不同。

三是特殊的任务。建设新片区和特殊综保区，是要实施具有较强国际市场竞争力的开放政策和制度，加大开放型经济的风险压力测试，既不是简单的原有自贸试验区扩区，也不是简单的现有政策平移，是全方位、深层次、根本性的制度创新变革。新片区、特殊综保区建设的另一个重要使命就是要眼睛向内，聚焦关键核心技术，重点要立足解决关键产业发展“卡脖子”问题，提升国内战略产业基础能力和产业链水平。

四是特殊的要求。建设新片区，要求上海挑最重的担子、啃最难啃的骨头，发挥开路先锋、示范引领、突破攻坚的作用，为全国改革发展做出更大贡献。上海经济基础好、法治环境优、治理水平高，特别是集聚了较多优势资源，集成了一批优势产业，具备其他地区尚不具备的改革创新条件，这与全国其他自贸试验区开展试点的基础显著不同，也与其他综合保税区发展的要求不同。

洋山特殊综保区是全国首个且唯一的特殊综合保税区，是国家赋予海关在新片区开展监管制度创新的重要平台，海关将在政策制度和监管模式的顶层设计中充分体现洋山特殊综保区的“特殊”定位，充分发挥洋山特殊综保区的独特作用，体现海关坚决贯彻落实习近平总书记重要讲话指示精神、支持新片区发展的坚定决心和使命担当。

二、突破与重构：立足“三个维度”推动建设全新海关监管体制机制

洋山特殊综保区是新片区建设的核心区域，是海关支持新片区建设的主战场。海关对洋山特殊综保区的监管制度较现有的综合保税区海关监管制度更为灵活、开放、便利。要按照海关总署关于“围网区内最大限度地开放，围网区外最大限度地满足产业需求”指示要求，最大限度挖掘海关制度创新潜力，在洋山特殊综保区构建全新的管理理念、模式和制度，做到推进贸易安全和便利的有机平衡，真正实现“管得住、放得开、效率高、成本低”，打造先进的在国际上最具竞争力的海关监管体制机制。

贸易管制、税制安排、监管程序和手续，是衡量一个经济区域开放度自由化和贸易便利化水平的三个重要维度和标尺。对照这三个维度，洋山特殊综保区是目前国家开放水平和贸易便利化程度最高的特殊经济功能区。

（一）取消不必要的贸易监管、许可和程序要求

严守安全底线，在把守国门安全面前无例外、无豁免。对禁止类货物，洋山特殊综保区内任何企业不得进出口。对限制类货物，取消或最大限度简化贸易管制。针对我国现有 42 项限制类贸易管制措施，除因履行国际公约义务需要或涉及核、生、化、爆等国家安全和重大公共利益的货物，确需在“一线”验核监管证件外，其余在“二线”验核。对依法实施检疫的货物，原则上在口岸完成；对入境检验的货物，原则上在“二线”实施。对涉证涉检货物在“一线”或“二线”只验核一次，不重复验核，从而实现最大限度的简化。

（二）实施特殊的税收政策和制度安排

根据《中国（上海）自由贸易试验区临港新片区总体方案》《中华人民共和

国海关对洋山特殊综合保税区监管办法》相关规定，目前在新片区及洋山特殊综保区已享有了一系列税收优惠政策，即在洋山特殊综保区内，境外货物入区保税、境外设备入区免征进口关税和进口环节税、区内货物交易免征增值税和消费税、区内货物出境免征出口关税、区内货物内销按照货物内销时的实际报验状态征税、国内货物入区出口退税；在新片区内，对符合条件的从事集成电路、人工智能、生物医药、民用航空等关键领域核心环节生产研发的企业，实行自设立之日起 5 年内减按 15% 的税率征收企业所得税等税收优惠政策。

从发展看，为更好地促进洋山特殊综保区与新片区围网外区域政策联动、协同发展，应当重点研究如何充分利用洋山特殊综保区“唯一”“特殊”的地位，进一步发挥税收政策在支持新片区重点产业、重点企业发展方面的牵引带动作用，通过税收、监管制度创新，努力为新片区早日在国家战略产业核心领域关键环节取得突破创造良好的税制环境。

一是特殊税制安排。对国家战略需要、国际市场需求大，对开放度要求高，但其他地区尚不具备实施条件的重点领域的相关企业，其在洋山特殊综保区内加工制造、增值达到一定比例并销往国内市场的货物享受特殊的税收政策和便利的监管制度，免征进口关税、免予验核相关监管证件，促进区内加工制造产业高质量发展，提升国内产业基础能力和产业链水平。

二是创新“点面结合”监管制度，探索建立主分区制度。对新片区规划范围内、洋山特殊综保区外的集成电路、人工智能、生物医药、民用航空等企业，建立以新片区陆域海关围网外战略性新兴企业或企业集群为点，以海关围网区域为面，点面结合、灵活施策的主分区制度和对应的海关监管方案，实施一企一策的海关监管制度，企业享受洋山特殊综保区税收政策。

推进落实上述两项制度，加强新片区围网内外政策联动，将有助于更好地聚焦关键核心技术，解决好产业发展“卡脖子”问题，帮助企业更好地利用两个市场两种资源，统筹发展在岸业务和离岸业务，推动新片区引领前沿产业发展、承载实体经济能级提升，成为我国对内对外开放的核心枢纽。

（三）重构全新监管程序

在新片区构建全新的海关监管制度框架，聚焦关键政策、整体突破、市场主体需求、重点产业发展，进一步从洋山特殊综保区海关监管政策制度方面，加快形成差别化的创新成果。主要考虑如下：

一是在一线进出境环节，突出“一线放开”，除法律法规要求必须进行申报的外，对于不涉证、不涉检的货物，采用径行提货、发货模式。

二是在二线进出口环节，将目前综合保税区的区内外企业双侧申报，改为区外企业单侧申报，区内企业免办申报手续。

三是在区内管理上，海关取消账册管理，免于手册核销、单耗管理等海关常规监管。货物在洋山特殊综保区内不设存储期限。对区内企业实行企业自律管理，区内企业可依法开展自由中转、自由存储、自由加工、自由交易，海关不干预企业正常经营活动。

四是在统计制度上，改变原有实时、逐票统计的方式，采取由区内进出口收发货人按月向海关汇总传输上月进出境货物汇总统计表的方式。

通过对洋山特殊综保区实施更高水平的贸易自由化、便利化政策和制度，进一步加强新片区围网内外政策联动，推动新片区引领前沿产业发展、承载实体经济能级提升。

三、路径与方法：以大数据构建智慧监管新格局

以账册管理、物理围网、进出卡口为标志的传统监管模式，终将让位于以大数据、物联网、区块链为特征的大数据监管模式。洋山特殊综保区是当前国内开放度及贸易便利化程度最高的特殊经济功能区。洋山特殊综保区以及新片区的海关管理变革，大数据应用是核心驱动力。

（一）让数据从“无形”到“有形”

就传统区内管理而言，账册管理以及基于账册的手册核销、单耗管理是海关核心管理手段。在洋山特殊综保区内，为了最大可能不干预企业正常经营活动，海关取消了账册管理，监管所需的数据由纸面化为“无形”。

海关管理变革的第一步，即通过构建海关监管大数据池，让散落于企业日常经营方方面面的数据从“无形”到“有形”。该大数据池由海关主导，以海关跨境贸易管理大数据平台为核心，以新片区一体化信息管理服务平台为桥梁，实时对接区内企业ERP/WMS系统，以区内企业为单位，建立企业户头，动态汇集企业全生命周期全流程闭环、内外部所有信息数据，实现海关系统不设账、企业底账有据可查的基本目标。在此基础上，通过物联网及互联网进一步拓展数据源，延伸纳入境外物流数据（如AIS航运数据、FTA成员国数据、舱单数据等）、跨行业数据，以及智能设备或系统产生的动态数据，构建串联起全球贸易链、供应链、物流链的海关监管大数据池。

让数据从“无形”到“有形”，海关除了构建“有形”的数据池外，还将借助数据驱动，通过对企业进出口规律、产供销关系以及生产环节等各类数据信息的交叉分析，全息呈现区内企业的精准画像，实现对高风险目标的精准锁定、对高资信企业的无感监管。

（二）让围网从“有形”到“无形”

物理围网、进出卡口是传统海关特殊监管区域的典型标志。而在洋山特殊综保区内，海关将在围网周界、进出卡口设置电子围网，通过智能识别、物联网感知和后端监控软件相结合，实时获取特殊综保区内运输工具、集装箱、货物、人员等全方位动态数据，对货物、人员、车辆、危险源进行精准预判，实现对洋山特殊综保区内货物、人员流向的实时追踪、自动管控。从“有形”到“无形”，物理围网将逐步让位于电子围网，借助大数据应用，使海关监管更加智能、高效。

（三）让红利从“区内”释放到“区外”

在特殊综保区内大数据应用相对成熟的基础上，海关将探索逐步将新片区规划范围内、洋山特殊综保区外的战略性新兴企业或企业集群纳入海关大数据管理视野，应用智能、无感、自动监管，同步享受洋山特殊综保区内的税收政策和制度安排，在新片区整体范围内，完整构建基于大数据的智慧监管新格局，让红利从“区内”到“区外”，最大限度释放特殊综保区制度创新及海关管理变革红利。

四、展望与结语

加快推进新片区建设既是习近平总书记交给上海开放发展的三项重大任务之一，也是海关工作的重要着力点。历史性机遇来之不易，在这个属于改革者、奋斗者的伟大时代，海关必须更加自觉地从服务国家战略的高度思考谋划，以永不懈怠的精神状态和一往无前的奋斗姿态，主动作为、积极作为、创新作为、有效作为，在落实国家战略中构筑起海关的鲜明特征和独特优势，真正实现“管得住、放得开、效率高、成本低”，为推动新一轮高水平对外开放做出海关新贡献。

经济贸易篇

重返 GATT：中国经济加速进入世界市场①

关税及贸易总协定（GATT）是一个以法律形式出现的多边贸易体制条约，简称关贸总协定。它全面系统地制定了一整套调整国际贸易和贸易关系的准则与程序，并确立了成员国之间的权利和义务。当今世界国际贸易 90% 都是在这一框架体系中实现的。关贸总协定所制定的规则已为世界上越来越多的国家所遵循。关贸总协定能够产生并不断得到发展，一方面，它迎合了世界大多数国家在发展国际贸易方面的共同需要；另一方面，它以特有的适应性和灵活性，恰如其分地处理了其成立以来所遇到的各类复杂问题，解决或正在解决"二战"后日益严重的非关税壁垒、服务贸易、知识产权保护，乃至投资、环境保护等一系列难题。但是，真正使关贸总协定得以生存和发展的秘诀还在于它提供了一套协调各国贸易关系的基本规则和争端解决机制。这些基本规则包括：①最惠国待遇，又称非歧视贸易规则；②一般禁止数量限制规则；③关税保护规则；④公平竞争的规则；⑤提携发展中国家规则；⑥例外规则。此外，关贸总协定还规定了一般例外和公共安全例外。各种例外规则的设定，不但没有使关贸总协定的主要规则失去作用，反而更有效地确保了各重要规则有效地发挥作用。实践证明，例外条款是关贸总协定长期生存、稳定发展的"安全阀"。

一、重返 GATT——中国经济改革的催化剂

从 20 世纪 80 年代初起，我国恢复与关贸总协定的接触。1986 年 7 月，我国政府正式向关贸总协定提出恢复我国缔约国地位的申请，同时提出了重返关贸总协定的三原则，即恢复缔约国的合法席位、关税减让、坚持发展中国家地位。接着，按照惯例，关贸总协定开始了对中国外贸制度的审议。

关贸总协定对中国政府递交的《中国对外贸易制度备忘录》（1987）、《中国

① 刊于《海关研究》1993 年第 4 期。

对关贸总协定缔约国就〈中国对外贸易制度备忘录〉所提问题答复》(1987)进行审议后认为，中国经济制度和外贸制度尚有许多方面与关贸总协定有关条款和原则存在差距。中国如需恢复在关贸总协定的缔约国席位，就必须对中国外贸制度及相关的经济体制进行改革，对不能立即做出改革的需提供承诺改革的时间表。根据总协定的审议，中国外贸制度与经济体制的差距及需要进行的改革主要如下：

（1）中国有计划的商品经济体制与总协定要求的市场经济体制不协调。中国应当进行以市场经济为导向的经济体制改革，为建立公平竞争的自由贸易体制创造条件。

（2）以国内市场和产业保护为目的的进出口许可制度不符合总协定关于数量限制一般取消、消除非关税壁垒等基本原则，中国应当改革许可制度，缩小实行许可制度的商品范围，提高许可证申请、审批程序的透明度。

（3）按外汇计划对国内外贸公司分配外汇配额和外汇留成制度构成了非关税壁垒。

（4）中国的外汇计划和许可制度缺乏透明度。

（5）中国多种经济制度并存，既影响中国国内政策法规在全国的统一实施，也影响总协定条款在中国全面统一的实施。

（6）多重贸易限制措施的存在及透明度的缺乏，以及关税在外贸体制中的非核心地位，使外国厂商难以适应，同时构成了非关税壁垒。

（7）国家控制外贸经营不符合总协定的自由贸易原则。

（8）统计制度提供有限的统计资料尚不能使各缔约国较全面地熟悉和掌握中国外贸制度。

从形式上看，总协定缔约国是对中国外贸制度进行审议，究其实质，审议的范围已远远超出了外贸制度本身，许多问题涉及计划、价格、税收、金额、技术标准等广泛领域，需要对整个经济体制进行改革才能解决。

中共十四大明确提出，我国经济体制改革的目标是建立社会主义市场经济体制。围绕社会主义市场经济体制这一目标模式所推出的一系列改革措施，将从根本上缩短中国外贸制度和经济制度与关贸总协定原则的差距，从而为中国重返关贸总协定铺平道路。

二、重返 GATT 必将全面推动中国经济加速走向世界市场

现在人们更为关切的是，关贸总协定究竟能给我们带来什么、中国的企业将面临怎样的挑战，以及政府将有何作为等一系列基本问题。

（一）市场：进一步国际化

在关贸总协定对中国外贸制度进行审议的过程中，中国政府已经承诺在比较短的时期内把我国现在的关税水平从 42.5% 降至 13.0% 左右。同时，还承诺在最近的 3 年中，把进口许可证商品的数量在现有基础上削减 2/3，并改革许可证的申请和审批程序，提高透明度。此外，按照关贸总协定关于非歧视的国民待遇原则的规定，当缔约国一方的商品被征收关税进入另一缔约国关境后，即享受与该国国内商品同等待遇，加上总协定关于取消数量限制的原则规定，把我国现行建立在计划、进口许可证和高关税基础上的市场壁垒几乎全部打破。尽管总协定所设定的一系列例外条款可以援引，但都必须在总协定的严格监督下进行。这样，重返总协定以后，中国市场的国际化不可避免。

中国市场国际化，是指决定国内市场商品价格的因素，不再仅仅是生产成本和国内市场的供求关系；中国商品不但要在国际市场上与外国商品进行竞争，而且要在国内市场上与外国商品短兵相接；国内市场将与国际市场连动，国际市场的波动将直接波及国内市场。为此，必须尽快实现国内市场的统一。应建立信号准确、反应灵敏、功能健全、运行顺畅的市场信息系统；改革现行价格机制，使商品的价格成为真实反映商品价值和市场供求关系的经济信号。同时，发挥财政、信贷、税收对市场的调节作用，间接调动市场。

（二）企业：机遇与挑战并存

重返关贸总协定多边贸易体制可以：①使我国产品在总协定 100 多个缔约国家和地区市场享有多边的、无条件的、稳定的最惠国待遇；②在制成品出口发达国家市场时，享受“普惠制”的特殊优惠待遇；③利用总协定的贸易争端解决机制，保护我国企业在国际市场上的利益，防止一些国家借假反倾销、反补贴的名义，歧视我国企业产品；④为我国企业发展跨国经营提供机遇。

机遇固然可喜，挑战也不可轻视。在中国恢复缔约国席位的同时，中国也必须对总协定承担义务：削减关税，逐步取消非关税壁垒，增加贸易透明度，开放服务贸易市场，扩大对知识产权的保护范围，放宽对引进外资的限制，等等。中国国内市场的国际化，使中国企业不得不走出已经习惯了的超级保护伞，

面对更为严酷的市场竞争。据有关专家分析，入关后受冲击最大的无疑是高技术和技术密集型产业，轻纺等一些劳动密集型产业所受的冲击则比较和缓。但总体来说，我国各个产业都将受到不同程度的冲击。据专家预测，中国将有 1/3 的企业因生产规模小、产销不对路以及生产工艺和设备落后等原因陷入困境，最终不得不退出市场。面对国内市场国际化的挑战，中国企业必须紧紧跟上，努力实现企业经营国际化。①在经营思想和战略上，必须牢固树立国际市场观念：充分利用国内相对廉价的劳动力资源，积极利用国外资金技术和先进的管理经验，大力发展加工贸易，发挥我国的比较优势；同时，应针对世界经济区域化、集团化的趋势，通过在当地投资设厂等办法进入当地市场。②在经营规模上，应追求规模效应，大力发展企业集团和跨国公司，形成适合国际市场竞争需要的合理规模，提高产品在国际市场上的竞争能力。③根据当今国际市场产品周期短、更新快的特点，及时跟踪国际同类产品生产发展趋势，加速技术更新，开发适销对路的产品。④提高专业化服务水平，尽快形成适合国际市场竞争需要的综合性国际商社，营建全球销售网络，提高本国产品打入国际市场的能力。

（三）政府：用国际惯例调动市场

为了尽快重返关贸总协定，以及在重返关贸总协定之后，确保中国经济在世界市场的有效运作，中国政府应当用国际惯例调动国际、国内市场，按照本国经济发展的需要有效调节进出口，加速我国经济的成长与发展。

1. 加速市场经济体制建设进程，使之与总协定的基础相一致

在当前，我国在市场经济下，充分发挥市场在国家宏观调控下对资源配置的作用，遵循价值规律的要求和供求关系的变化，把资源配置到效益较好的环节中去。运用各种经济信号，促进生产和需求的及时协调。同时，按照经济规律的要求，运用好经济政策、经济法规、计划指导和必要的行政管理。从体制上和运行方法上尽快缩小与总协定原则的差距。

2. 改革进出口体制，用国际贸易规范调节进出口活动

（1）改革计划体制。在出口方面，现阶段除少数国内大宗性资源及战略性资源外，应全部放开经营。在进口方面，用中央外汇实施指令性进口计划范围和数量要进一步减少。同时，也要减少和取消行政性审批，使企业真正成为自主经营、自负盈亏的独立法人。

（2）改革配额许可证制度。我国已经对外做出承诺，在 3 年内把现有进口许可证减少 2/3。出口许可证方面，有些属主动配额，有些则属被动配额。除进一步减少主动配额许可证外，对被动配额实行有偿使用，通过拍卖等方式，用市场原则公平分配配额。

（3）在进口计划行政性审批和许可证大幅度削减以后，主要将通过关税来调节进出口。为此，必须调整关税结构，取消不合理的减免优惠，同时，建立关税率与汇率的有机调节机制，使关税的调节作用得到更充分、有效的发挥。

3. 统一政策、法规，提高国际贸易透明度

第一，要对现行从中央到地方的政策法规进行清理，坚决取消与国家经济发展战略相抵触的政策法规；第二，对现行大同小异、五花八门的开放地区进行简化，同时，对政策法规进行相应的分类简化；第三，提高政策法规的透明度；第四，科学运用政策，提高决策的科学化、民主化水平；第五，提高中央政策的权威地位，防止和减少政策扭曲；第六，改变习惯于用红头文件调节经济的做法，逐步学会用法律规范、调动市场的能力。

4. 加强产业诱导，促进我国产业国际化

我国重返关贸总协定以后，不合理的产业结构对经济的制约因素日益明显地暴露出来。我国产业发展的国际化十分紧迫，一要符合国际分工的原则，发挥一国产业的比较优势；二要建立有利于国内合理的产业结构体系。根据这两条原则，我们必须为一些有关国计民生的重要产业和处于成长期的新兴产业提供适度的保护；对比较成熟且具有比较优势的产业，则坚决放开，积极推向国际市场，同时，放开一部分市场促进我国产业结构合理化，利用国际产业转移规律，加快技术引进和技术改造，发展优势产业，提高我国产品在国际市场上的竞争力。

5. 改革国内税制，实现公平税赋

我国税制改革，从宏观方面看，两步利改税到位后，目前正朝着分税制方向发展；从微观方面看，任务更加艰巨。首先，要科学合理地确定税种和税基，完善征管技术，改变初级产品和制成品，特别是深加工、高附加值产品之间税赋不公平现象。从进出口环节看，应尽快完善出口退税制度，改变一些产品名义税赋与实际税赋不一致的现象。其次，应进一步规范清理各地减免税政策，改变各地因竞相攀比所出现的混乱现象。最后，统一工商统一税和国内产品税增值税，消除税率差，实现三资企业与国内企业的公平税赋。

6. 大力发展第三产业，逐步开放服务贸易

服务贸易是乌拉圭回合多边贸易谈判的新议题。这是当今世界贸易重心开始由商品贸易向服务贸易逐步过渡的必然结果。据学者分析，第二次世界大战以来，由于技术进步，生产力发展水平的提高，人们的消费需求层次也不断提高，服务贸易迅速得到发展。当今世界货物贸易达 4 万亿美元，服务贸易则为 9000 亿美元，是货物贸易的 22.5%。但服务贸易的发展速度远快于货物贸易的增长速度。世界各国越来越看好国际服务贸易市场。按照乌拉圭回合的《服务贸易多边框架协定（草案）》的解释，服务贸易具有跨越国界提供服务、消费者跨越国界的流动、生产要素跨越国界的流动三个特性。一般认为，服务贸易应包括：①国际运输；②国际旅游；③跨国银行、国际融资公司及其他金融服务；④国际保险和再保险；⑤国际信息处理和传递、计算机及资料服务费；⑥国际咨询服务；⑦建筑和工程承包等劳务输出；⑧国际电信服务；⑨国际租赁；⑩维修和保养、技术指导等售后服务；⑪ 国际视听服务；⑫ 教育、卫生、文化艺术的国际交流服务；⑬ 商品批发零售服务；⑭ 其他官方国际服务等。为了迎接国际竞争的挑战，确保我国在国际服务贸易市场中占有应有的地位，应当采取如下对策：

（1）加强研究和宣传，明确服务贸易在世界贸易中的重要地位及广阔前景，激发国内企业发展服务业的积极性。

（2）制定服务业发展战略，大力发展服务业。我国应按比较优势原则，重点保护发展国际航运、国际工程承包、航空运载火箭、旅游等重要产业，从财政、信贷及税收等方面提供符合国际规范的支持和保护，进一步提高其在国际市场的竞争力。

（3）发展第三产业，按照市场原则，鼓励发展横向联合，形成企业集团，提高国际竞争能力。

（4）加强服务贸易的立法工作，用法律规范服务贸易的正常发展。

（5）培养跨国经营人才，努力开拓国际市场。

7. 完善立法、建立知识产权的边境管理制度

关于知识产权的保护是近年来以美国为首的发达国家比较热门的课题。按照乌拉圭回合知识产权协议草案的规定，知识产权保护的范围包括：①版权及有关权利；②商标；③产地标志；④工业设计；⑤专利；⑥集成电路设计；⑦未泄露信息的保护。我国国内立法除已有版权法、商标法、专利法以外，对产地标志、工业设计等方面均无立法，而且现有的几部法律中，也缺少边境管理等保护措施，所以，与协议的要求尚有较大的距离。为了协调我国知识产权保护与协议条款的衔接，政府应抓紧做好以下几方面的工作：①对尚无国内立法保护的知识产权，抓紧立法；②修订已有立法，使之与国际惯例相协调；③制定包括反假冒商品贸易在内的知识产权边境管理规定，完备有关实施知识产权保护的行政、司法程序；④利用关贸总协定贸易争端解决机制，保护我国合法利益，反对承担超出协议标准的义务。

加工贸易管理的两难困境与模式选择①

一、我国加工贸易的起源和发展

1978 年 8 月，广东省签订了第一份毛纺织品的来料加工协议，在珠海创办我国第一家加工贸易企业，标志着我国发展加工贸易的开端。同年，我国颁布了《开展对外加工装配业务试行办法》(俗称“二十二条”)，从政策和法律上确认了这种新的贸易方式。从第一个加工贸易合同签订到今天，我国加工贸易的发展大致经历了 4 个阶段：

1978 年至 1986 年上半年，加工贸易的起步阶段。以来料加工和加工装配业务为主，主要集中在广东、福建地区，占全国加工贸易总量的 90% 以上。

1986 年下半年至 1988 年，加工贸易的规范发展阶段。从 1986 年开始，随着日元大幅升值及国际市场行情变化，中央号召要抓住机遇，“大进大出”、加速发展“两头在外”的加工贸易。1987 年，国务院办公厅转发经贸部《关于抓住有利时机进一步发展来料加工装配等业务请示的通知》，海关总署等 4 部门印发《关于加强综合管理促进对外加工装配业务发展的意见》的通知等文件；同年，海关总署发布了《中华人民共和国海关关于对外加工装配业务的管理规定》。1988 年，国务院又连续下发了《国务院关于加快和深化对外贸易体制改革若干问题的规定》和《国务院关于加强海关工作的通知》，进一步推动了加工贸易的超常规发展；同年，海关总署制定了《对进料加工进出口货物管理办法》、保税工厂及保税仓库管理办法。此外，在这一阶段，国务院还制定了鼓励外商投资的若干规定，海关制定了《对外商投资企业履行产品出口合同所需进口料件管理办法》，对三资企业开展加工贸易进行了规范。通过这一阶段的规范，加工贸易进入一个规范发展的时期。

---

① 刊于《海关研究》1998 年第 7 期。

1989—1994年，加工贸易超常规发展阶段。外贸体制的改革，经营权的下放，加工贸易深加工结转制度的推行，三资企业的积极参与，特别是1992年邓小平的南方谈话，极大地推动了改革开放的步伐，使我国加工贸易出现了超常规发展的局面。从1989年起，进料加工首次超过加工贸易进出口总值的50%，使原本以赚取工缴费为目的、以“三来一补”为主体的加工贸易性质发生了改变，利用加工贸易渠道进行走私违法的活动迅猛增加。

1995年以来，加工贸易在调整规范中继续持续高速增长。1996年，加工贸易进出口总额在我国进出口贸易总额中第一次超过50%，标志着我国加工贸易发展进入了一个新阶段。这一阶段的特点是国家对加工贸易实行了保证金台账制度，国家对加工贸易加强了控制，对一些敏感商品的加工贸易实行了总量控制和许可证制度。三资企业异军突起，成为发展加工贸易的一支主要力量。

二、加工贸易取得的成就和存在的矛盾、问题

我国加工贸易的发展既受惠于我国改革开放的基本国策，也对我国的改革开放起到了巨大的推动作用。可以说，我国加工贸易的发展与改革开放政策密不可分，已成为我国实施对外开放政策的重要标志之一。20年来，加工贸易的发展为我国经济社会带来了巨大的收益。一是成为我国对外贸易持续快速发展的主要推动力，在我国外贸进出口总额中的比重从20世纪70年代末80年代初的不足10%，到1996年首次突破50%，1997年达到52%，1998年1—5月又上升为53%。从发展趋势看，加工贸易仍有进一步上升的势头。二是加工工业的快速增长极大地促进了我国制造业的发展，纺织、机械、电子、化工等产业都得到了大幅度的增长。三是扩大了就业的规模，据广东省人民政府公布的数据，1997年广东省通过发展加工贸易解决就业1000万人。据海关统计，1997年广东省的加工贸易占全国加工贸易总额的55.3%，大致推算，1997年全国通过加工贸易解决的就业人数应当为1800万左右。四是加工贸易生产的产品大多为国际市场上适销对路的新产品，运用国际上比较先进的生产工艺和技术，改善了我国企业的生产工艺和技术。五是三资企业从事加工贸易的越来越多，特别是许多国际著名跨国公司的参与，带来了一批配套生产企业，带动了上游产业和下游产业的发展，从而也使我国更加广泛地参与国际分工。六是通过承接各类加工贸易合同，国内企业也学习借鉴了国外企业先进的管理经验。七是训练了大批的熟练工人。同时，加工贸易的迅猛发展还带动了当地第三产业的发展，

促进了区域经济的发展。

改革开放以来，我国加工贸易加速发展，取得巨大的成绩，促进了区域经济繁荣，带动了外贸的快速发展，其根本原因在于这一贸易方式适应了我国特定经济发展阶段的特点，弥补了我国改革开放时期资金短缺、技术落后以及国际市场营销网络缺乏等不足，同时又发挥了我国劳动力资源廉价、无限供给的比较优势。我国在税收政策和贸易政策上的大力扶持是促进加工贸易持续、快速发展的直接原因。但是，同任何事物都有积极和消极两个方面一样，发展加工贸易带来的矛盾和问题日益突出，已经成为社会关注的焦点，加工贸易政策和管理受到的批评也越来越多，主要有：

（1）加工贸易发展挤掉了正常贸易，使进口税源萎缩。我国对加工贸易进出口货物实行保税监管制度，即在货物进口时海关保留征收关税和进口环节税的权力，但实际并不征收，或按比例征收 5% 或 15% 的关税，待原材料加工成品出口时核销结案，加大我国对加工贸易生产所需的机器设备和生产工具免征进口关税和进口环节增值税的政策。这样，占进口贸易总额近 50% 的加工贸易进口料件及机器设备基本上都不征税或征收很少的税，外加三资企业投资总额内进口的机器设备免征关税和进口环节增值税等优惠政策措施，1997 年，我国进口贸易总额中实际应税货物的比重仅为 23.4%，1998 年国务院调整进口机电设备税收政策后，1—5 月应税货物比重进一步下降为 19%，其中加工贸易进口货物占进口总额的比重进一步上升到 51.3%。自加工贸易政策实施以来，一些高税敏感商品加工贸易进口明显上升，一般贸易的比重明显下降，1997 年羊毛、成品油的一般贸易进口分别不足 10% 和 15%。进口货物中应税货物比例大幅度减少，税基萎缩，影响我国财政收入。

（2）加工贸易的管理模式与监管手段不相适应，加工贸易成为走私的重要渠道。世界各国对加工贸易的管理模式：一是封闭式，即保税进口的料件只能在海关设定的封闭区域内进行，如出口加工区、自由贸易区、保税工厂或车间，也就是将加工企业和进口的机器设备及料件集中在相对封闭的区域中进行，便于海关实行有效监管，防止保税进口的货物流入国内市场。二是实行先征后退，即企业为加工出口产品进口原材料时，海关先征税，待成品出口时再予退税，原材料在国内加工过程中允许串料。三是实行第三方担保前提下的保税监管，即加工企业进口料件时海关保留征税的权力，实际不征税，但进口企业必须提供担保。担保的形式多样，如银行、保险公司对税收的资金担保、企业不动产等财产抵押等，以确保加工企业在成品不能出口时或发生违法经营时海关有确保国家税收利益的手段。四是先进的开放式监管模式，前提是市场法制的完备、企业守法自律性强及信息化监管网络的建立和健全，如荷兰对大企业即实行海关与企业计算机联网，海关对企业从进口料件到成品出口实行全过程监控。但是，我国在改革开放初期，外汇奇缺，急需通过发展加工贸易赚取工缴费，在监管条件并不具备的情况下，不加选择地实行了开放式管理模式。从监管条件来看，我国加工贸易企业遍布全国，有些地区交通不便，更谈不上监管条件。从技术标准来看，由于行业部门没有能够提供科学的产品耗料标准，海关对大到飞机、船舶，小到电子元器件等包罗万象的产品实际上难以监管。从贸易制度看，外贸企业有外贸经营权但无加工能力，而许多生产企业有加工能力却无加工贸易的经营权，造成贸易和实际加工脱节，发生违法情节时，责任难以落实，海关监管不能到位。从加工贸易合同审批程序上来看，加工贸易企业首先应到当地外经贸部门审批合同，再去海关办理注册备案。实行保证金台账制度以来，企业在海关注册备案前还应先去中国银行办理建立台账的手续。但是，由于外经贸部门将合同审批的权力层层下放，直至乡镇一级，实际上起不到审批把关的作用。银行建立的保证金台账是个空账，实际账上并没有钱，企业发生走私违法后银行无法帮助追缴税款，保证金台账实际上不能起“保证”作用。这样一套看似严密的制度，由于地方保护主义和部门主义的存在，整个管理链条无效，从而形成了管理模式与监管手段的巨大矛盾。不法分子利用加工贸易渠道，采用伪报品名、规格、数量，进口以多报少，出口以少报多，高报单耗，以次充好，甚至采用“假单证、假印章、假签名”“三假”手段，从事走私违法勾当，将保税进口的货物在国内倒卖。据海关统计，1997 年全国海关查获 30 万元以上的加工贸易走私大案 401 起，案值 33.3 亿元，分别占全国海关查获大要案总数的 36% 和案值的 54%。从走私货物的品种看，大多为成品油、食糖、食用油、棉花、钢材、羊毛、电子产品等高税或国家进口重点管制的敏感商品，其中一些商品关系国计民生，对国内经济影响很大。因此这类走私造成国家税收大量流失，国家贸易管制政策失灵，国内市场和民族工业受到较大冲击。

（3）导致加工工业膨胀、产业结构失衡。加工贸易发展在带动国内制造业发展，特别是加工工业发展的同时，客观上造成了加工业的加速膨胀。中国社会科学院工业经济研究所 1997 年的《中国工业发展报告》显示，我国许多产业普遍存在生产能力过剩的问题。据有关部门对 80 种主要工业品生产能力的调查分析，利用率在 60% 以下的有 28 种，占主要工业品产量的 35%。我国的绝大部分生产加工企业规模小，技术水平低，缺乏产品开发能力，承接的加工贸易很大部分属于低水平的劳动密集型产品，因此加工生产能力严重过剩的同时，真正高、精、尖的加工能力却严重不足。加工能力一旦形成，机器设备成为沉淀资本，要维持其生产就必须有足够的原材料供应。庞大的加工生产能力与我国相对落后的原材料工业和种植业之间的矛盾更加突出，造成加工工业与原材料工业、种植业之间结构失衡。一方面国产原材料数量远远不能满足加工工业的需要；另一方面由于许多国产原材料质次价高，不能适应加工外销产品的要求，造成结构性短缺。加之大部分加工贸易进口料件滞留国内，给国内原材料工业和相关种植业造成了更大的压力。

（4）加工贸易发展将日益成为国际贸易摩擦的一个潜在因素。由于加工贸易进口料件，加工成品返销，加工的程度深浅不同，增值幅度大小不一，导致在原产地认定方面问题较多。按照国际通行的贸易原产地规则，经过几个国家加工、制造的产品，以最后一个对产品进行在经济上视为实质性加工的国家作为有关货物的原产国。所谓“实质性加工”，是指产品加工后改变了商品的税则归类，或者加工增值部分所占产品总值的比例超过 30%。在实践中，所谓的“实质性加工”很难把握，经常引发国际纠纷。我国贸易出口中 50% 以上为加工贸易产品，加工贸易进出口值比近年来虽有所上升，从 1992 年的 1 ∶ 1.15 上升为 1997 年的 1 ∶ 1.42，但由于加工贸易出口成品中所含国产料件比例有所增多，实际加工贸易的增值比仍然不高。但是这类加工贸易出口的产品原产地均为中国，使许多加工贸易出口产品经中国香港转口加价后在国际市场的价格提高。中美贸易摩擦中，关于美方贸易逆差数额之争与加工贸易的独特贸易方式和中国香港转口加价有着密切的关系。

综上所述，造成加工贸易管理中矛盾和问题日益突出的主要原因：一是加工贸易的性质逐渐发生了变化，特别是 1989 年进料加工在加工贸易总量中的比重首次超过 50% 以后，这种倾向更加明显，到 1997 年，进料加工进出口总值占加工贸易进出口总值的比重已达到 70.4%。二是国家进出口宏观政策失衡，主要是贸易政策和税收等方面在加工贸易和一般贸易之间形成较大的政策落差。加工在进出口宏观管理方面多头管理，协调不够，贸易管制得不到有效执行。三是监管模式与管理手段、方法不配套。四是亚洲金融危机对国际市场产生了巨大冲击，国际市场行情的波动直接影响了进料加工合同的履约率，容易诱发走私违法活动。

三、两难困境与改革的模式选择

对加工贸易发展中出现的问题，国家加强了规范加工贸易管理和打击走私的力度。近年来，海关采取了分类管理、担保金制度、耗料核定、加工贸易计算机信息管理系统等几十项监管措施，但实际效果并不理想。加工贸易管理模式与监管手续不相适应的问题更加突出。综观世界各国，没有一个国家是采用我国这样的管理模式的，更没有一个国家能在这样一种开放式管理模式中真正管得住。韩国对加工贸易的监管从开放式走回集中式和封闭式的历程正好说明了这一点。

我国加工贸易经过了近 20 年的发展，似乎进入了一个两难选择的境地：要么维持现行加工贸易发展模式，确保我国对外贸易发展的规模和速度，同时承受进口税源萎缩、国内产业失衡和市场受到不正当竞争的压力；要么调整加工贸易政策、规范加工贸易发展模式，堵住利用加工贸易进行走私的漏洞，确保国家财政税收利益，保护国内产业和市场免受不正当竞争的冲击，同时承受相当一个时期内贸易滑坡、失业增加的压力。选择前者，我们将越来越无法容忍税源萎缩以及走私对国内产业和市场构成的不正当竞争。选择后者，我们将难以承受进出口贸易较大幅度的滑坡和就业机会较大幅度的减少带来的压力，尤其是在亚洲金融危机之后我国贸易特别是出口受到很大打击、外贸发展的规模和速度与 1998 年 8% 的增长率密切相关的形势下，我们更加承受不起；同时也承受不起失业率增加的压力，特别是国有企业进行改革和国家政府机构改革后下岗人员大幅度增加、失业率上升的今天，我们更难承受失业率增加的痛苦。显然，这两种选择都不是我们所期望的。但是，加工贸易还必须要向前发展，我国经济的发展需要加工贸易这种好的形式。关键是我们必须对加工贸易的范围、发展方向以及发展道路和管理模式做出适当的选择。这种新选择的重要前提是，确保外贸不出现滑坡，保持合理增长，就业不受大的影响，从而推动加工贸易进入对外经济的良性循环，增强经济增长的潜力，促进国民经济持续健康发展。

笔者认为，加工贸易的根本问题是政策目标和政策手段不配套的问题。改革加工贸易的关键就是要在明确加工贸易发展模式的前提下，协调相关税收、贸易、产业等各项政策手段，同时调整加工贸易监管的制度方法。总的改革原则应当是：科学定性、协调政策、简化管理、促进发展。

（一）科学界定加工贸易的概念，确定加工贸易发展的目标模式

加工贸易既不是一个规范的法律概念，我国海关法没有对加工贸易做出过界定；也不是国际贸易中的规范概念，国际贸易理论和实务教科书中没有加工贸易的概念。它是在我国近20年的实践中约定俗成的概念，我国海关法涉及加工贸易的规定主要有两条，《中华人民共和国海关法》第二十三条规定：经营保税货物的储存、加工、装配、寄售业务，经海关批准，办理注册手续。第五十七条规定："保税货物"，是指经海关批准未办理纳税手续进境，在境内储存、加工、装配后复运出境的货物。对加工贸易的管理规定基本上都是通过国务院文件以及国家计委、外经贸部、海关总署等部门的规章和文件做出的。这些规章和文件都没有对加工贸易的概念做过明确界定。海关合作理事会1973年在日本京都制定的《关于简化和协调海关业务制度的国际公约》(以下简称《京都公约》）中也没有提出加工贸易的概念，相当于我国加工贸易的内容分散在《京都公约》的若干附约中。我国加工贸易的大部分内容包括在《关于货物暂准进口在国内加工的附约》中，被称为货物暂准进口的国内加工制度，在一些国家海关也称为海关保税制度。按照该公约的规定，实施这一制度的主要目的是，使本国企业有可能以竞争性价格，向国外市场提供其产品或劳务，从而有助于为本国提供更多的就业机会。附约同时规定，从事暂准进口在国内加工必须有利于本国经济，并使类似货物的国内生产者的利益不受妨碍。我国在改革开放初期发展加工贸易最主要的目的是赚取外汇，其后逐渐成为发展外贸、扩大出口的最重要手段。至于发展加工贸易是否会对本国相关产业发展造成影响则没有足够的关注和研究。在欧洲，欧共体设立专门的机构对从事进口加工的合同逐项进行评估，以确定其对欧共体经济是否有利，贸易条件是否合理等。为了便于统一认识、降低管理成本、增加透明度，我们建议明确定性，统一概念，减少政策层次。考虑人们的习惯，在概念上继续沿用加工贸易这一约定俗成的概念，但应当通过法律进一步明确其性质和范围，可以将以加工出口产品为目的，进口原材料及辅料加工成品或半成品出口的，均列入加工贸易范畴。在管理上适用统一的加工贸易优惠政策、法律和监管制度，即不再在管理政策和制度上区分"三来一补"、进料加工，也不区分国内企业加工与三资企业加工。

（二）协调相关政策，确保加工贸易政策目标的实现

发展加工贸易政策必须以增加就业、扩大出口为目的，以不损害国内同类产品生产者和相关产业的利益为前提。

在贸易政策上，应当对从事加工贸易的企业放开加工贸易经营权，对不具备加工能力的外贸企业取消经营加工贸易资格。确保加工与贸易有机结合，杜绝贸易与加工生产脱节带来的弊端。

在财税政策上，实行担保条件下的保税政策和财政信贷政策支持下的先征后退政策相结合的制度，即在有条件实行封闭式监管的保税区域、保税工厂、保税车间，在提供银行、保险公司等第三方经济担保或企业资产抵押的条件下，对机器设备和原材料进口实行保税、成品出口核销结案的制度。实行这一制度的关键是参照国际海关的通行做法，建立有效的担保制度。目前，国内银行或保险公司在对待进口税收的风险担保问题上存有疑虑，担心风险太大，而没有将它作为一项重要的业务对待，这是进口税收担保制度建立的主要障碍。为减轻企业的资金困难和经济负担，我们建议国家建立进口税收担保基金，在不给加工生产企业增加太多负担的前提下，通过银行或保险公司为进行封闭式加工的企业提供税收担保，既能确保企业正常运作，又能确保国家利益免受损失。同时，对广大没有条件实行封闭加工的企业，一律实行财政信贷政策支持下的先征后退制度，即对以加工出口产品为目的进口原材料和辅料进行加工生产的企业，国家实行特殊的财政信贷政策，先由商业银行提供税收贷款，企业在原材料和辅料进口时向海关照章纳税，在规定期限内加工产品出口后全额退税，同时向银行还贷。实行这一制度的关键有三点：一是银行应当免除这笔贷款的利息，银行的利息损失由国家财政补贴。对不能按规定期限加工产品出口的，企业必须向银行还本付息，国家不再给予贴息优惠。二是退税必须及时足额，如果企业在产品出口后由于手续烦琐，迟迟得不到退税，或者退税额不足，都将影响企业的经营效益。三是海关监管要简化手续，提高效率。我们认为，实现这三条，就能确保这一制度正常运行。对广大的守法企业而言，企业的经营成本没有增加；相反，由于海关监管手续的简化，企业得到了更大的便利，从而提高了企业的国际竞争力。对商业银行而言，在当前存贷款余额持续上升条件下，将闲置的资金贷给从事守法经营的加工贸易企业，信贷的风险不大，并可以增加效益，同时促进外贸和经济的发展。对国家财政而言，虽然提供了部分利息补贴，但将从企业良好的经营中培植更大的税源，社会净福利是增加的，国家财政的总收入也会增加。从根本上说，这将从制度上堵塞走私违法偷逃关税和进口环节增值税的漏洞，维护国家总体利益。

在产业政策上，实行加工贸易的产业评估制度。从事加工贸易必须以不损害国内产业和同类产品生产者的利益为前提，因此必须将加工贸易的发展纳入国家产业政策的范畴。国家经贸委应当成立与欧共体贸易委员会下设的专门机构类似的机构，对加工贸易合同进行评估，以确定该项加工是否符合国家产业政策，是否有利于国内经济和产业发展，是否会损害国内同类产品生产者的利益。对符合条件的，颁发批准证书，准予加工；对不符合国家产业政策的加工合同，银行不给予贷款，海关不给予登记备案；对实行被动配额的许可证商品，应当事先获得许可证。同时，产业部门还应当会同海关共同制定各类加工产品的耗料标准，并根据生产工艺和技术的改进适时进行调整。由于实行了严格的税收担保制度和先征后退制度，对加工生产过程中的合理串料应当适当放松管理尺度。

（三）完善海关监管制度，强化海关监管力度

加工贸易政策层次简化，并实行第三方经济担保条件下的保税监管制度和国家财政信贷政策支持下的先征后退制度后，海关监管的风险将大大降低。但海关仍有大量的工作要做。

一是制定加工贸易的法律制度。参照国际惯例，结合我国国民经济发展阶段和特点，制定统一的加工贸易管理法规，用法律明确加工贸易的概念、性质和制度程序，将加工贸易管理完全纳入法治化轨道。

二是建立科学有效的加工贸易监管制度，包括风险分析制度、税收担保制度、税收征管制度、退税制度、耗料标准等。同时，实现海关与大型加工贸易企业的信息联网，对高税敏感商品的加工生产实行全过程监管。

三是规范作业，改进服务，提高效率，促进发展。按照《京都公约》有关附约原则规定，规范海关对加工贸易进出口货物的监管程序，在积极贯彻国家有关加工贸易的各项法律、政策、规章的前提下，进一步简化手续，提高效率，增加透明度，为守法经营者提供最大限度的便利，支持促进加工贸易的正常发展。

四是严厉打击走私，维护正常贸易秩序。对利用加工贸易渠道进行走私等违法活动的，要严厉打击。主要是通过完善加工贸易立法，进一步规范加工贸易企业的进出境行为，明确企业及主要经营责任人的法律责任，促进企业守法经营，确保加工贸易健康发展。

对加工贸易改革和规范，必定会对现行加工贸易管理格局产生影响，否则就不是改革。但是只有通过改革和规范，加工贸易才能步入正常健康发展的轨道，才有真正的大发展。因此，对加工贸易的改革和规范，一要选择恰当的时机，保证渐进、稳妥；二要做好承受一定压力的思想准备。只要方法得当，措施得力，加工贸易守法经营者的合法利益必将得到保护，违法者必将得到严惩，加工贸易一定能够得到大的发展。

以实践理性破解“两废”治理的难题①

2011年8月1日起，环境保护部、商务部、海关总署等五部委联合印发的《固体废物进口管理办法》开始施行。广州海关落实管理办法，采取了一系列源头治理的新措施，取得了阶段性成效，由此也引发了从对“两废”到底应该如何治理到固体废物许可证及其进口固体废物倒卖海关该不该管，再到“两废”的归类、估价等专业技术问题如何解决的争论。这些表面上看似纯业务、技术层面的争论，实际上也在一定程度上反映出“两废”这种特殊商品背后的复杂关系。但无论如何，“两废”监管的难题长期横亘在海关面前，必须客观面对，理性破解。

一、固体废物及倒卖许可证为什么如此盛行

（1）固体废物是一种特殊商品。一方面，固体废物是再生资源，是我国这样一个资源严重短缺的国家发展经济所需要的；另一方面，它带有有害物质，管理不善会对人民生命安全和社会公共安全造成危害。正因如此，国家虽然允许进口利用固体废物，但实施严格的许可管理和定点利用制度。

（2）领证并拆解利用进口固体废物的企业只是少数，大多数拆解企业只能靠倒买“两废”维持生产。按现行规定，环保部门对“两废”加工利用实行严格的环评和企业定点管理制度，只有通过环保审核的企业才能有资格领取进口许可证并从事拆解利用。以广东佛山市顺德区的杏坛镇为例，全镇800多家废塑料加工企业，只有1家（整个顺德区只有10家企业）可领取废塑进口许可证。由于企业环评和定点需要大的前期环保投入，且地方政府有区域总量控制，进入“门槛”较高，所以，更多小企业和不达标企业难以进入。大量领不到证的企业要加工生产，只能靠倒买进口固体废物，或收购国内固体废物维持。由

① 刊于《海关研究》2012年第6期。

于国内“两废”市场不规范，利用进口“两废”、倒买进口固体废物是各类厂家的首选。

（3）倒卖许可证即可赚钱。由于政府实施对“两废”的严格管制，固体废物许可证和进口固体废物便成为稀缺资源。如果倒卖证件就可以赚钱，且比合法拆解和利用更容易赚钱，那么倒卖证件便成为很好的营生。国家现行“两废”进口管制上存在的漏洞为倒买、倒卖许可证提供了空间。

二、“包税商”为什么能操纵“两废”进口

从广州海关调查的情况来看，在实行源头治理前，大部分“两废”进口都由“包税商”垄断和操控。以 2011 年为例，广州关区内没有“包税商”操纵且真正自己领证、自主进口、自己加工的企业仅占 20% 左右。

“包税商”是社会上对这样一个特殊利益群体的俗称：这些人或利用经营贸易、运输、仓储、货代、报关、报检等特殊行业上的便利，或依靠特殊的关系，在境内外分设公司操纵进出口贸易两头，通过不正当的手段和方法，在进出境领域侵害国家利益，牟取非法利润。他们通常以大大低于正常通关成本的价格招揽进出口业务，再通过伪瞒报进口货物的品名、规格、数量、价格、原产地等手法逃避贸易管制，偷逃关税和进口环节税。由于通过他们报关进口往往比正常报关进口更有利可图，所以更多企业选择“包税商”代理进口。虽然这种现象在所有进出口贸易领域都可能发生，但由于“两废”商品的特殊性，“包税商”在这一领域更加猖獗，人们又称这部分人为“废佬”。

在“两废”进口领域，“废佬”们从世界各地收购固体废物汇集到香港，再通过洗单、洗货，把原本国际市场标准分类、规范包装的固体废物重新打混，混装拼装，再与其设在国内的贸易公司签订进口合同，运到国内，其国内公司以进口商名义，用倒买来的许可证，“包税”进口。通常这些公司“神通广大”，它们以“包税”方式进口“两废”，比通过正常渠道进口成本更低、利润更大，很多加工利用商即使可以自行进口也会放弃，而更愿意把领到的证倒卖给“废佬”，由他们“包税”进口后再从他们手上买回。有的利用商开个“厂”掩人耳目，专门从事领证倒卖的勾当。为了应付发证部门的验厂和海关部门的核查，他们伪造生产“台账”，与“废佬”串通一气，瞒骗管理部门和执法部门。

“废佬”为了实现“包税”，除了在境内外作假外，还在进口环节拉拢腐蚀执法人员，环保、质检、海关部门都是“公关”的对象，对国家执法部门正常

执法构成很大威胁。

三、现行“两废”进口管理制度为什么会失灵

从形式上看，国家对“两废”进口从环保部门验厂验设备、核发许可证、下厂核检开始，到质检部门在境外实施装船前检验、在进口环节实施检验检疫，再到海关对进口“两废”实施“3个100%”监管，可以说是实行了从境外到境内的全程式监管。但是，从实际情况来看，看似严密的制度，实则存在着巨大的漏洞。

比如，为了防止造成环境污染，环保部门为企业拆解利用“两废”设定环保门槛，如对“两废”利用企业实施环保验收，规定无害化处理的生产工艺，对进口“两废”实行许可证管理，只有验收达标的企业才给予领证资格。但是，环保部门有权力验厂、定点、核发许可证，却没有能力控制发出去的证件是否由定点厂自己使用。在“加工企业”设立的假台账面前，在大规模倒卖“两废”的事实面前，环保部门少有作为。新的《固体废物进口管理办法》虽然规定了10个“禁止”，包括禁止许可证和固体废物倒卖、倒买，倒卖一经查实，发证部门将取消该企业的领证资格，但是在倒卖许可证大量存在、几乎成为公开秘密的现实面前，鲜有企业因为倒卖许可证被取消领证资格。

质检部门设定了从境外装船前检验到进口环节的检验检疫等制度，但是对大量固体废物集中到香港洗货、打混拼装，却难有作为。即使在进口环节检验合格，作为允许进口的固体废物仍然存在大量有害物质，必须在定点企业实行无害化拆解和利用。但通过进口检验的固体废物是否进入定点企业进行拆解、实行无害化处理，已非质检部门管辖的职责。

海关在进口环节实行严格的进口管理，既要验核进口许可证，又要实行“3个100%”实际检查，严厉打击伪报瞒报、偷逃关税、逃避进口管制等违法行为。但是，像“两废”如此复杂的商品，要在进口通关短暂的时间和进口环节狭小的空间解决所有归类、估价、原产地等技术问题，是十分困难的。“两废”只要过关，便畅行无阻。按照“职权法定”的原则，对倒卖许可证和固体废物的监管似乎也不是海关的职责。

综上所述，看似一个严密的管理制度，国家各部门投入了大量管理资源，但从实践来看仍然存在着漏洞，为“两废”非法进口和违法生产提供了生存空间，也对社会公共安全和执法队伍构成了巨大威胁。这是“两废”顽症长期不

治的重要原因。

四、海关为什么是“两废”顽症的最大受害者

“两废”非法进口和生产的受害面很广，但海关受害最大。

（1）“包税商”牟取的是海关税收。虽然“两废”顽症对公共安全构成了巨大威胁，也对环保、质检等执法队伍造成了伤害，但对海关伤害最大。因为“两废”非法进口和生产对上述部门的影响往往是潜在的，非到酿成重大公共安全事件才被重视，如浙江台州“血铅”事件。相反，在“两废”管理的混乱中，贸易、物流、港口等各部门都从中受益，另有一些部门甚至可从中寻租。但由于“两废”进口管理混乱，首先受害的是海关，因为“包税商”牟取的是非法利润，必须从海关打开缺口，把国家税收变成“包税商”的非法利润。“包税商”之所以能把正常贸易商做不下来的单子做下来，秘密也就在此。

“包税商”既要从领证人手上买证，又要打通各路环节，甚至还要故意在香港中转，重新拆包打混、洗单洗货，所有这些都需要额外的投入，在增加这么多额外投入的前提下，仍然要有利可图，只有靠伪报品名、规格，瞒报数量，甚至夹藏走私。为了达到这一目的，“包税商”就必须从海关关员身上下手。虽然其他商品进口也会存在同样的问题，但“两废”商品的特殊性大大增加了监管上的风险。这就是海关成为最大受害者的根本原因。

（2）“两废”商品的特殊性和海关监管的局限性，使监管风险和压力高度集中在海关监管一线。“两废”商品由于品质、性质、状态等差异性大，基层一线关员要在通关现场查验，迅速、准确做出判定，客观上相当困难。同时，现行海关的监管模式主要集中在口岸一线“守”，“两废”只要冲过关口，便如入无人之境。由于从事“两废”加工生产的企业大多不在海关管理范围内，“包税商”处在前台，领证者和加工利用商躲在幕后，海关无法对“两废”经营商和加工利用商实施有效的风险分析和分类管理，难以形成监管回路。从实际效果看，尽管我们实施了包括“3 个 100%”甚至“5 个 100%”在内的极端措施，仍然防不胜防。为了防控执法风险，一些关区谈“废”色变，除了消极地“堵”以外，还用各种方法“赶”，致使“两废”进口在各个不同关区间来回“飘移”，海关治理“两废”成效也时起时伏。

（3）多年来，海关为现行的“两废”监管付出了沉重的代价。“两废”顽症已经困扰海关 10 多年，对海关管理产生了很大影响。一方面，海关在加强“两

废”进口管理方面取得了很大成绩，有力打击了日益猖獗的“两废”违法走私案件，维护了国家利益；另一方面，海关为“两废”管理付出了沉重的代价。对“两废”实施“3个100%”查验的监管模式，既消耗了海关大量监管资源，也增加了国内合法生产利用者的经营成本。据了解，仅一个货柜在口岸一卸一装及相关环节就需多付劳务费2000元。虽然海关为实施这种模式投入巨大，但“两废”执法腐败仍防不胜防。近年来，涉及海关内部执法人员的“两废”走私案件屡查不绝，海关成了“两废”进口管理名副其实的最大受害者。例如，2007年，广州海关查获以中途换货和伪造关锁的手法走私进口“两废”，案值5000万元，涉及海关人员2名；2008年，广州海关查获“10·15”案件，在“废五金”中夹藏其他高值货物，案值达16.53亿元，内部涉案人员达15名，一个基层监管科几乎全科覆没。2010年，南宁海关查获走私违规进口废五金案件，案值达2亿元，涉及广州海关干部1名，其他关区干部10余名。

五、广州海关从源头治理“两废”的实践探索及取得的阶段性成果

广州海关“两废”加工利用企业众多，佛山、清远等地是国内“废五金”和“废塑料”的重要集散地之一，“两废”监管任务繁重，历届关党组为治理“两废”做出了巨大的努力，既取得了很大成绩，也出现过成建制“塌方”的沉痛教训。为了在新形势下更加有效地防范“三大风险”，找到“两废”治理的治本之策，广州海关结合五部委2011年出台的《固体废物进口管理办法》的实施，从2011年8月起探索新的治理模式。与过去的治理模式相比，新模式的主要特点是：

（1）从管货物转向通过管住企业来管住货物，即“由企及物”，实行“属地管理、就近报关”，鼓励“谁领证、谁进口、谁利用”，重点管住领证企业。在“两废”商品和企业的关系上，企业是源，商品是流，管住了领证企业就能控制“两废”非法进口的源头。因为没有领证者倒卖证件，也就没有“包税商”的操作空间。因此，管住领证者是关键。广州海关对领证生产企业实施属地管理，通过备案登记，将其纳入海关管理视野，并积极探索对加工利用企业实施延伸稽查，重点稽查进口“两废”是否实际运输到定点企业，加工利用企业是否正常生产经营、自行加工利用等，形成海关监管的闭合回路，实现管理的前伸后移，突破原来狭窄的口岸空间和短暂的通关节点，从而有效缓解通关瓶颈，优化监管资源配置，化解监管一线的风险和压力。

（2）向“包税商”开战，打击“两废”非法进口和伪瞒报等走私违法活动。倒卖许可证泛滥和“包税商”的存在是“两废”管理混乱、海关监管风险居高不下的根源。对此，广州海关坚持“谁领证、谁进口、谁使用”的原则，规范进出口企业和生产企业的正常、合法联系，打击、挤压倒卖许可证牟利和“包税商”的生存空间。从海关执法实践看，实际“两废”进口贸易大多被“包税商”所操纵，“包税商”是“两废”非法进口和伪瞒报、夹藏等走私违法、拉拢腐蚀执法关员的主要群体。因此，要想有效治理“两废”，就必须打击“包税商”通过倒买许可证实施非法进口。实践中，由于“包税商”倒买许可证后往往以领证利用商名义进口，口岸海关仅看报关单证无法区分经营商是正常代理商（真正的货主是利用商），还是倒买许可证实施非法进口的“包税商”。因此，所在地海关必须通过对领证的加工利用商进行稽查，并且与代理进口的“经营商”合并稽查，才能确定进口是否合法。广州海关查获的大量非法进口“两废”案件，多是通过这种方式查获的。因此，实施有效稽查是打击“两废”非法进口的有效手段。

（3）从海关“孤军奋战”到联合环保、质检实现综合治理，努力形成齐抓共管的工作格局。“两废”管理客观上链条长、接合部多，更重要的是“两废”问题根源深、利益牵扯面广、矛盾焦点多，海关单兵突进难以取得满意成效。广州海关注重与地方政府、管理部门、行业协会、新闻媒体的沟通联系，营造和谐氛围，形成综合治理新格局。比如，旗帜鲜明地向政府管理部门、企业、行业协会、新闻媒体宣传海关政策，明确鼓励什么、规范什么、打击什么；密切与行业协会的沟通联系，快速、有针对性地解决治理中出现的具体问题，团结守法企业配合海关工作；积极推动建立海关、环保部门、检验检疫部门的信息沟通和联合执法机制，变专项整治为综合治理。对倒卖许可证的加大缉查和打击力度，并将其倒卖许可证的信息通报给环保发证部门，由发证部门对其倒卖证件和固体废物的行为做出进一步处理。广州海关积极联系广东省环境保护厅，就“两废”进口的属地管理、执法信息共享机制等达成初步共识，海关已定期向省环保厅通报查获“两废”案件情况，省环保厅根据海关提供的信息做出相应的管理调整。

（4）为合法进口、守法经营者提供最大通关便利，促进“两废”行业的健康发展。“两废”行业规范经营、健康发展之日，才是海关执法风险、管理风险、廉政风险真正化解之时。广州海关出台了《广州海关关于废金属、废塑料加工利用企业分类通关管理实施办法》，大张旗鼓地鼓励企业守法经营、自营进口，试点实施分类管理、差别化监管的做法，对合法进口、守法经营的企业提供到厂监管、上门验放服务；积极推动“入园监管”模式，实施驻园监管。规范企业的代理报关行为，明晰进口、加工利用活动中各参与方的责任和义务，特别是强化持证利用商的责任。坚决打击背后操作的走私团伙，惩处不法行为。这些措施不仅提高了企业配合海关监管和守法经营的积极性，而且促进了省内“两废”生产企业从珠三角地区向粤西的转移力度，也为从根本上整顿和规范“两废”行业秩序创造了条件。

自 2011 年 8 月开展“两废”综合治理行动以来，成效逐步显现。据统计，2011 年 8 月至 2012 年 2 月半年时间内，“两废”进口同比大幅回落，比重由原来占全国的 27.5% 下降至 16.0%；全关共立案“两废”案件 260 宗，案值约 1.9 亿元，其中涉嫌转让许可证件案件 76 宗，“两废”进口不进厂、非法转让的情况得到明显遏制；“两废”进口物流流向趋于合理，关区内加工利用企业自营进口比重上升，企业进口、加工、利用行为明显规范。政府、企业和协会对广州海关的“两废”源头治理工作反响良好，普遍反映促进了地方转型升级进程，看到了“两废”行业从根本上实现健康发展的希望，总体来说，达到了有效化解监管压力和风险、有效落实“两废”管理制度、有效规范市场秩序和企业行为的预期目标。佛山市人民政府专门发函感谢广州海关对“两废”源头治理、助推地方产业转型升级的工作。广东省副省长对广州海关治理“两废”做出批示：“感谢广州海关为广东省环保工作源头治理做出的贡献。有关建议请省环保厅予以吸纳。”海关总署领导对广州海关源头治理工作做出批示：广州海关的初步实践证明，只要切实下功夫，固体废物监管是能取得成效的。请广州海关继续加大工作力度，进一步加强对固体废物的监管，请监管司及时研究“报告”所提建议，并在近期开展的专项治理行动中做出部署。

尽管广州海关的“两废”源头治理取得了阶段性成果，但问题依然存在。一是广州海关的做法还只是在广州关区内收到成效，一个关取得的成效对整个社会而言微不足道；相反，由于不同关区存在的制度和管理差异，产生了新的“飘移”和新的不统一。二是新的《固体废物进口管理办法》仍然存在着不足，比如对倒卖许可证的打击力度不够，而且没有有效的制度保障；又如，《固体废物污染环境防治法》与《固体废物进口管理办法》等法律与法规之间脱节，对纳入自动登记证管理的固体废物管理规定不够明确，存在多头管理、不同部门不同解释等问题；再如，海关对实现完整意义上的源头治理，真正管住领证和生产企业，以及对这些企业实施更为有效的稽查等问题，仍然缺乏强有力的法律支持。因此，本文建议：

一是在《固体废物进口管理办法》实施一周年之际，结合管理实践对管理办法进行较为系统的修改，以填补现行法律、法规之间的盲点和空白。

二是完善立法，加大对倒卖许可证的打击力度。

三是将对“两废”进口企业的备案管理上升为法律制度，为对“两废”企业实施海关稽查提供更加有力的法律支持。

四是规范和建立发证部门与海关等口岸执法部门之间更加有效的合作机制。

我国外贸进口的宏观分析及策略调整①

改革开放以来，从出口创汇到出口带动，我国长期实施“出口导向”战略。1992—2012年，我国外贸出口增长了23.1倍，年均增长17.3%，自2009年以来已连续4年位居世界第一出口大国，成就卓著，举世瞩目。我们在分享这一巨大成就的同时，也在承受贸易持续顺差、外汇储备巨额增长、贸易保护主义报复、贸易条件恶化、资源和环境压力等严重问题。

一、近20年我国进口贸易出现变数的主要原因

（1）工业化进程加快以及重化工业再度加速发展促进了我国进口产品结构调整。过去20年，我国的工业化进程取得了巨大的成就，工业化水平综合指数从1995年的12快速提升到2010年的66，中国已经步入工业化后期。随着我国制造加工业能力及水平的逐渐提高，对技术含量较低的工业制成品的进口替代作用明显加强，工业制成品在我国进口所占比重出现明显回落。同时，推进我国工业化进程的机械设备的进口所占比重也出现先扬后抑的态势，1992年我国进口机械设备占当年进口总值的比重为30.5%，2002年、2012年这一比重分别为42.3%和30.9%。1999年以来，我国的工业发展出现了转折性变化，钢铁、汽车、有色金属、化工等重化工业加速发展，新一轮重化工业化的特征日益明显，在工业增加值的构成中，1998年重化工业与轻纺工业的比例为55 ：45，而目前重化工业的比重已超过70%，其占比甚至高于改革开放前的水平。重化工业化和城市化的快速发展使我国资源能源消费总量迅速增加，对进口的需求大增。根据联合国和世界贸易组织联合设置的国际贸易中心数据，2012年我国已经是世界上最大的铁矿砂、铜矿砂、大豆、原木、锯材、棉花、天然橡胶和合成橡胶等产品的进口国，世界绝大部分铁矿砂和大豆销往中国，我国进口铁矿砂和

① 刊于《海关研究》2014年第1期，第103–107页。

大豆占全球同类商品的进口值比重已经分别从2002年的20.9%和20.4%增至2012年的62.4%和60.9%。

（2）全球产业转移和承接，带动投资和先进设备进口。改革开放以来，我国积极融入经济全球化浪潮，发挥拥有廉价劳动力的比较优势，紧紧抓住了国际产业三次结构调整的良好机遇，先后成功承接了国际劳动密集型产业、国际资金及技术密集型产业、国际高新技术产业的转移，逐渐成为“世界加工厂”，实现了对外贸易的快速增长。1992—2012年，中国连续21年成为发展中国家吸收外商直接投资最多的国家，累计利用外资超过1.2万亿美元。外商投资企业自1996年起稳居进口第一大主体地位，且自当年起连续15年比重高于50%，直到近两年才略有回落。外商投资不仅有效弥补了我国经济发展的资金缺口，也进口了大量国外先进设备，促进了我国产业结构优化调整和技术升级换代，极大地推动了国内经济增长，成为全球化背景下推进国内工业化的一条捷径。比如，近10年来，我国高端装备制造机械的进口规模增长速度明显，2012年进口额613.1亿美元，10年增长4.4倍，占2012年进口机械设备的10.9%，所占比重增加0.7个百分点；又如，2012年数控机床和加工中心进口额102.2亿美元，10年间，占进口金工机械的比重由30%上升到56%。

（3）出口导向推动下形成的独特产业链分布，带动了进口的增长。20世纪80年代后期，我国借助有利的国际形势，借鉴东亚“四小龙”的成功经验，对外贸易发展实施出口导向战略。在这一战略的推动下，“大进大出、两头在外”的加工贸易得到了巨大发展，长期占据我国对外贸易的半壁江山。“大进大出”的加工贸易模式，不但关键技术和设备主要依赖进口，加工出口产品的大量原材料也依赖进口，进口规模与出口规模同步增长。近20年来，加工贸易进口和出口月度数据的相关系数为0.994，呈现高度的正相关性。集成电路、液晶显示板等零配件已成为我国最为重要的加工贸易进口产品。2012年，我国加工贸易进口集成电路和液晶显示板分别为1028.2亿美元和356.3亿美元，占加工贸易进口总值的比重分别由2002年的9.3%和2.7%增至2012年的21.4%和7.4%。

（4）居民收入水平和消费水平提高，带动了消费进口的增长。近20年来，我国经济社会发展取得巨大成就，经济总量实现历史跨越，已连续3年稳居全球第二大经济体，2012年人均GDP已达6100美元。同时，全国城镇居民收入和消费水平快速提高，整体生活质量显著改善。2012年，城镇居民人均可支配收入24565元，消费对经济增长的拉动作用增强，其对我国经济的贡献率为

51.6%，比 2002 年提高 7.7 个百分点。随着居民收入水平的提高，城乡居民消费结构升级步伐加快，对进口消费品的需求也日益扩大。近 10 年来，我国汽车进口量从 2002 年的 11.6 万辆增加到 2012 年的 111.3 万辆，增加 8.6 倍，进口值增长 16.4 倍；手表、首饰、化妆品、高档箱包、葡萄酒、其他洋酒、奶粉进口值分别增长 10.7 倍、9.3 倍、22.6 倍、35.1 倍、38.0 倍、18.6 倍和 14.4 倍，显示出人们生活方式和消费观念的改变，以及对身体健康及食品安全的需求日益增长。

（5）国际原材料市场价格持续走高，大幅推高了进口贸易额增长。从贸易实践来看，工业制成品价格相对稳定，大宗商品市场价格波动很大。近 10 年来，我国进口商品整体价格水平比 2002 年上涨 1.2 倍，但主要是大宗初级产品价格上升带来的。其中，尤以能矿产品最为突出，原油等 12 种主要初级产品的整体价格水平涨幅超过 3 倍。随着我国进口原材料的大幅增长，原材料价格的大幅上涨已经成为过去 10 年推动我国贸易规模扩大的主要因素。从 2002 年到 2012 年，我国进口原油量增加 2.9 倍，进口均价上涨 3.4 倍，进口额从 127.6 亿美元增至 2206.7 亿美元，10 年间增长 16.3 倍。铁矿砂进口量增加 5.7 倍，进口均价上涨 4.2 倍，进口额从 27.7 亿美元增至 956.1 亿美元，10 年间增长 33.5 倍。粮食进口也呈现相同的现象，2012 年我国粮食进口量增加 4 倍，进口均价上涨 1.7 倍，10 年间进口额增长 12.4 倍。特别是大豆，2002 年进口额 24.8 亿美元，至 2012 年其进口规模扩大至 349.9 亿美元，进口额增长 13.1 倍，进口量增加 4.2 倍，进口均价上涨 1.7 倍。12 种主要初级产品占当年我国进口总额的比重从 2002 年的 10.2% 升至 2012 年的 26.7%。

（6）贸易大环境的改变和政策支持也是进口增长的重要原因。随着我国改革开放的不断深入，特别是 2001 年加入世界贸易组织后，我国进入了全方位、多层次、宽领域对外开放的历史阶段。根据承诺扩大了工业、农业、服务业等领域的对外开放，贸易自由化和投资自由化进程加快，成为进口主体变化和进口增长的又一推动力量。“十一五”期间，针对我国面临的巨额贸易顺差、外汇储备过高和宏观经济失衡等突出问题，对我国出口导向战略进行调整，开始向稳定出口、扩大进口并举的方向转变，进一步完善进口促进体系，基本取消了进口配额管理和多项商品的自动许可证管理，我国加入世界贸易组织的降税承诺于 2010 年全部履行完毕，进口商品关税总水平从 2001 年的 15.3% 下降到 9.8%。同时，为积极扩大进口，满足国内经济社会发展及消费需求，不断扩大进口暂定税率的优惠范围，并与多个国家和地区签署贸易或关税优惠协定。我国自贸区从无到有，目前已经建成 13 个（其中签订未实施 2 个）。同时，正在进行中韩等 9 个自贸区谈判，对中国—印度等 3 个自贸区进行可行性研究。这对促进经济结构调整和经济发展方式转变以及进出口贸易平稳起到了一定的促进作用。

二、当前我国外贸进口存在的主要问题

（1）进出口总体不平衡，贸易顺差持续扩大，外汇储备增长过快。近 20 年来，我国贸易顺差规模显著扩大。1992 年，我国贸易顺差仅 68.1 亿美元，随后呈现不断扩大的态势。尤其是 2005 年起连续 4 年保持高速增长，连上 1000 亿美元、2000 亿美元两级台阶，2008 年达到历史高点 2981 亿美元。随后我国贸易顺差开始逐年回落，2011 年回落至 1549 亿美元，但 2012 年再次扩大至 2303 亿美元。多年来，我国持续保持贸易顺差，形成了大量的外汇储备，2012 年我国外汇储备达到 3.31 万亿美元，占世界外汇储备的 1/3。从贸易构成来看，我国贸易顺差几乎全部来自加工贸易。持续贸易顺差诱发外部贸易摩擦增加，外汇储备过多导致外汇储备保值风险加大，同时推高人民币汇率升值风险。

（2）贸易对象国不平衡，对部分国家和地区持续贸易顺差的同时，对另一些国家和地区则形成严重的进口依赖。随着技术进步和产业升级，中国经济自 20 世纪 90 年代中期摆脱“短缺”以来，出现了几乎全行业产能过剩的局面，已经全面实现进口替代。受此影响，近 10 年来，我国进口商品结构发生了重大变化。目前，我国进口量最大的三大类商品分别是：基础性原材料，如原油成品油、铁矿砂、铝矾土、铜精矿等能矿产品，也有大豆等粮食产品；先进技术和机器设备；高档消费品，俗称奢侈品。这种状况与我国产业结构、规模及经济发展阶段密切相关。我国正处于工业化中后期，新型工业化和高新技术产业正在起步，以资金密集型和技术密集型为特征的重化工业化仍然是这一阶段的主要特征。同时，加工贸易构成了我国对外贸易的半壁江山。庞大的生产规模和产能需要原材料的大量进口才能维持，产业和技术升级改造需要进口国内无法生产的先进技术和机器设备，高端消费群体的形成需要各类高端消费品或奢侈品的进口，包括高档汽车、名表、各类高档饰品等。在过去的 20 年中，基本形成了如下贸易格局：从资源丰富国家进口大宗资源性产品，从发达国家进口先进技术和设备，从日韩等国家和地区进口加工贸易中间品，向发达国家和新兴

经济体出口工业制成品和生活必需品。随着市场多元化进程的推进，这种由我国独特产业结构所形成的贸易链格局一直难以改变，贸易结构不平衡状态甚至更加严重。

（3）大宗商品进口价格持续上涨，我国贸易条件呈恶化趋势。国际贸易中"中国因素"影响加深，凡我国进口量大的商品国际市场价格便上涨。以原油、铁矿砂为例，进口均价涨幅均在3倍以上。如果按2002年的均价计算，2012年我国进口12种主要初级产品贸易规模将减少3621亿美元，相当于2012年进口总额被放大25%，仅原油、铁矿砂两项，2012年进口成本就比2002年多花费了1709.0亿美元和771.8亿美元。如果剔除这12种商品的价格上涨因素，我国10年间的进口增速将从5.2倍回落到3.9倍，年均增速从19.9%回落到17.3%。而同期我国出口产品多为劳动密集型产品和技术含量较低的机电产品，附加值低，加上恶性竞争，贸易条件呈现恶化趋势。世界银行数据显示，从2000年至2011年我国的贸易条件指数（以不变美元价格计算）下降了27.2%。

（4）加工贸易萎缩，贸易方式格局变化为我国产业结构带来挑战。自2005年始，特别在2008年国际金融危机后，我国加工贸易日趋萎缩，一方面在于我们有意识地进行加工贸易转型升级，由劳动密集型向技术密集型转变，向产业价值链高端延伸；另一方面随着我国劳动力成本不断提升，低成本劳动力优势不再，加工贸易向东南亚国家进一步转移。同时，国际金融危机让西方发达国家再次认识到实体经济的重要性，欧美发达国家掀起再工业化浪潮，实体工业出现回流之势，如苹果、通用等企业部分加工环节回归美国本土。劳动密集型加工贸易，不利于我国的技术进步和产业升级，但在解决人口就业上发挥了不可替代的作用，培养了大批的技术工人，为加工贸易转型升级提供了人力和技术储备。在加工贸易向成本更低国家转移、发达国家加工制造业回流的大背景下，我国加工贸易不断萎缩，对我国的进出口结构、国内就业形势等方面产生了深刻影响。因此，我们应当充分利用长期积累的技术和熟练工人优势，保持加工贸易的固有优势，增强对加工贸易缩减的节奏控制和宏观把控，积极主动地促进加工贸易转型升级。

（5）我国大量进口原材料进行加工生产，承受巨大的环境压力。近20年来，我国钢铁、石化、有色金属等产业得到较快发展，形成对进口矿砂、有色金属、化工产品等原材料的大量需求。近10年来，我国铁矿砂进口量增加了5.7倍，铜矿砂进口量增加了2.8倍，原油进口量增加了2.9倍，固体废物（包括废金属、废塑料和废纸）进口量增加了 1.5 倍。这些产业的加速发展给我国生态环境造成了巨大压力。以钢铁行业为例，我国产能急剧扩大，2006 年我国由净进口国转变为净出口国，2012 年我国钢材净出口量达 4207 万吨。钢铁生产需要大量消耗铁矿砂、焦炭、煤炭、电力等，加剧国内能源资源短缺，也给我国生态环境带来巨大的负面影响。特别值得一提的是，近年来，我国固体废物进口量增长较快，2002—2009 年年均增长率达 15%，2010 年出现较大回落，2011 年呈现恢复性增长。固体废物作为再生资源进口，可缓解我国资源短缺现状。但由于现行固体废物进口管理在政策和管理上存在很大漏洞，大量固体废物进口进入没有加工利用资质、没有无害化处理设备的小作坊和家庭工厂，对环境造成了巨大的破坏。至于不法商人以固体废物名义走私进口“洋垃圾”，更是造成灾难性的后果。

（6）消费外流问题日益凸显，我国消费品进口统计难以反映消费品的实际进口。近 20 年来，我国消费品进口规模增长 23 倍，但实际进口规模应当远大于目前的统计数据。近年来，由于种种原因，出境购买消费品、旅游购物、跨境电子商务高速发展，消费外流现象十分突出。对于这部分进口，现行贸易统计难以真实反映。世界旅游协会数据显示，2011 年中国大陆游客海外消费规模达 790 亿美元，比 2010 年增长 32%，其中相当部分为购物消费。另据联合国世界旅游组织的数据，2012 年中国海外旅游消费额达 1020 亿美元，超越美国等国，成为世界第一大国际旅游消费国。2000—2012 年，中国海外旅游消费额增长了近 8 倍。居民海外旅游消费规模相当于 2012 年我国贸易顺差的近一半。考虑境外购买消费部分，我国贸易不平衡状况将明显改善。

（7）贸易、产业、财政等政策的同步协调性有待提高。我国产业政策与贸易政策不够协调的问题长期存在，各政策主管部门本位主义、各自为政倾向严重。加上现行决策体制上的缺陷，导致一些事关产业发展的重大问题决策过程缓慢，甚至长期议而不决，制约了对外贸易发展与产业转型升级互动作用的发挥。以战略性新兴产业为例，2010 年我国做出加快培育和发展战略性新兴产业的决定，并从技术提升、人才建设、市场培育、财税金融等方面制定了扶持政策，但就是这样一个重要的产业发展战略，也存在政策之间不协调的问题。如恢复进口环节增值税征收政策，同时也抑制了战略性新兴产业发展所需技术和设备的投资进口。数据显示，2012 年我国进口值较 2010 年仅增长 16.4%，远低于同期进口整体增速，其中除了生物技术产品和信息技术产品的进口增长较为稳定外，其他类别产品的进口增长不明显，甚至出现反复或下降。

三、策略调整的相关建议

（1）研究制定国家进口战略。根据党的十八大报告提出“适应经济全球化新形势，必须实行更加积极主动的开放战略”的要求，结合我国工业化进程，研究制定符合我国经济发展阶段和总体发展战略要求的进口战略十分必要。要牢固树立实体经济是贸易之本的思想，进口战略要服务和服从于国内现代产业体系的构建。要立足于科学发展和经济发展方式转变这一主题主线，大力发展实体经济，特别要有利于推动战略性新兴产业、先进制造业健康发展，促进传统产业的转型升级；有利于贸易、投资、服务的全球平衡发展；有利于扩大内需和拉动消费，增进和提升国民福利；有利于减轻环境压力，建设美丽中国。

（2）综合运用外贸、海关、产业、财政、环保等政策工具，协调推进进口，推动产业结构转型升级。加强国内产业规划和布局，并建立与之配套的促进进口政策，通过调整先进技术设备、关键零部件、资源类能矿产品等的进口关税和增值税，进一步完善国家重要能源原材料战略储备制度，保持进口政策的延续性，降低进口产品的成本，促进产业转型升级。

一是简政放权，放松管制，扩大进口。改革内资、外资项目审批制度，改投资额度审批制为市场标准的准入制，放松一些服务业的进入限制，取消汽车整车进口口岸等限制。

二是加大结构性减税的力度。更大力度地使用进口关税暂定税率和主动降税，同时扩大对最不发达国家的“双免”（免关税和许可证）制度，支持鼓励国内稀缺资源进口。对为推动实施创新驱动战略所需的研发、生产性技术、设备进口扩大免关税的范围，同时研究进口环节增值税的减税和免税政策。

三是完善保税政策。把保税政策作为贸易政策和产业政策的综合，用于引导国家重点鼓励发展的战略性新兴产业和传统制造的转型升级，对产业发展和升级过程所需的技术和设备进口，在减免关税的同时，实施增值税先保后征的政策，替代现行先征后抵的政策。

四是加大产业和市场准入管理力度，严格限制高能耗、高污染产业的发展和产品的进口。继续推进 2008 年因国际金融危机而停顿的加工贸易准入制度进程。对固体废物进口和再生资源的利用，要实施更加严格有效的管理制度，克服部门管理脱节、管理无效的困难。

五是充分发挥国内市场的巨大威力，更加积极地参与国际规则制定，提升国际市场话语权。未来5~10年，我国消费规模将有巨大增幅，中国经济将迎来消费黄金期。在市场为王的时代，谁拥有经济市场，谁就拥有经济的主导权。利用好这一巨大市场，既是发展内需主导型经济的内生力量，也是吸引国际投资、扩大进口的重要条件。把国内庞大的市场资源组织好、利用好，实现进口利益最大化，是我们面临的重大课题。

（3）优化自贸区战略，实现贸易、投资、服务的综合平衡，在更深层次上整合国际资源，获得国际合作与竞争的新优势。当前我国对外经济不平衡的状况一时还难以根本改变。在世界贸易组织多边框架难以取得进展的前提下，通过优化自贸区战略实现对外经济再平衡是理性的选择。解决的思路是，在战略目标和对象国选择上，既要考虑政治、外交取向，更应强调经济和产业取向，一定要选择经济互补性强的国家。货物贸易无法平衡的，通过服务贸易来平衡；贸易无法平衡的，通过投资来平衡。要对近10年来自贸区战略实施的实践和效果进行科学的评估，调整我国自贸区战略发展的方向。同时，把“走出去”战略与自贸区战略更加有机地结合起来。要通过自贸区战略为我国企业“走出去”创造更好的环境和条件。要研究“走出去”战略实施过程中我国企业在境外生产的资源和产品的进口政策问题。对国内产业发展所稀缺的资源和农产品进口，在进口税收上做出特殊安排，鼓励“走出去”，扩大进口。

（4）优化消费品进口管理，促进居民消费品进口，提高居民社会福祉。目前，居民消费品进口主要通过贸易和非贸易渠道，所以应当加强这两方面的管理。要优化消费品贸易管理，逐步放宽对消费品进口的限制，降低人民生活所需要的食品、日用品及部分高档消费品的进口关税，适当调整消费税，鼓励国外品牌代理并开拓内销渠道。同时，要加强对跨国网购和旅客旅游购物的管理。针对电子商务和跨国网购高速、无序发展的新情况，加强这两方面的政策制度建设和边境管理，这样既可以平抑贸易不平衡的状态，也可满足人民群众日益增长的消费需求，增进人民福祉。另外，规范高端消费品非贸渠道进口行为，打击“水客”和边民走私。

（5）改革口岸大通关管理，加大基础设施投入，降低通关及物流成本。现行口岸多部门实施进出境监督管理的体制增加了政府的行政成本和企业的经营成本，实行职能重组和管理创新十分重要。同时，加大口岸基础设施建设力度，建设大宗商品进口专用码头，加快交易、结算中心建设，完善口岸有关部门和单位之间的联系和配合，进一步优化口岸通关环境，降低通关和物流成本，提高口岸效率。

参考文献

［1］张维迎．中国改革30年：10位经济学家的思考[M].上海：上海人民出版社，2008.

［2］林毅夫．现代经济增长的本质是什么？——获中国世界经济学会“浦山世界经济学优秀论文奖”感言[J].国际经济评论，2013（1）：9-19.

［3］宋泓．国际产业格局的变化和调整[J].国际经济评论，2013（2）：9-20.

［4］金碚．中国工业的转型升级[J].中国工业经济，2011（7）：5-14.

［5］中国经济发展和体制改革报告NO.1：中国改革开放30年（1978—2008）[M].北京：社会科学文献出版社，2008.

［6］海关总署综合统计司．改革开放三十年中国对外贸易监测报告[M].北京：中国海关出版社，2009.

引导跨境电子商务规范化发展的研究[①]

一、跨境电子商务发展带来的挑战

（1）影响贸易政策的有效性。除国家禁限物品外，跨境电子商务都在国家贸易政策和管制之外，现行贸易政策对 C2C 和 B2C 的跨境电子商务不适用。贸易碎片化瓦解了我国贸易政策和制度的完整性和有效性。随着跨境电子商务高速发展，进口规模将迅速扩大，这将对国家贸易政策和制度构成很大的冲击。

（2）影响国家进口税收。由于目前国家对 B2C 和 C2C 的跨境进口电子商务定位不明确，习惯上通过跨境电子商务进口的商品被当作个人物品对待（包括部分城市正在进行的跨境电子商务进口试点）。目前，国家对进口个人自用物品设定了 10%、20%、30%、50% 四栏简易税率，加上 50 元的关税起征点，物品综合平均税负不但低，而且绝大部分的跨境电子商务是征不到税的。如果以 2013 年我国海外代购 767 亿元人民币且进口食品、日用消费品、化妆品和电器等四大类商品的综合税率推算，涉及税款超过百亿元人民币，但上述货物全部通过快件、邮件或个人携带入境，实际征得物品税（包括旅客入境超量携带征税、邮包超限值征税和四大试点城市进口电子商务征税）只有 3.01 亿元。

（3）影响贸易统计和商业统计。目前，跨境电子商务概念含混。除 B2B 实际纳入正常贸易实施进出口统计外，C2C、B2C 实际没有被纳入贸易统计，也无法纳入国内商业统计。研究机构大多用“海外代购”“海外网购”“境外旅游消费”“进出口快件”“邮包”指代分析，挂一漏万，不严谨、不科学，实际数字要大得多。迅猛发展的跨境电子商务没有被纳入正常贸易统计，大大拉低了近年来我国进出口贸易规模和发展速度。这对政府贸易管理和宏观决策、贸易平衡

① 原标题《把跨境电子商务引入规范化发展轨道——从引导电商境内开店开始》，刊于《海关研究》2014 年第 4 期。

分析都产生了不利影响。随着跨境电子商务规模越来越大，这方面的问题会更加突出。

（4）消费者权益得不到有效保护。由于大量进口电商设在境外，不受国内法律规范和约束，一旦消费者权益受到侵害，本国法律很难对其实施有效保护。近年来，通过跨境电子商务的侵权、欺诈越来越多，商品范围包括食品、药品，违法方式包括境内人员到境外作案等，问题日趋严重。

（5）存在安全隐患。由于跨境电子商务成交方式的特殊性、主体的多元性、信息的不对称性，毒品、违禁印刷品甚至核生化爆等对社会安全构成巨大隐患的物品，容易通过分拆藏匿方式进口，逃避监管，海关等监管部门实施有效打击难度加大，对反恐维稳构成新的挑战。

社会广泛叫好的跨境电子商务之所以会成为各部门争执的一大焦点问题，其原因主要表现在两个方面：一是监管制度不到位，即没有对跨境电子商务形成行之有效的监管模式；二是税收制度不到位，即对跨境电子商务进口的商品适用哪项关税政策、如何计征没有明确的征管制度。“两个不到位”进一步凸显了社会对跨境电子商务定性上的认识分歧。认识不统一，定性有分歧，导致监管模式和税收制度的严重滞后。

二、对跨境电子商务科学定性

现行法律制度将进出口商品划分为贸易货物与非贸易物品两大类，前者以交易盈利为目的，称为货物贸易，适用贸易政策，海关按进出口货物贸易进行监管征税；后者以个人自用为目的，以“自用合理数量”为前提，适用非贸易物品监管制度，对超出“自用合理数量”的部分适用行李邮递物品进口税率（即物品进口四栏税率）。

以互联网为基础的跨境电子商务打破了上述传统贸易与非贸易的界限。跨境电子商务通过手段和方式创新，把公司之间的传统贸易变成了 B2B、B2C、C2C、F2C 等新型贸易业态。大块贸易变成了碎片化的电子商务，贸易公司之间的买卖变成了电商与消费者之间的零售，交易的双方隐在后台，物流商（快递公司）走到前台，大部分跨境电子商务进出口商品通过快递公司（即物流商）向海关报关纳税。传统划分贸易与非贸易的界限变得模糊不清。因此，当务之急是明确跨境电子商务的贸易属性。

明确跨境电子商务的贸易属性是破解难题的基础，引导境外电商将网店开到境内是破解难题的方向。跨境电子商务是进出口贸易的新业态，电商是这一新型商业模式的主体。电商通过批发或分销的方式向广大消费者销售商品，商业目的十分明确。一些试点城市正在进行的进口跨境电子商务试点更加清楚地说明了这一点。电商将商品批量进口并在特殊监管区域存储，然后向境内广大消费者分销。这与旅客个人出入境时携带，或者传统上亲友之间通过邮寄进出境合理数量的自用物品有本质的区别。

三、探索适应跨境电子商务的海关监管模式

所谓海关监管模式，是指海关为规范和管理进出境行为、实现贸易及其他管制目标而设定的进出口申报、查验、征税制度。在确定跨境电子商务监管模式时，必须紧紧抓住电商这一特定主体，明确其在经营跨境电子商务活动中的地位、权利和义务。建立适用跨境电子商务的简易通关程序，单件包裹价值超过 1 万元的，不适用简易通关程序，按正常贸易通关。

建立海关统一的跨境电子商务平台，推动海关与电商、第三方支付、第三方物流信息互联，实现电商信息流（接受消费者订单信息）与第三方支付的资金流（货款）、快递公司的物流（小件货物）的实现对碰和相互印证，将跨境电子商务的交易完全纳入海关监管，既严密监管，又保证快速通关。

为确保反恐和安全的需要，必须加强对跨境电子商务进口商品的实际监管。针对跨境电子商务链条上的部分电商、转运公司、代购商等经营主体准入门槛极低的情况，海关有必要联合其他相关部门，对电商、转运公司等物流商、代购商进行准入和登记管理，严格准入门槛，完善相关法律法规，对其资质和业务流程合法性进行必要审核。另外，应加强高科技查检设备的投入，加强对进出口包裹和商品的反恐安全检查。

四、创新适应跨境电子商务的关税制度

跨境电子商务属于贸易性质，但其网络化、碎片化、即时性的特征显然不能适用普通进出口货物的税则，也不能适用常规进出口货物的申报、估价和计征方式，而采用简化税则和电商代扣代缴的征税方式是可选的方案。可借鉴其他国家和地区海关的做法。一是发达国家多实行单一税则，即不区分贸易货物与非贸易物品，且税率分栏也简单，因此，适用税则相对简单；二是适用普通进出口货物的税则虽然相对复杂，但对跨境电子商务进出口商品制定简易税则，

适用简易征收方式。我国海关则实施了关税与进口增值税、消费税复合的物品税（也称行邮税），但与普通货物进口的关税与增值税、消费税综合相比，税差太大，相差30% ~ 50%，甚至相差80%。建议在我国现行进口物品税基础上，按关税和增值税、消费税的加权平均，设定跨境电子商务进口货物的2栏综合税率（见表1），即普通日用品为30%，适用特别消费税的奢侈品为60%。

表1　跨境电子商务主要商品物品税与货物税对照　　单位：%

序号	跨境电子商务主要商品	物品税率	货物平均综合税率（关税、增值税、消费税）
1	奶粉（以1901婴幼儿零售配方奶粉为例）	10	34.55
2	服装（以6104女式连衣裙为例）	20	36.07
3	高档手表（按9101、9102平均税率）	30	68.18
4	化妆品（按3304平均税率）	50	84.35
5	电子产品（以8471、8525为例）	10	17.00
6	保健品（以鱼油为例）	10	31.04
7	日用品（以纸尿片为例）	10	25.77

在征税方式上，对经认证的电商，可实施电商代扣代缴，即电商根据销售商品的成交价格，按照综合税率履行代扣代缴税款的义务，所扣缴的税款通过跨境电子商务服务平台的第三方支付模块自动缴入国库。每宗交易在税款进入国库后即自动生成包括商品品名、价格、所缴税款、电商和消费者等信息的二维码，由电商发送给物流商，物流商接收二维码后将其印刷在快递货物的外包装上，当快递货物入境时，海关扫描二维码即可获得商品的全部信息，实现税款已付商品的快速通关。

五、做好保障与效应分析

加强跨境电子商务海关监管与服务，除需制度、方式、技术等保障外，立法是其重要关节。通过立法（部门规章）明确从事跨境电子商务的电商必须在中国境内注册，接受中国海关监管。对坚持不在中国境内注册的电商，虽然仍可以经营，但由于海关不赋予其代扣代缴的权利和义务，将因无法享受高速无障碍通关的便利而失去竞争力。针对国外支付机构垄断跨境电子商务支付市场且其拒绝向海关提供资金流信息问题（如PAYPAL），也应引导其在中国境内注册，遵守中国相关法律法规，实现海关通关作业系统与第三方支付平台信息的互联互通。

上述制度设计可以产生如下社会效应：

一是实现严密监管。电商将店开在境内，接受中国法律监督。同时，跨境电子商务平台实现了跨境电子商务的信息流、资金流、物流相互对碰印证，并把全部跨境电子商务纳入海关有效监管，从而将跨境电子商务引向规范有序的发展轨道，有效实现安全反恐等社会要求。

二是增加国家税收。较好地平衡了一般贸易进口货物与跨境电子商务进口商品之间的税负差，维护了关税制度和贸易制度的完整性、有效性，消除了电商通过低报瞒报商品价格偷逃税的利益冲动，每年可为国家多征收上百亿元，甚至几百亿元的税收。同时，境内的大批电商作为国内纳税人还将向政府贡献可观的营业税和所得税。

三是通关便捷高效安全。海关监管和征税完全嵌入跨境电子商务的交易过程，实现网上无缝对接，手续便捷高效，也节省了海关人力。更为重要的是，采用电商代扣代缴的模式可避免国内消费者可能因海关对进口商品征税而产生抵触和抱怨情绪。

四是完善贸易和商业统计。通过立法让所有电商在中国境内设立公司，对完善贸易统计分析、支持国家贸易平衡将起到重要作用。

注

1. 中国电子商务研究中心监测数据显示，2013 年我国跨境电子商务交易额约 3.1 万亿元。

2. 据海关总署统计，2013 年海关征收进口物品税（包括旅客入境超量携带征税、邮包超限值征税和六大试点城市进口电子商务征税）4 亿元。

3. 据商务部统计，跨境电子商务企业平台现已超过 5000 家，境内通过各类平台开展跨境电子商务业务的外贸企业已超过 20 万家。

关于全力推进上海跨境贸易营商环境建设的研究报告①

为深入贯彻习近平新时代中国特色社会主义思想和党的十九大精神，全面落实习近平总书记在2017年中央财经工作领导小组第十六次会上做出“加大营商环境改革力度”的重要指示，上海海关全力做好自贸区和自贸港海关建设、科创中心建设、国际进口博览会海关监管服务、跨境贸易营商环境建设“4篇文章”。

2018年是改革开放40周年。上海海关坚决贯彻习近平总书记“将改革进行到底”的重要指示，积极响应上海“改革开放再出发”的总体要求，把“4篇文章”统筹起来一起推进，最终做好上海改革开放这篇大文章。我们开展“大对标、大调研”主题活动，立足最高标准、最高水平，找到“再出发”的突破口，提升海关服务上海的能力水平。

一、联合开展跨境贸易营商环境课题调研

上海海关与上海港务集团分别作为跨境贸易监管部门代表和企业方代表，邀请跨国机构和国内专业机构作为独立第三方组成联合工作团队，从2017年10月到2018年1月，开展了历史上第一次“建设一流跨境贸易营商环境”课题调研。

这次调研的主要内容包括：①采集汇总系统数据，对上海口岸从船舶靠泊到货物提离全过程的各时间节点和财务分摊清单进行全景扫描。②应用大数据科学分析各时间节点需办理手续、涉及部门、所用时间、经济成本等。③对标国际通行规则和标准，查找短板弱项，摸清进出口企业的难点、痛点、堵点。

① 成稿于2018年1月。

④邀请各方专家“诊脉开方”“对症下药”，提出行之有效的口岸集中整治和改革优化方案。⑤上海海运口岸进出口货物通关时效和费用成本。调研方法包括抽样调查、统计分析、问卷调查、实地考察、座谈研讨、个别访谈等。其间，上海海关、上港集团主要领导多次共同听取课题阶段性进展情况汇报，共同召集课题研讨会、评审会近 6 次。我们先后召开企业和专家调研座谈会 8 次，参与企业 50 多家。收集海关内部和航运、报关、船代、货代、港务、货主、车队等企业建议 150 余条。抽取样本为：2017 年 10 月 16—22 日一周上海港进出口整箱货物数据，样本数量涉及 9.9 万标准箱，7.4 万票报关单。

这次调研的结果显示，上海海运口岸一般贸易进口从船舶靠泊到货物提离港区总平均用时约 199.8 小时。其中，向海关申报到海关放行平均用时 17.3 小时，占比仅 8.7%；抵港靠泊到向海关申报平均用时 108.9 小时，占比 54.5%；海关放行到货物提离港区平均用时 73.6 小时，占比 36.8%。

如果我们把进口货物通关全过程分为从抵港靠泊到向海关申报、从向海关申报到海关放行、从海关放行到货物提离港区三个阶段，那么我们可以得出以下结论：上海海运口岸进口货物通关全流程用时中，90% 以上（91.3%）消耗在抵港靠泊到向海关申报、海关放行到提离港区“一前、一后”两个阶段，中间海关通关环节用时占比不到 10%（8.7%）。

二、影响上海口岸通关时效的问题和短板

我们重点对货物报关前、海关放行后两个阶段的通关过程进行“切片”分析，初步认为影响上海口岸货物通关时效、困扰跨境贸易监管的主要因素有以下几方面：

一是串联作业环节多，依次办理影响通关时效。虽然海关早已明确船公司在开船前 24 小时传输舱单，提货单不再作为申报前置条件，船公司放箱与海关放行没有必然联系，但是受习惯思维影响，船公司、报检报关代理、货代、车队还是一成不变地按照串联作业流程办理。

二是无纸化作业程度低，耗费大量时间和财务成本。在货物运抵靠泊到向海关申报阶段，换单环节平均耗时高达 56.1 小时，主要原因是纸质单证传递、窗口人工逐票核对签发。在海关放行到提离港区阶段，集装箱“设备交接单”平均耗时约 24 小时，也是因为纸质单证转接。

三是系统封闭资源分散，导致口岸通关信息不对称。从许可证件管理看，

参照世行标准，上海口岸涉及跨境许可证件20余个，由各部门分别审批，耗时不等，大多数贸易管理证件不联网。船公司、船代、进口商、货代、报关、港区服务等码头作业信息由各家掌握，系统没有统一集成。

四是涉及部门多主体，增加作业环节和成本。口岸通关既涉及海关、国检等执法单位，也涉及船公司、货主、报关及代理企业，码头、堆场、港区服务企业等各类主体，导致实际环节多、手续多、耗时长、财务成本高。

五是社会信用无保障下的"有罪推定"理念，可能增加企业通关合规成本。目前以法治为保障的社会诚信体系和信用管理制度配套并不完善，在这样的背景下，监管部门仍以"有罪推定"理念实施监管，可能给企业增加不必要的通关成本。

三、研究制定优化上海跨境贸易营商环境专项行动方案

针对调研中发现的货物通关时效短板问题，我们坚持问题、需求、结果三个导向，会同相关部门共同研究提出了一整套优化上海跨境贸易营商环境的改革方案及配套制度。在此基础上，制定形成优化上海跨境贸易营商环境专项行动方案，为创建"最安全、最便捷、最高效、最透明、最廉洁"跨境贸易营商环境打造上海样板。

总体思路是：依托互联网、大数据、物联网和区块链等现代科技手段，以"创建跨境贸易智慧通关新模式"为根本路径，打造跨境贸易大数据管理平台，再造码头智能作业流程，率先建立以信用管理为核心的监管服务新机制，真正实现"抵港前提前申报，靠泊后船边直提，放行后智能提货"，助力上海打造"法治化、国际化、便利化"营商环境新高地。

（一）创建跨境贸易大数据管理平台

我们从上海新一轮改革开放重大成就的高度，充分认识这项工作的重大意义，拿出应有的担当和作为，在海关总署和地方党委政府的领导下，会同相关部门扎实推进。我们已经与上海国际港务集团有限公司、中国远洋海运集团公司正式签订了三方战略合作协议。组建了平台建设领导小组和工程小组，制定了工作方案，明确目标任务、时间节点和责任分工，抓好督促落实。

我们的基本构想：一是把进出口商交易信息、承运人物流信息、港务（码头）当局服务信息、银行支付和保险信息，以及企业ERP系统相关模块接入平台。监管部门通过平台对全球贸易链、供应链实行全程跟踪管理、数据集成展

示和综合比对。二是分析结果应用于证件验核、实货监控、风险分析等海关监管过程，情况正常的，货到港后直接船边提货，实现无障碍通关。对不愿意向平台开放信息的货物，借助风险分析实施精准监管、精确打击。三是以平台建设为推动力，再造跨境贸易通关作业流程，优化码头现有作业模式，提高信息化、规范化、智能化水平。

（二）打造跨境贸易智慧通关新模式

通关作业环节前推：①货物启运前，舱单提前传输。承运方（包括船东和船代）向平台提供装货计划、航线靠泊、载货图等数据，并按规定在舱单传输环节向海关传输舱单。②货物运输途中，提前申报。进口企业在货物抵港 24 小时之前向海关申报和换单。③货物到港前，提前分析。所有数据完成自动比对印证，海关完成审核、征税、统计等作业。④到港靠泊后，船边直放。海关等部门对大部分无风险、低风险货物第一时间下达放行指令，企业可到船边径行提离货物，真正实现无障碍通关。对不愿意向平台开放信息的货物，实施精准监管、精确打击。

强化监管优化服务：①简化、优化通关环节和手续。率先试点报关报检“并联”。将理货与海关放行脱钩，船公司放箱与海关放行分离，海关征税与放行分离。②推进通关作业无纸化。参与“单一窗口”建设，加快许可证联网监管、网上支付、随附单证递交等无纸化。③提升货物查验和施检效能。实施查验指令与审结同步发出（除特殊布控外）、非侵入式查验、市场化施检。码头统筹关检“一次开箱”，研究优化港区专业人员陪同查验制度。

（三）再造码头智能化作业新流程

实行码头业务重组：对码头所有环节生产运作情况进行信息化跟踪；提单换单、装箱单、设备交接单等无纸化办理；船舶到港后快速调箱、分类卸货和堆存，提箱智能化安排；集卡司机自动化提货；提升物流运输效率，完善空箱流转模式，简化水—水中转手续，优化道路交通环境；规范码头作业时限和收费标准，所有收费项目做到公开、透明。

下一步，我们要从国际最高标准、最高水平，从国家全面开放新格局的高度，深入思考跨境贸易营商环境改革与“一带一路”、自贸区和自贸港区建设、国际进口博览会、全国通关一体化等改革的关系，找到国家战略、海关改革和地方发展的结合点，把跨境贸易营商环境改革任务细化落实好。

加快改革配套措施建设：加强配套法律制度研究，加快改革涉及的舱单申报、电子签名等合法性研究。发挥科技创新在智慧通关中的作用，技术条件成熟后逐步将区块链技术应用于大数据平台。建立健全作业时间评价体系。规范查验作业标准化、专业化建设。

以举办中国国际进口博览会为契机，不断完善跨境贸易新平台，构筑跨境贸易新标准，推动政府提升监管效率，实现“市场向国际开放，进口向上海集聚，通关向智能提升”的愿景。

坚持边调研边试点边完善：在试点基础上，结合平台建设进度，进一步扩大试点范围。边深入调研，边听取意见，边解决问题，边改进思路，打好平台建设和业务框架基础。

我们还要进一步加强改革措施宣传和评估。做好近年来口岸提效降费措施宣传。组织面向全社会的改革宣讲、培训讲座等。以企业和人民群众的获得感为标准，评估反映改革效果。

关于海关参与、完善我国服务贸易统计的重要性、必要性及可行性研究①

改革开放以来，我国货物贸易和服务贸易进出口发展迅猛，2013年我国成为货物贸易第一大国，2014年我国成为服务贸易第二大国。2018年，我国服务贸易进出口额达5.24万亿元，同比增长11.5%（高出货物贸易增速1.8个百分点），占我国外贸总额的比重为14.7%。同时，我国经济发展由高速增长阶段转向高质量发展阶段。随着我国举办国际进口博览会、持续深化自贸区建设等高水平开放举措展开，我国与世界各国的跨境服务交往必将越来越密切。

服务贸易多为无形产品，跨境流动方式多为网络传输，软件、知识产权等服务形态往往与货物贸易交织在一起；海关处于国门一线，肩负着货物贸易的监管统计等职能，参与、完善服务贸易统计具有重要意义。

一、海关参与、完善我国服务贸易统计的重要性

海关参与、完善我国服务贸易统计的重要性主要由近年来我国服务贸易的快速发展、海关作为进出境监督管理机关的部门职责等因素所决定。

（一）服务贸易已成海关统计不可忽视的重要研究课题

在经济全球化不断加强的背景下，国家服务贸易取得了飞速发展，成为推动世界经济增长的重要动力。当前，我国同样高度重视服务贸易发展状况，其已成为我国经济发展不可或缺的一部分。因此，海关作为国家进出境监督管理部门，在以往仅仅研究、分析进出口货物统计的基础上，收集、监测服务贸易进出口情况，成为现代化海关建设进程中必须给予充分关注的重要课题。

① 成稿于2020年。

（二）服务贸易规模不断扩大使统计信息越发重要

随着经济全球化进程的加快，国际服务贸易的发展日益引人关注。全球经济竞争的重点正从货物贸易转向服务贸易，服务业与服务贸易的发展水平已成为衡量一个国家现代化水平的重要标志。以美国为例，1950年，服务业占美国国内生产总值（GDP）的比重仅有43%，到1990年上升至61%，现已接近80%。服务业占日本GDP的比重也已经达到68%，新西兰服务业占本国GDP的比重则为72%。从发达国家整体来看，服务业占其GDP的比重从1980年的61%上升至2015年的76%。发展中国家的经济也日益以服务业为基础，服务业占中国GDP的比重从2005年的41%上升至2018年的52%，服务业占印度GDP的比重从1970年的30%上升至2018年的49%，巴西的这一比重2018年已经高达63%。1980—2015年，所有发展中国家的这一比重平均从42%上升至55%。

在此背景下，我国政府、企业及相关研究机构日益渴望对跨境服务贸易进行全面、准确和具有国际可比性的统计数据信息采集与分析。服务贸易统计不仅有助于从全新的角度认识我国社会经济发展状况和了解国情、国力，更重要的是其显示了我国与国际其他经济体的贸易联系程度，为开展多边、双边贸易谈判提供了不可或缺的数据信息依据。因此，服务贸易统计的社会需求日益迫切。

（三）海关监管职责为服务贸易统计提供重要依据

从理论上分析，由于实体货物、无形服务均代表了生产过程的某种成果，加之实体货物贸易价值的计算中有的已包括了无形的服务价值，服务贸易的价值计算中也可能包括了货物的价值，因此，两者早已是“你中有我，我中有你”。服务贸易已在诸多方面直接接受海关监管，其经营活动也在海关统计数据中得到了体现。具体来看，基于我国海关监管职能的实施，要求进出口货物以及运载货物、人员的运输工具必须从海关规定的地点进出境，这对国际运输服务来说，意味着运输服务的中止和服务提供者的更换；海关也将随之将进出境人员、运输工具等内容纳入相关统计项目。另外，作为国际运输服务重要组成部分的港口服务也直接受到海关管理职能的影响，海关为其提供了方便的进出境手续或低税率，从而吸引国际服务提供者经营存储、包装、加工、交易等工作。上述工作业务量也将由此被纳入海关统计。

此外，从全球海关发展趋势来看，大多数国家海关代行国家外汇管理的职能，世界银行经常通过海关监管来实际控制借款国经常项目的国际收支；同时，海关对进口租赁业务特殊的监管条件，直接影响该国租赁服务业的发展。因此，基于海关职责所在，其在监管中所检测、统计的数据信息，可为我国服务贸易统计提供重要参考。

二、海关参与、完善我国服务贸易统计的必要性

海关参与、完善我国服务贸易统计的必要性主要基于国家服务贸易发展战略、世界服务贸易发达国家先进经验以及当前国内服务贸易统计实施现状来考量。

（一）国家服务贸易发展战略使海关参与其中成为必然

《国务院关于加快发展服务贸易的若干意见》明确提出要做大服务贸易规模：到2020年，我国服务进出口额超过1万亿美元，服务贸易占对外贸易的比重进一步提升，服务贸易的全球占比逐年提高。这是国务院首次全面系统地提出服务贸易发展的战略目标和主要任务，并对加快发展服务贸易做出全面部署。在此背景下，海关作为部分服务贸易统计数据的产生部门，责无旁贷地需要在国家服务贸易发展战略框架内建立和完善与之相协调、配套的国际服务贸易统计监测分析体系。

（二）国际先进实践经验为海关参与服务贸易统计提供参考

当前，美国服务贸易规模不仅高居全球榜首，同时也是世界上唯一能够按照国际货币基金组织IMF1993年编制的《国际收支手册》第五版（简称BOP统计）和世界贸易组织（WTO）在《服务贸易总协定》（GATS）中对服务贸易的界定两个标准编制国际服务贸易统计数据的国家。美国商务部相关部门在正式对外发布贸易统计数据时，其发布内容涉及货物贸易和跨境服务贸易数据两个方面。

我国作为仅次于美国的世界第二大服务贸易国家，为进一步提高服务贸易发展质量、提升与国际统计数据的可比性，应积极借鉴美国统计技术及先进的实践经验；同时，参照美国货物贸易、服务贸易统计数据，合并发布、充分展示国家经贸发展特点，成为我国海关统计发布制度向前发展的必然趋势。

（三）完善服务贸易统计体系是社会需求对海关的必然要求

尽管当前我国服务贸易统计框架已初步建立，但是从现实运行情况来看，其仍然处于起步探索阶段，很多方面有待不断地修正与完善。例如，由于对企业的统计调查体系尚未全部建立，部分服务贸易统计数据仍需要根据相关资料推算产生，特别是一些详细的分组数据还无法确定，从而对服务贸易整体数据的准确性存在较大影响。同时，受现有服务贸易统计数据的采集流程所限，其

在数据的及时性方面与日益增长的社会需求亦有不小的差距。

为尽早改善服务贸易统计工作中存在的上述问题，海关作为该统计体系框架内的一员，应在协调、配合国家服务贸易统计工作的同时，依据自身业务职能特点进行统计探索，结合海关进出口货物贸易统计发展特点和规律，为服务贸易统计工作的发展积极贡献力量并参与其中，这也是国家服务贸易统计工作为满足社会需求对海关提出的必然要求。

三、海关参与、完善我国服务贸易统计的可行性

海关参与、完善我国服务贸易统计的可行性主要源自海关现行的货物贸易统计体系、贸易统计人才储备、先进的大数据、云计算技术手段等多方面因素。

（一）构建新型统计体系为海关参与服务贸易统计提供契机

海关统计工作贯彻落实党的十八大提出的重要战略决策，就是要将工作的重心从以往主要关注我国外贸进出口数量、增长速度和总体规模转变到数量与质量、速度与效益、规模与水平并重上来，建立一整套与转变经济发展方式相适应、有利于促进全面提高开放型经济水平的新型海关统计体系。为此，服务贸易作为当前我国对外贸易发展中的重要组成部分，海关在构建新型统计体系的进程中，必将给予其充分的关注，并借此重要契机将其有效纳入海关统计新体系。

（二）货物贸易统计体系为海关参与服务贸易统计提供参照

自 1980 年我国恢复海关统计工作以来，海关进出口统计工作经历了 30 多年的完善与发展。海关统计已在实践中形成一套较为系统、完善的工作制度和方法，其在进出口货物统计过程中的准确性、及时性日益得到社会各界的广泛认可。因此，海关在数据收集、整理、分析、使用等方面的做法，为其参与服务贸易统计工作改革与完善增添了重要砝码，有利于把货物贸易中一些先进的统计技术、工作方法向服务贸易实现有效的移植。

（三）大数据、云计算应用为海关参与服务贸易统计提供技术保障

服务贸易统计由于涉及 12 大类行业，且数据具有种类体量庞大、类型繁杂、采集部门众多等鲜明的大数据特点，因此，当前的大数据应用技术为海关参与服务贸易统计提供了业务流程再造、数据的采集以及数据质量控制的先决技术条件。同时，将大数据处理技术与云计算、云存储等新技术相结合，可大幅提高海关参与服务贸易统计的安全性、便利性及数据共享功能，为该项工作顺利开展奠定技术基础。

（四）专业统计队伍为海关参与服务贸易统计提供智力支持

近年来，海关统计在国家宏观调控和海关管理中的作用不断增强，海关统计队伍不断壮大，海关统计人员素质不断提升。特别是近年来伴随着海关整体业务的改革创新，统计成绩斐然，贸易统计数据质量检控分析系统、报关单数据质量检控分析系统、业务统计管理系统相继开发完成，基本囊括了海关业务管理的各个方面，在此基础上设计研发的执法评估和监测预警系统，更为充分展示海关统计工作立下汗马功劳。因此，一支专业化、精良化水平不断提升的海关统计队伍，也为海关未来深入参与服务贸易统计提供了强有力的智力支持。

（五）与服务贸易相关的业务为海关参与服务贸易统计提供样本

尽管当前海关统计数据中能够直接体现服务贸易方面的内容非常有限，主要涉及服务贸易中能够以有形资产进行申报通关的进出口货物数据（例如9803出口软件、承包工程进口等项下统计），但上述内容在一定程度上为海关未来深入挖掘服务贸易可货物化范围提供了样本及切入点。同时，借鉴申报环节海关较为完备的报关单填报体系，增加与货物相关的服务贸易填报工作，同样也为海关参与服务贸易统计在方式方法上提供了参考。

（六）部门合作机制可为海关参与服务贸易统计提供外部条件

由于服务贸易统计数据采集主要由外管局和商务部来完成，数据内容涉及商务部、文化和旅游部、海关总署、知识产权局等多个单位，因此，多部门之间构建顺畅的联系沟通机制成为有效完成服务贸易统计工作的必然要求。海关作为其中一员，目前与上述单位均保持着良好的配合关系。国内部分海关按照《商务部与海关总署协作备忘录》有关部署，与地方商务部门签署关贸协作备忘录，开展商务信息与海关预警信息合作与交流。同时，与国家外汇管理部门签署合作机制。基于当前海关尚未建立服务贸易统计的实际情况，良好的合作机制为海关数据采集铺平了道路。

综上所述，从上述海关参与、完善我国服务贸易统计的重要性、必要性及可行性来看，目前从制度层面将服务贸易纳入海关统计已显得较为迫切；同时，从具体实施层面来看，海关可进一步加强与现有服务贸易统计部门的联系和沟通，通过多种渠道提高服务贸易工作的参与度。当然，通过对现有海关统计数据中涉及服务贸易的相关数据进行实证研究与对比，目前海关拥有的与货物相关的服务贸易数据，仅仅是服务贸易整体情况的冰山一角，未来还有诸多难题需要攻克，任重而道远。

优化跨境贸易营商环境 助力民营企业发展壮大①

党的十九届四中全会指出，要建设更高水平开放型经济新体制，实施更大范围、更宽领域、更深层次的全面开放。笔者结合海关工作实际，主要从对外贸易角度与大家进行交流。

一、民营企业在对外贸易发展中越来越发挥出举足轻重的作用

2019 年，受中美贸易摩擦等因素影响，在外商投资企业和国有企业进出口均出现同比下降的背景下，民营企业进出口实现了逆势增长，成为我国对外贸易第一大企业主体。从民营企业所表现出的强劲韧性中，我们可以看到：

第一，民营企业具有较高的价格竞争优势。特别是在纺织服装、玩具等劳动密集型产业上，2019 年前三季度民营企业出口增长 9.9%，国有企业、外商投资企业出口分别下降 2.5% 和 2.3%。价格竞争力是民营企业参与国际市场竞争的突出优势。

第二，民营企业在开拓新兴市场方面表现突出。我国对非进出口总值的 54.2%，对东盟进出口总值的 46.6%，均由民营企业贡献。在推进“一带一路”建设中，民营企业表现依旧突出，2019 年前三季度对沿线国家合计进出口 3.18 万亿元，增长 16.9%，比全国对“一带一路”沿线国家进出口整体增速高出 7.4 个百分点。

第三，民营企业参与对外贸易的活力持续激发。前三季度，我国有进出口记录的民营企业数量达 37.4 万家，同比增长 8.7%，占同期我国进出口企业总数的比重从 2018 年的 78.5% 提升至 80.6%。

① 来源于笔者在全国政协经社理事会大会上的交流发言（2019 年 11 月 29 日，郑州）。

二、切实担负起支持民营企业发展壮大的历史使命

（1）推动营商环境高质量发展，提升民营经济活力。打造高质量的营商环境，是服务民营经济发展的根本性举措。上海海关联手港务部门邀请跨国机构，联合对上海口岸营商环境进行全息扫描分析，引入大数据、区块链和5G技术，提出建设跨境贸易大数据平台这一创造性举措。目前，大数据平台已汇集生产、贸易、物流、税务、工商、外汇等各方数据125亿条，与国际贸易“单一窗口”、船公司和港务部门实现无缝对接，“优享订舱”“靠泊即提”等系统功能成功上线，用大数据实现安全与便利的高度有机统一。根据世行最新发布的全球营商环境报告，我国营商环境跃居全球第31位，其中跨境贸易指标提升了9位。上海在其中的贡献度权重达55%。

（2）加强制度创新，拓宽民营企业发展空间。我们立足上海资源禀赋优势，联结国际、国内两个市场，为民营企业发展创造更大空间。以国际进口博览会为契机，推出常态化保税展示展销创新制度，设立虹桥商务区保税物流中心、绿地保税展示展销场所，在海外展商、国内采购商和渠道商之间搭建起合作桥梁，打通展品变商品的通道，为民营企业承接国际进口博览会溢出效应提供了全新的平台。针对跨境电商蓬勃发展的态势，我们联手阿里公司，开展跨境电商数字清关改革试点，把产业链上各类主体的贸易数据连接起来，打造更加透明便利的通关流程。

（3）把“放管服”政策落到实处，让民营企业轻装上阵。先后取消行政审批事项13项，下放核批权限、减少核批环节76项，42种监管证件实现联网核查，行政审批100%网上办理，海关涉企服务性收费全部取消，检验检疫处理收费一律调整到国家规定标准以下。为让守法企业享受最大通关便利，率先建立审慎容错、主动披露机制，设立疑难单证受理专窗，疑难单证“一网通办”，让数据多跑腿，让企业少跑路。

三、以更大力度促进民营企业对外贸易发展

面对国内外风险挑战明显增多的复杂环境，民营企业发展也面临着极大的挑战。从国际环境看，中小民营企业对美出口涉税商品高于国有企业和外商投资企业，受中美贸易摩擦的影响也就更大。从国内经济条件看，劳动力成本上升、新旧动能接续转化的压力依然较大，民营企业过去依赖的劳动力成本红利

正在减少。对此，提出以下建议：

一是细化支持民营企业发展政策措施，优化民营企业营商环境。营造长期稳定的政策环境，消除对民营经济的各种隐性壁垒，保证其依法平等参与市场竞争。协调政府各部门打破信息孤岛和服务藩篱。加强各项扶持鼓励政策的效应评估和后续优化，增强企业的感受度和获得感。

二是积极搭建多样化服务平台，为民营企业“走出去”保驾护航。加强对外贸形势的研判和评估，为民营企业调整经营策略提供指导。通过在国外召开展销会、博览会等机会，建设海外仓、海外运营中心等形式，为民营企业开拓新兴市场搭建平台。

三是引导民营企业转型升级，加快新旧发展动能转化。引导企业充分利用综保区等海关特殊监管区域进入更高发展平台。为企业申请产品豁免、排除等提供个性化帮助，利用中方反制税收设立专项资金，支持民营企业进行技术改造，给予优惠政策，引导民营企业转型升级。

社会政策篇

关于城乡利益差别的政策研究①

本文力图运用马克思主义的基本观点，借助政治学、行政学、经济学、社会学等学科的知识，从公共政策角度研究我国城乡两个不同利益群体之间所存在的利益差别的形态、成因及其产生的后果，并探索解决这一问题的对策。

第一部分论述了新中国成立以来城乡利益群体的形成、研究利益差别的意义和利益差别的形态，着重指出利益差别的实质是政策差别。第二部分分析了我国城乡利益差别长期存在和扩大的原因。实施以高速工业化为目标的社会经济发展战略是这种差别的经济根源，城乡利益群体的不同地位和对公共政策的不同作用则是这种差别的政治原因，利益表达机制的缺失和群体结构与成员素质的差异又加剧了这种差别。其中，核心是政治地位和对公共政策影响力的不同。第三部分揭示城乡利益差别对社会政治、经济、文化发展产生的不利影响。通过以上研究，在第四部分尝试性地提出了改革完善政策过程、改革户籍制度、实现人员合理流动、调整有关经济社会政策等对策。

引　言

政治学的发展从传统的规范政治学，到20世纪40—60年代的行为主义政治学，向专为现实社会服务的“应用政治学”方向发展。20世纪70年代以来，公共政策研究在国际政治学领域的异军突起，正是“应用政治学”发展的重要标志之一。在国内，公共政策研究也日益被越来越多的人重视。

公共政策有狭义和广义之分。狭义的公共政策是指政府为解决某一公共问题而做出的各种决定，包括政府的命令、决定、决议、通知、意见、办法、规定等以及各种法规；广义的公共政策是指整个政治系统的输出，除了包括狭义

① 来源于笔者1990年4月完成的硕士学位论文。

的公共政策，还包括国家通过立法程序建立、制定的有关法律制度。

现代政治学的研究表明，公共政策不但是政府实现管理、规范社会事务职能的策略手段，而且公共政策本身承担着实现全社会价值物提取和分配的重要功能。公共政策所实现的对全社会价值物的提取和分配，是社会利益分配的最基本途径。长期以来，我们总是片面地强调，“政策是党或国家为实现一定历史时期的路线和任务而规定的行动准则”。一切政策都是为党的总路线、总目标、总战略服务的，而对政策所固有的提取、分配功能，没有引起足够的重视。客观上，由于政策提取和分配功能的存在，在政策制定过程中各种因素的制约使这种提取和分配往往有利于一方，而不利于另一方，从而出现利益分配中厚此薄彼的现象，这是我国当今社会存在利益差别的重要原因之一。所以，利益差别的实质是政策差别。新中国成立以来，我国城乡利益差别的存在，引起了许多专家、学者和党政领导的高度重视。从公共政策的角度研究城乡利益差别，将有助于我们认识现象实质，并求得问题的正解。

一、城乡利益差别及其形态

（一）城乡利益差别的界定

利益是一个被使用得十分广泛的概念。它通常是指某种好处，诸如国家利益、集体利益、个人利益等。虽然利益最早可能是就物质、财富等经济范畴而言的，但也常常超出经济的范畴，使其外延扩展到政治、社会、文化等各个领域。所以，今天人们所讲的利益已经不仅仅是指经济利益，还包括其他各种利益。利益一般具有这样几个特征：①它必须是人们普遍需要的价值物，如人为了生存以及生活所需要的自由和机会、收入和财富、自尊的基础等。②对这种价值物的需求，存在两个以上不同的主体，也就是为人们所普遍需要的，如果你需要而别人都不需要，便不成为利益。③通常这种价值物在数量上都是有限的，如果在质量上无差别，在数量上取之不尽，也无利益可言。④这种价值物往往是外在的。如果存在于人体内部，如人的身体、天赋是人所固有的，通常也不属于利益的范畴，只有在把人当作财产来占有时，才能把人本身列入利益的范畴。⑤利益通常是被划分和分配的，由于这种价值物在质上有别，在量上有限，而对这种价值物的需求主体又有多个，这样便必然要产生利益的分配或划分问题。⑥利益分配或划分的规则在不同历史阶段、不同社会制度下是不相同的。这种规则主要取决于社会制度，同时也受制于生产力发展水平。在社会主义制度以前，除原始社会存在原始公有制以外，其他各种社会形态都是建立在私有制基础上的，不同主体间的利益划分是以强力为原则的，获得利益的多寡取决于不同主体间的力量对比关系。所以，没有公平、平等可言。在社会主义阶段，随着私有制被废除、剥削阶级被消灭以及公有制的确立，从制度上确立了平等、公正地实施利益分配的可能性，但它不能不受到社会主义阶段生产力发展水平的制约。⑦利益的权威性分配通常是由政府通过制定各种各样的公共政策来实现的。

城乡利益差别，是指政府通过各种政策在城市和乡村两个不同利益群体之间所实现的社会价值物分配的多寡。城乡利益差别具有历史性、广泛性和强制性等特点。

（1）差别的历史性。城市对农村资源的挤占、城乡利益差别几乎与城市本身的历史一样久远。经济发展史揭示，整个经济发展的历史都是城乡对立、城市对农村剥夺的历史。这种差别是在历史中产生，也将在历史的进程中被消灭。按照马克思主义经典作家的设想，剥削阶级和阶级的消灭、私有制的废除、社会主义公有制的确立，将产生“最主要的结果”：“由于社会将剥夺私人资本家对一切生产力和交换手段的支配权，以及他们对产品的交换权和分配权，由于社会将按照根据实有资源和整个社会需要而制订的计划来支配这一切东西，所以，同现在实行的大工业制度相联系的一切有害的后果，将首先被消灭。”① 由此，城市对乡村的剥夺、城乡对立自然随之被消灭。“由社会全体成员组成的共同联合体来共同地和有计划地利用生产力；把生产发展到能够满足所有人的需要的规模；结束牺牲一些人的利益来满足另一些人的需要的状况；彻底消灭阶级和阶级对立；通过消除旧的分工，通过产业教育、变换工种、所有人共同享受大家创造出来的福利，通过城乡的融合，使社会全体成员的才能得到全面发展。”②

（2）差别的广泛性。城乡在利益上的差别，不但历史久远，而且范围广泛。这种差别首先表现在经济方面，而经济方面的差别则进一步影响政治、文化等各个领域，从而决定了自由与机会的多少，以及人的尊严的基础。

（3）差别是被强制实现的。利益差别的实质是阶级的政策差别，这种通过

① 中共中央马克思恩格斯列宁斯大林著作编译局．马克思恩格斯选集：第一卷［M］．北京：人民出版社，1972：222.

② 中共中央马克思恩格斯列宁斯大林著作编译局．马克思恩格斯选集：第一卷［M］．北京：人民出版社，1972：223-224.

强制实现的利益差别在资本主义制度确立以后，随着手工业向大机器工业发展，达到了登峰造极的程度。英国的“圈地运动”和长达几个世纪的对地域广大的殖民地进行的掠夺便是这种强制的力证。到了资本主义成熟阶段，虽然资本主义原始积累那种罕见的“羊吃人”和肆无忌惮的血腥殖民掠夺的时代已经结束，但是强制并没有消失。城乡的利益差别只是换了一种比较“文明”的阶级政策来实现。当然，这种城市对乡村的剥夺无论在方式上还是在程度上都比以前要缓和得多。

（二）研究我国城乡利益差别的意义

我国的社会主义革命胜利是在一个生产力水平极端落后的半殖民地半封建社会里取得的。工业落后，农民占全国人口总数的80%，构成了我国的基本国情。虽然在革命胜利后消灭了以私有制为基础的剥削制度，建立了社会主义公有制，但是当年恩格斯所设想的消灭私有制之后的“最主要结果”并没有完全呈现出来，城乡远没有走向融合，城乡两个不同利益群体一直存在和发展。对城乡利益差别的政策研究：①可以帮助我们了解中国社会的利益格局，特别是增强对占我国总人口80%的农村居民的实际现状的深刻认识；②从政策角度探讨我国农业生产率低下、农村相对贫困、农业发展大大滞后于工业、农民生产积极性不高，以及农业成为国民经济发展制约因素的原因；③可以找出政策差别的机制；④有利于从长远着眼，探索逐步调整和纠正城乡利益分配上出现的问题、促进城乡融合发展的策略与途径。

（三）城乡利益群体与城乡利益差别的形态

1. 中国农民的历史地位与城乡利益群体

新中国成立以前，我国是一个半殖民地半封建的国家，生产力发展水平低下。我国的社会主义革命超越了马克思主义经典作家的设想，它是在一个工业十分落后的半殖民地半封建社会进行的。工业无产阶级力量不够强大，占全国人口绝大部分的是农民。敌人的强大与工人阶级力量的相对弱小，使中国革命必须走与俄国革命不同的道路，中国的工人阶级必须与农民阶级相结合，走农村包围城市的道路，才能与数倍于自己的强大敌人抗衡。加上我国的产业工人与广大农民有着千丝万缕的联系，以及中国农民受压迫的深重，使这种工农联合成为可能，从而在中国社会出现了一个力量对比格局：帝国主义、封建主义和官僚资本主义结成了反动的一帮，工人阶级和广大的农民阶级组成了革命的联盟。这从一开始就奠定了中国农民在中国革命中的特定历史地位与作用。所以，从某种意义上说，中国革命实质上是一群代表工人阶级和广大农民利益和主张的先进知识分子领导的农民革命。中国农民在中国革命的进程中做出的贡献，毫不逊色于中国的产业工人。但是由于中国农民大部分带有浓重的小生产者烙印，他们观念保守、思想相对落后，更不是新的生产力代表，所以他们无法承担起领导中国革命的重任。他们是中国革命最可靠，也是最强大的同盟军。由于这种特定的社会环境和历史条件，中国革命胜利后建立的政权性质是工人阶级（通过共产党）领导的、以工农联盟为基础的人民民主专政的社会主义国家。农民始终是中国革命和建设的主体，在进入社会主义建设阶段后，他们依然是社会主义建设的主要力量之一。无论是新中国成立初期的土地改革、合作化运动和对农业的社会主义改造的胜利，还是党的十一届三中全会以后农村经济体制改革的成功，都有力地说明了这一点。新中国成立以后，为实现工业化，赶超英美国家，模仿苏联制定了一条工业化的总战略。为确保这一战略的实施，选择了一条工业化道路，从而形成了中国社会城乡两个不同利益群体，导致城乡利益的差别。

2. 户籍制度与城乡利益群体的最终形成

在城乡隔绝的壁垒中，户籍制度有着十分独特和重要的功能价值。

“早在新中国成立初期的 1950 年 11 月，当时的公安部部长罗瑞卿在全国治安行政工作会议上的总结报告中就明确指出，户籍工作是一件巨大的工作，做好了，对于我们保卫人民利益、发现和控制反革命分子的活动均有很大好处，并可得到很多供国家施政参考的有价值的资料。……户籍工作有一条基本原则，就是保障人民的自由，对人民要宽，给以合法的最大方便……”①

这项工作首先在城市开展。1951 年 7 月 16 日，公安部制定了《城市户口管理暂行条例》对城镇居民户口进行登记管理。1955 年 6 月，国务院发布了《关于建立经常户口登记制度的指示》，规定全国城市、集镇、乡村都要建立户口登记制度，从而统一了全国城乡的户口登记工作。在此之前，户籍管理工作的主要目的，在于社会治安，“发现和控制反革命分子的活动”。因此，对户口迁移尚未建立一套硬性的控制机制。

《关于建立经常户口登记制度的指示》下达后，全国迅速建立了统一的户口登记制度，1955 年 11 月 7 日发布的《国务院关于城乡划分标准的规定》指出，“由于城市人民同乡村人民的经济条件和生活方式都不同，政府的各项工作都应

① 张庆五 . 户籍手册［M］. 北京：群众出版社，1987：5.

当按城市和乡村有所区别，城乡人口也需要分别计算”，具体规定了城乡划分的标准。在当时，由于农副产品已经出现短缺，为了保障城乡居民日常生活必需的重要农副产品（粮、棉、油等）的供应，实行了以户口登记制度和统计为基础的定量供应办法。这一做法使户籍管理在原来的基础上又增加了辅助功能，即作为物资分配的重要依据。

1958 年 1 月颁布的《中华人民共和国户口登记条例》是在农村剩余劳动力越来越多、城市职工人数增加、供需矛盾更加突出、国家财政更加困难的情况下，为控制农村人口盲目向城市流动，也为建立更加完备的户籍制度而诞生的。为保障城市居民生活必需品供应，以户籍为基础发放的定量票证种类更多了。同时，它又增加了一项“控制农村人口向城镇流动”的新功能。如《中华人民共和国户口登记条例》第十条规定：“……公民由农村迁往城市，必须持有城市劳动部门的录用证明、学校录取证明，或者城市户口登记机关准予迁入的证明，向常住地户口登记机关申请办理迁出手续。”1962—1963 年，大约有 2000 万职工返回农村就业。以后，控制农村人口流入城市得到了强化。从 1964 年 8 月国务院批转的《公安部关于处理户口迁移的规定（草案）》，到 1977 年 11 月国务院批转《公安部关于处理户口迁移的规定》，都是为了控制人口流动。“至此，以控制户口迁移为基本特征的我国现行户籍管理制度已臻完善。”①

户籍的差别不在于它将公民的户籍划分为城镇居民或农村居民本身，而在于众多的社会利益分配是建立在这一户籍制度的基础之上的。一旦户籍制度与实物、福利资源、就业、经济来源、国家公职人员的选任相结合，城市和农村两个不同利益群体之间的壁垒便构筑起来了。城乡两个不同利益群体在一个新的历史条件下，以一种特殊的方式最终形成。

3. 城乡利益差别形态及其政策实现

（1）城乡差别就业政策。新中国成立初期，为了恢复生产、发展生产力、建设新中国，首先要解决的就是全国人民的“吃饭”问题。开展失业救济、安排重新就业是解决“吃饭”问题的根本途径，也是安定社会的重要措施。1950 年 5 月 19 日《政务院关于救济失业工人的指示》下达后，又于同年 6 月 17 日制定了《救济失业工人暂行办法》，确定了以工代赈为主，同时采取生产自救、转业训练，帮助回乡生产及发放救济金等办法。当时的劳动失业状况不但在城

① 《户籍研究》课题组．现行户籍管理制度与经济体制改革［J］．上海社会科学院学术季刊，1989（3）：83.

市存在，在农村也有大量剩余劳动力存在。“在农村中因已耕土地不足，农村劳动力过去就有剩余”，“土地改革后，人人有地种，有饭吃了，但已耕土地不足的情况基本上并未改变、劳动力仍有大量剩余”，因此，出现了大量的农村剩余劳动力向城市流动的情况。对当时城乡普遍存在的失业问题，政府采取了不同的政策，对城市的失业劳动者，在实行“失业人员统一登记办法”的同时，规定当时的公私企业、组织不准以各种理由辞退或解雇工人和职员，扩大生产规模，缩短工作时间，改“一班制”为“三班制”等措施，努力安排失业人员。对流入城市时间不长的农村失业者，或者在农村有亲戚可以投靠的城市失业者，一般不予失业登记，动员他们回乡生产。政府认为“农村中大量的剩余劳动力不同于城市的失业半失业人员，他们是有饭吃、有地种的……因此，从根本上打算，必须有计划、有步骤地向东北、西北、西南地区移民，在不破坏水土保持及不妨害畜牧业发展的条件下，进行垦荒，扩大耕地面积”。

《政务院关于农业就业问题的决定》确定了我国政府处理、解决城乡就业问题的基本思路：竭尽全力安置城市劳动力就业，限制、禁止农村居民进城就业；农村尽管有大量的剩余劳动力存在，但他们“有饭吃，有地种”，并设想通过向东北、西北、西南等边远地区移民的办法来解决农村劳动力的过剩问题。即使在这种通过移民垦荒来解决农村剩余劳动力的尝试失败以后，限制、禁止农村剩余劳动力进城就业的政策仍旧不变。40 年来，日益增多的剩余劳动力长期滞留农村，政府没有采取根本性的措施解决这个问题，这从 1952 年以后政府所制定的一系列劳动就业政策中明显地反映出来。

1953 年 4 月 17 日，《政务院关于劝阻农民盲目流入城市的指示》指出：“为了制止这种混乱现象（指农民进城寻找工作——笔者注）的继续发展，一、各省、市人民政府应立即通知各县、区、乡政府、农会，向准备或要求进城的农民耐心解释，劝止其进城……二、今后县、区、乡政府对于要求进城工作的农民，除有企业或建筑公司正式文件证明其为预约工或合同工者外，均不得开给介绍证件；三、现已进城的农民，除为施工单位所需要者外，应由所在地的人民政府劳动部门会同工会和其他有关机关动员还乡……五、凡乱写介绍信的县、区、乡人民政府，应负责将其介绍到城市求职而找不到职业的农民动员还乡。”

1954 年 3 月 12 日，当时的内务部、劳动部再次下达了《关于继续贯彻〈劝止农民盲目流入城市〉的指示》，要求“各厂、矿、建筑等用人单位如确实需要向农村招用人员时，报经当地劳动部门，进行有组织有计划的介绍和调配，不得私自到农村招收工人。如仍有随意招工而引起农民不安者，当地政府应予以严格制止。”

（2）城乡差别福利政策。福利是指由政府或其他社会组织依据个人或家庭的特殊困难和需要，提供的经济帮助（包括货币和实物）和公共服务。在这里特指由政府和其他社会组织和企业集体兴办的福利设施，如托儿所、幼儿园、疗养院、俱乐部、职工食堂和浴室、理发室等；对特殊困难者的经济帮助；劳动保险和劳动保护；福利性补贴，如住房补贴，水、电补贴，燃料补贴，物价补贴等。

对社会福利资源的分配，是政府通过政策对社会价值物进行分配的重要组成部分，它对人们的日常生活具有重要影响。当前，我国政府为人民所提供的福利资源，从人均的绝对量看，与中等发达国家和发达国家相比都是低水平的。但相对于经济发展水平而言，其所占用和耗费的资源却相当惊人。在这些有限的福利资源的分配上，政府又实行了不同的政策，从而导致城乡两个不同利益群体之间在享用社会福利资源上的差别。

新中国成立以后，随着城市和农村两个利益群体的形成，政府在福利资源分配上的差别与户籍制度和就业制度有关。以劳动保险为例，早在1950年10月，政务院就发布了《中华人民共和国劳动保险条例草案》，1951年2月，在对上述草案进行修订的基础上，正式发布了《中华人民共和国劳动保险条例》（以下简称《条例》）。虽然之后经过了多次修改，但总的精神大致不变。就范围对象看，《条例》的规定只限于国营企业职工，而非社会全体成员。就内容看，《条例》一方面规定与职工的工资、工龄、劳动贡献挂钩的内容，以区分上班与否的差别；另一方面又规定了职工遇到生、老、病、死、伤、残等特殊困难时，职工本人和由其直接供养的直系亲属能够获得适当和必要的物质保障。如：职工病、伤就医实行免费医疗；对退职、退休的职工发给退职生活费或退休工资；妇女生育享受产假，工资照发；对伤残职工发给相当于本人标准工资的90%以下的救济金；职工死亡发给死者家属丧葬费及一次性救济费，如因公死亡，还按月发给供养的直系亲属相当于死者标准工资的30%~50%的补助金。上述各项劳动保险待遇的经费，均由国家或企业支付，劳动者本人不缴纳任何费用。

国家机关、事业单位工作人员的劳动保险，虽然不适用《条例》，但它由一系列单向法规构成了一套劳动保险办法，除少数方面（如对工作人员直系亲属的医疗补助）低于职工外，绝大部分规定均优于职工。

对城镇集体所有制企业职工的劳动保险，政府规定比照《条例》实施，但总体上讲，这部分职工的劳保待遇要略低于国营企业职工。

各国家机关和企事业单位还为本单位工作人员和职工提供福利，包括低价或免费向职工提供的社会设施，为减轻职工生活负担和解决职工后顾之忧而设置的医务室、托儿所、职工食堂、子弟学校、宿舍、各种文化娱乐设施（图书馆、俱乐部、文化宫等），以及为职工提供困难补助和其他补助（如职工探亲的车船费等）。这些职工的集体福利和个人福利经费，均从国家支付给国营企业的职工福利基金中开支，职工个人不缴纳任何费用。

此外，政府为了保障城镇居民的生活，每年实行大量的物价补贴。政府还为城镇居民提供房租、水、电等补贴。仅房租一项，国家每年要花去几十亿元。另据统计，“1983 年中国用于物价补贴的总金额达 342 亿元，占国家预算总支出的 26% 多；按全国平均落实到每个职工身上的补贴金额，相当于每个职工收入的 40% 左右”[①]。值得特别指出的是，城镇职工的住宅绝大部分由国家或企业投资兴建后免费提供给广大职工。不但如此，国家和企事业单位还要为职工提供房租补贴。

综上所述，“从城市就业人口享有种种福利待遇来看，这基本上是一种‘从摇篮到坟墓’的消费福利保障制度”。[②]

与城镇职工所享受的福利待遇相比，我国广大农村劳动者享受的福利较少。在劳动保险方面，我国农村实行“五保”供养制度和合作医疗制度。“五保”是指对农村中基本丧失劳动能力、无依无靠、无生活来源的孤独、鳏寡、残幼人员实行“保吃、保穿、保住、保教、保葬”等五保措施。但这种“五保”制度在实际运行中存在诸多问题，而且供养对象的数量也十分有限。1987 年全国农村享受“五保”待遇人数为 219 万人，占全体农村“五保户”人口的 76.3%。从城乡居民人均劳保福利费比较看，1987 年城镇每个职工达 237 元（不包括各种补贴），而农村每个劳动力仅为 12 元（指救济、优抚、集体福利），城乡差别为 20 ∶ 1。[③]

农村合作医疗制度在 1987 年走向衰落。“至 1987 年底，有 1/3 的乡没有卫

① 晓亮，王永乐 . 中国职工福利待遇和社会福利事业［J］. 国际社会科学杂志，1987（3）：128.

② 刘瑞中，张新华 . 中国：一个低收入的福利国家［J］. 中国：发展与改革，1989（6）：8.

③② 朱庆芳 . 城乡差别与农村社会问题［J］. 社会学研究，1989（2）：26.

生院，有近 10 万个占总数 12% 的村没有医疗点，农村合作医疗的比例由过去的 80% 降为 5%，乡卫生院的卫生技术人员 1987 年比 1985 年减少 32.3 万人，村级医生、卫生员和接生员 1987 年比 1975 年减少 32% 左右，除少数发达地区有一些统筹医疗外，大多数农民需自费看病，遇到重病倾家荡产，病死率比城市高得多。”[②]这与城镇中绝大部分职工可以享受公费医疗，每名职工平均医疗费达 100 元的实际情况相比，差距很大。除此以外，我国农村绝大部分居民不能从政府和其他社会组织中获得社会福利资源，城镇职工的福利资源，农村居民享受不到。

由于农村居民住宅均需全部自行投资建设，农民为保障基本居住条件，不得不从与城镇居民相比低得多（1/4~1/2）的收入中节衣缩食挤出一定的资金建设住宅，建房支出占农村劳动者生活费的 14%，而城镇职工所支付的房租只占其生活费的 1%。政府对居民住宅的差别政策影响了农村居民的生活水平与质量。

我国的福利资源分配与其他国家相比，有以下显著特点：

一是身份性。在国外，福利资源的分配一般是先从救济贫困开始。如为身体障碍者提供生活设施和保障；公民由于失业等原因导致收入减少，或生活在贫困线以下，难以维持最基本的生活保障时，由政府或社会组织提供各种救济，如失业救济等。另外，经济发展了，社会福利水平也将随之提高，但这种提高也是先从扶持弱者，如病、老、幼等逐渐扩展开来；待经济高度发达以后，则全面进入福利国家，如英国、瑞典等。总之，福利资源的分配都是从救济、扶持贫困和弱者开始，然后逐步扩大到全社会成员。而我国的社会资源分配虽然也与救济生活弱者和贫困有一定的联系，但更多的却与身份紧密相关。我国居民的身份是通过户籍制度和就业制度实现的，城镇与农村（亦即农与非农）之间存在着福利的差异。

二是分散性。在国外，福利服务一般被当作政府的责任由全社会统一实施，其他社会公私福利组织也是面向全社会的。在我国，除全社会灾害救济和城镇居民的物价补贴、公共服务设施是政府统一实施外，大部分福利服务是分散到各机关、事业、企业单位各自进行的，即“不同类型的社会福利由不同社会主体承担”，“政府制定社会福利政策和确定福利项目，并且承担有助于工业化的一般福利项目的责任，同时却把一些特殊福利（如住房、抚育子女等实物分配）

转嫁出去，由各种社会组织承担责任和量力而行地处理福利问题”[①]。福利责任分散化是实现城乡福利差别化的根本途径。城镇产业比较利益大大高于农业，导致农村更加贫困，从而又从根本上决定了农村几乎没有什么资金可用于福利服务。

三是通过对国民经济的直接干预，实现城乡福利服务的差别化。“我国政府实现社会福利的主要手段是对经济活动采取直接的行政性干预，从国民经济的生产、流通、分配和消费的各个环节调动资源，支撑社会福利体系。”[②]而在西方，政府主要是通过国民收入的再分配来实现福利分配的。我国政府通过对主要农副产品的“统购统销”（现在为“合同派购”）来实现农业生产的价值以隐含的形式向非农业部门转移，向城镇居民转移。“农民每卖一份农产品，等于交出一份贡献；工人和企业每买一份农产品，则等于得到一份福利。”[③]

（3）城乡差别教育政策。我国教育实行的是一种“多种形式、多种层次、多种规格、各种力量办学，发展教育事业”的办学方针。各级各类学校的领导管理体制是不一样的。由于我国生产力不发达，经济比较落后，多年来教育经费不足。具体在教育经费来源上也各不相同。属中央直接管理的学校，所需经费在中央财政中安排解决；属地方管理的学校，所需经费从地方财政中安排解决；农村乡、村和企事业单位兴办的学校，所需经费主要由主办单位安排解决，国家适当给予补助。[④]1984年12月13日，《国务院关于筹措农村学校办学经费的通知》，更加明确规定：“开辟多种渠道筹措农村学校办学经费。除国家拨给的教育事业费外，乡人民政府可以征收教育事业费附加，并鼓励社会各方面和个人自愿投资在农村办学。”这种政策从表面上看，学校的领导管理体制与解决教育经费的途径是一致的，但它忽略了各个地区经济发展水平的差异，以及各级财政可用于教育的投资能力的差别，尤其是忽略了城乡财政的差异。城镇中小学均是公办的，即教育经费，从校舍建筑、教育设备购置，到教师的工资、学校办公费，均是由国家财政和地方财政拨给的；而我国农村教育

① 刘瑞中，张新华．中国：一个低收入的福利国家［J］．中国：发展与改革，1989（6）：9.

② 刘瑞中，张新华．中国：一个低收入的福利国家［J］．中国：发展与改革，1989（6）：10.

③ 发展研究所综合课题组．农民、市场和制度创新：包产到户八年后农村发展面临的深层改革［J］．经济研究，1987（1）：3-16.

④ 中华人民共和国教育部外事局．中国教育概况（一）［M］．武汉：武汉大学出版社，1985：28.

一直实行“民办公助”的政策，国家只负担民办教师的一部分补贴（1/3~1/2）和公办教师的工资，校舍的建筑、修缮、办公费、教育设备和基建的绝大部分投资，以及民办教师收入的其他部分，是由农村集资解决的。[①]据统计，近年来，全国用于新建和改造农村中小学校舍的资金有 80% 是各地自筹的，一些地区不仅集资改善农村中小学的办学条件，而且已经逐步开始集资解决农村民办学校的日常经费。[②]另据 1982 年全国人口普查数据，农村劳动力平均受教育年限为 4.8 年。而在城镇中从事工业、运输业和商业的劳动力平均受教育年限则均在 8.1 年以上，这还没有将教育质量上的差别考虑进去。“全国每年为数不多的 200 多亿元教育经费大部分用于城市”，“根据全国儿童抽样调查推算，1987 年全国农村 6~14 岁学龄儿童中约有 3000 万没有上学，其中 25% 是上学后退学的，有 38% 从未上过学”[③]。1987 年，全国城乡少年儿童教育状况见表 1。

表 1　全国城乡少年儿童教育状况　　单位：%

类别地区	学龄儿童入学率	小学毕业升学率	初中毕业升学率
农村	80（巩固 60）	59	10
城镇	99	基本普及	69

（4）城乡差别基建投资政策。基本建设资金的投向和投资的多少对一个地区的政治、经济、文化、生活的发展起着十分重要的作用。在市场经济国家，基本建设的投资方向往往是根据市场利益的多少来确定的。我国基本建设投资的主要承担者是各级政府，基建投资多少和投资方向是通过政府的社会经济发展计划确定的。新中国成立以来，政府的基本建设投资在工业、农业之间的比例悬殊。近十年来，这种差距越拉越大（见表 2）。自“六五”时期以来，政府财政对农业的投入，低于对城市公用事业的投入。

① 田雨耕 . 试论农村教育投资的来源［C］// 农村智力投资研究 . 北京：农业出版社，1987：186.

② 赵卫 . 广集八方财源　振兴九州学校　我国广大农村多渠道集资办学［N］. 光明日报，1984-10-28（1）.

③ 朱庆芳 . 城乡差别与农村社会问题［J］. 社会学研究，1989（2）：27.

表 2　政府建设投资在工业、农业之间的比例　　单位：%

部门	时期							
	“一五”	“二五”	“三五”	“四五”	“五五”	“六五”	1986 年	1987 年
农业	7.1	11.3	10.7	9.8	10.5	5.1	3.0	3.1
工业	42.5	60.4	55.5	55.4	52.6	45.4	45.2	50.9

基建投资的悬殊，导致城乡在交通、邮电、居住条件和社区发展方面的差距，阻碍了农村社区的形成和生活方式的进步，导致城乡文明差距，阻碍了社会的发展。

二、城乡利益差别长期存在和扩大的原因

我国城乡利益差别长期存在和扩大，除了历史上城市对乡村的剥夺外，还可以归结为社会、经济发展战略的长期倾斜，城乡利益群体的不同地位和对公共政策的不同作用，利益表达机制的不完善，群体结构与成员素质的差异等几方面原因。

（一）实施以高速工业化为目标的社会经济发展战略，导致政府公共政策向城市全面倾斜

新中国成立以来，我国经济发展战略的轨迹大致如下：

1949—1952 年，为国民经济恢复时期。1953—1957 年，即“一五”时期，是“过渡时期”，党在这一阶段的战略为：要在一个相当长的时期内，逐步实现国家的社会主义工业化，并逐步实现国家对农业、手工业、资本主义工商业的社会主义改造（过渡时期总路线）。

1958 年，党和政府提出“大跃进”和“赶超英美”的口号，要求在 15 年左右时间在钢铁等主要工业品的产量方面赶上和超过英国。1962 年，党中央召开扩大的中央工作会议，总结了“大跃进”中的经验教训，制定了“调整、巩固、充实、提高”的八字方针，国民经济开始转入调整的新轨道。

1963—1965 年，为“三年调整”时期，以为人民谋福利作为经济发展的战略目标。

1966—1976 年，在“‘备战、备荒、为人民’的决策指导下开始第三个五年计划。这个计划实际上包含了增强国家经济实力、国防实力和同时解决吃、穿、

用为基本内容的多目标战略。”①

1978 年以后，将“全党工作的着重点从 1979 年起转移到社会主义现代化建设上来”，“城乡人民的生活必须在生产发展的基础上逐步改善”。

1980 年 9 月，党的十二大确定“从 1981 年到 20 世纪末的 20 年，我国经济建设总的奋斗目标是，在不断提高经济效益的前提下，力争使全国工农业总产值翻两番”，即由 1980 年的 7100 亿元增加到 2000 年的 28000 亿元左右。

回顾历史，我们可以看到，在长达 40 年的社会经济发展过程中，真正重视农业、工农轻重关系协调比较好的只是少数几个时期，如恢复时期、过渡时期和“三年调整”时期，以及 1978 年以后的前若干年，而且这种协调除了新中国成立初期和过渡时期以外，都是在国民经济遭受挫折之后实现的。在更长的时间内，都是在实施高速推进工业化的战略，甚至在上述少数几个时期所出现的对农业的重视，也是隐藏着深刻的经济原因的，其指导思想是如何从农业中获得更多的积累、更多的农产品以供应城镇居民和工业化所需的原材料，以保证推进工业化。很多人正是从上述指导思想出发来理解“农业是国民经济的基础”这一论断的。从客观上说，在一个工业基础十分薄弱的农业国推进工业化所需的巨额资金积累不可能通过工业自身获得，在大多数情况下不得不依靠农业获取。但是，如果不从根本上改变通过农业为工业提供积累的指导思想，彻底改变农村落后的面貌就不可能实现。这是我国城乡利益差别的经济根源。

（二）城乡利益群体的不同地位和对公共政策的不同作用

城乡不同利益群体的不同地位和对公共政策的不同作用，则是造成这种差别政策的政策根源。

城乡不同群体对政策形成过程的作用的差别，不仅表现在政策问题的认定、政策的规划及其合法化等各方面，还表现在政策执行过程中的城市偏向上。与城镇居民相比，农民总体政治参与能力不强，在政策制定和政策实施中不能形成积极的影响。

（三）利益表达机制的缺失

“当某个集团或个人提出一项政治要求时，政治过程便开始了。这种提出要求的过程称为利益表达。”② 由于各种不同利益的阶级、阶层、集团同时并存，

---

① 刘国光 . 中国经济发展战略问题研究［M］. 上海：上海人民出版社，1984：89.

② 加布里埃尔·A. 阿尔蒙德，小·G. 宾厄姆·鲍威尔 . 比较政治学：体系、过程和政策［M］. 曹沛霖，译 . 上海：上海译文出版社，1987：199.

利益表达显得十分重要。为了保持不同利益群体之间的利益均衡，现代民主政治不但要求有专门的利益表达机构，而且允许非专业性机构、非正式机构来表达通过正式机构无法表达的利益诉求。

在我国，无论是工人、农民，还是个体工商户，他们的根本利益是一致的。建设繁荣富强的社会主义现代化强国是全国人民的根本利益所在。应当承认，我国社会各阶级、各阶层和各利益群体在根本利益一致的前提下，也存在着具体利益的差别，由一系列政策所导致的城镇利益群体和农村利益群体之间的差别，深刻地影响着我国政治、经济、文化等方面的结构。农民问题、农村问题一般只能通过政府渠道逐级向上反映。农民利益机制不健全，利益诉求渠道不畅，不能积极地影响公共政策的制定实施。我国城乡利益差别长期存在和扩大的原因，也可以从利益表达机制上找到部分答案。

（四）群体结构与成员素质的差异

在我国，城市与农村的关系是两个不同利益群体之间的利益关系，它不是一般意义上工人阶级与农民阶级的阶级关系，因为城镇居民与农村居民的成分都相当复杂，显然不能被传统的工人阶级与农民阶级的概念所能涵盖，也不能采用西方政治学中利益集团这一概念，而将城乡关系理解为两个利益集团之间的关系。利益集团是指“人们参与一定社会活动而结成的各种各样的社会团体”[①]。显然我国的城镇与农村居民并没有分别结成社会团体，并为各自的利益在政治、经济和社会等各个领域展开活动，之所以称他们为不同利益群体，主要是因为我国公民是被我国的二元户籍制度人为地分为城镇居民和农村居民，政府据此实行一系列差别政策，从而导致城镇居民与农村居民之间的利益差别。城镇居民与农村居民，分别有着各自相同或相近的利益，为了研究的便利，我们把这种有着相同或相近利益的居民集合在一起，称作利益群体。

从群体结构看，城镇居民居住地和工作场所集中，而且政府机关几乎全部设在城镇，城市又是社会安定的“安全阀”，城镇的不稳定将直接对国家构成威胁，这又提高了政府对城镇居民利益和要求的重视程度。从群体成员的素质看，城镇居民已经基本普及了中等教育，城镇劳动者平均受教育程度在8年以上，他们接受新事物、新观念、新思想的能力较强，而且在行动上更富有进取性和主动性，他们能为自己的利益争取，能从政府那里得到更多的利益分配。

与城镇群体成员不同，农村居民受教育程度低，他们不容易接受新事物、新

① 《政治学辞典》编写组．政治学辞典［M］．成都：四川人民出版社，1986：295.

观念。从群体结构看，我国农村基本上以农户家庭为生产单位，除了血缘关系以外，农村居民社会联系交往很少。农民参政能力弱，表达利益和要求的声音微弱，导致农民的利益得不到有效的表达，当他们的权益受到侵害时，不知道采取何种方式维护自己的权益。

三、城乡利益差别的影响

新中国成立以来，我国政府所采取的一系列政策，导致我国城乡两个群体之间在利益获得方面存在着差距。这种差别政策造成城乡之间的发展差距，制约了城乡的均衡发展。

（1）城乡二元户籍制度在农村和城市之间构筑了一道不可逾越的天然屏障。另外，户籍政策还是其他一系列差别政策赖以实施的基础，户籍政策是城乡不平等的根本基础。

建立在户籍政策基础上的就业政策，限制了农村劳动者进城就业的绝大部分机会。即使在 1984 年《国务院关于农民进入集镇落户问题的通知》下达以后，允许农民落户的也仅限于集镇，获得这种权利的只占很少一部分农村居民，在集镇落户后也只能自谋职业，不能参与国营企业和城镇大集体企业的就业，而且需“自理口粮”。即使在城镇劳动力出现不足，城镇劳动者从一些脏、累、苦的行业（如环卫、纺织、建筑等）中退出，另谋更好职业的环境下，农村劳动力进入这些城镇劳动者不愿意工作的产业就业，也仍然受到很大限制。

差别的就业政策既剥夺了绝大部分农民在城镇就业的机会，也使他们失去了较高的经济利益、较优异的生活环境和良好的教育、公共服务，失去了获得住房、房租补贴、物价补贴、劳保，以及其他各种福利服务的机会。这些权利和机会往往是与户籍、就业密不可分的。

教育差别所产生的不平等甚至比就业政策造成的不平等产生的影响更为深远。现代教育往往对一个人的智力、能力的培养与发展产生极为重要的影响，从而极大地影响每个人的前程，包括收入、地位和机会。

户籍、就业差别所带来的福利差别，使我国并不充裕的福利资源的绝大部分给了城镇居民，从而使相对的高收入者获得更多的福利，低收入者得到很少，甚至根本得不到福利。

基建投资上的城乡差别，使政府对农村的基建投资少，不能满足乡村社区发展的要求，乡村相对闭塞，乡村文明落后于城市文明。

（2）政府所实施的一系列差别政策，产生了非效率现象，从而损害了社会的效率原则。以控制人口流动为基本特征的户籍制度不但构筑了城乡之间流动的刚性壁垒，也使不同城市之间的人口流动变得十分困难。而对绝大部分农民来说，他们被户籍制度束缚在有限的耕地上。社会人口流动往往是反映一国经济社会发展程度的标志。客观上，现代社会中的人口大规模流动对社会经济的发展起着极大的推动作用。而我国的二元户籍管理制度，制约了城乡经济的协调发展。相反，由于大量分居家庭的存在，政府不得不给予这些人休假探亲的待遇，同时支付探亲的车马费，既牺牲了大量的工作时间，增加了经费开支，又给分居家庭成员带来了很多痛苦。

与户籍制度相结合的就业政策所产生的非效率现象更为明显。据估计，我国目前有农业剩余劳动力 1.5 亿，以 1987 年每个农村劳动力创造的农村社会总产值 2388 元计算，即使这些剩余劳动力的边际效益等于零或接近于零，仅 1987 年，国家就损失了 3582 亿元。而且，这些剩余劳动力的生活费用是必不可少的，如果按最低生活水平每人每年 200 元计算，仅生活费就得花去 300 亿元。①

差别政策的非效率现象同样表现在我国福利资源的分配和使用上。当今世界有两种福利资源的分配模式：一种是全民性分配模式，另一种是选择性分配模式。所谓全民性分配模式，是指政府对福利资源的分配采取无差别原则，对所有国民一视同仁，只要是本国公民（有些国家还包括在该国长期居住的外国公民）均可享受政策所规定的福利服务。选择性分配模式则是把社会福利资源分配给社会上那些最需要得到福利资源的人，如失业者、生活在贫困线以下的公民，以及身体障碍者等。享受选择性分配的福利，大多需要事先经过调查审定资格。一般而言，在经济欠发达国家宜采用选择性分配模式，而在经济发达国家则采用全民性分配模式。从理论上说，像我国这样的发展中国家，不具备实行全民性福利分配模式，而只能有限地采用选择性分配模式。我国在福利分配上，对城镇居民实施了全民性分配模式，而在农村则实施十分有限的选择性分配模式。

教育差别政策导致的非效率，主要是通过城乡生活水准的差别来实现的，主要表现为政府每年通过各级师范院校培养的大量师资的流失和农村教育中师资的严重短缺。新中国成立以来，政府经过巨大的努力，在城镇基本上已建立

---

① 根据《报刊文摘》1990 年 2 月 27 日第 531 期第 1 版《我国贫困县的最新统计》，人均年收入达到 200 元，是解决贫困县乡村人口温饱问题的基本标准。

起比较完备的初、中、高等教育和职业教育体制，可以说设备和师资比较充足，尤其是师资。由于城乡利益的差别，大量师范院校的毕业生不愿意去农村从事教育工作，他们或者充塞在城镇各类学校，或者干脆转行，远离教育行业。

基本建设投资的差别政策也造成了社会非效率现象。由于农村交通、邮电、商业的落后，农产品不能得到及时的收购、运输，造成农产品腐烂和浪费，工业品不能得到及时的补充。运输工具的落后和交通道路的限制，导致国民收入损失巨大。

（3）破坏经济的内在规律，影响国民经济的发展。城乡差别政策导致社会资源配置上的不公平。同时，城镇产业由于长期靠国家扶持，一切依赖政府，从而导致作为一个独立经营实体的企业功能逐渐衰退，竞争意识和能力日益弱化，在经济活动中产生严重的非效率现象。相反，由于乡镇企业是在自我奋斗中成长壮大起来的，与城镇产业相比，具有顽强的生命力。近年来，乡镇企业大发展以及创造的巨大社会财富足以说明这一点。但是，也应当看到，乡镇企业由于资金、技术以及劳动力素质等因素的制约，在生产中也普遍存在非效率现象。这些正是政府需要解决的，创造一种公平竞争的环境是政府应尽的责任。

制约国民经济发展的又一因素是不合理的价格政策，这里主要指工农业产品的价格差问题。工农业产品价格“剪刀差”不但使农业自身的发展受到限制，农业长期滞后于工业发展，而且形成了以农产品为原料的轻工业，尤其是农产品加工业的畸形高额利润，导致一种不正常的比较利益差别。更重要的是，价格的扭曲，使市场信号失真，即使那些以农产品加工为主的轻工产业轻而易举地获得超额利润，甚至造成廉价原材料的巨大浪费，也使政府经济计划的制订和宏观调控失去了真实可信的依据。同时，工农业产品价格差还导致城乡差距扩大，占国内人口绝大部分的农村居民收入低下，购买力低，从而影响了整个国民经济有效需求的形成，制约了统一市场的生成。1987 年 8 亿农村居民的消费水平，只相当于 2 亿城市居民的 39.6%，占全社会商品购买力来源的 47.3%，占储蓄存款额的 30%。城乡居民收入上的差别，还将进一步使全社会的消费结构失调，从而给生产提供虚假的信号，过高地估计在国内市场上对耐用消费品的购买力，造成彩电、冰箱、空调、洗衣机生产线的重复引进，商品大量积压，产业结构失衡，失调的比例难以调整，出现大量的经济非效率现象。

另外，政府给城镇居民提供的高福利，不但造成社会福利资源分配上的不平等，而且使政府背上了沉重的包袱，制约着国民经济发展的后劲。

四、政策建议

城乡利益差别不仅表现在经济上，还表现在社会、文化等各方面。这种利益上的差别长期存在和扩大，对中国经济社会的发展具有重要的影响。对城乡利益差别及其政策的研究，只能得出一个结论：改革势在必行。城乡利益差别的深刻性、普遍性，使这种改革不能再停留在诸如提高农副产品价格、降低农用生产资料价格等一般意义上的关系调整上，而必须对新中国成立以来所实施的处理城乡关系的一系列政策进行全面的重新评估，并提出系统的政策调改措施。城乡关系是我国社会最基本、最重大的问题之一，对城乡差别政策的重新评估和调改，实质上是一次大的社会关系改造运动，意义重大。城乡关系调改的成功与否，是决定今后相当长一个历史阶段，我国农业能否稳定增长、经济能否持续发展的关键之一。

（一）提高农民的政治地位，改革完善政策过程

（1）改革人大的城乡比例代表制，完善选举制度。改现行的城乡比例代表制为城乡一体的平等的人口比例代表制，这样既改变了现行制度中城乡代表选举的不可操作性，又体现了公民选举权与被选举权的平等，真正贯彻“一人一票”的原则。完善选民与代表的关系。要使代表能真正代表人民说话，农民真正有为自己说话的代表，需要进一步完善选举制度。

（2）在全国人大中建立农业专门委员会。为了保障我国农业正常发展，及时解决农业中的各种问题，保护农民利益，建议应增设一个农业专门委员会，专门提出和审议有关农业发展和农民利益方面的政策，通过立法的形式来保证农业比较利益和农民利益。

（3）实现国家公务员选任的城乡平等化。国家公务员的选任，应以德才作为最基本的选拔标准，而绝不能使户籍制度成为一项影响城乡平等选拔的障碍，实现城乡居民承担国家公务职位的机会平等。

（4）恢复农民协会。农民协会作为一个积极拥护党的领导、维护广大农民利益的群众性组织，新中国成立初期曾经在全国广泛地存在过。农民协会在党的领导下，协助人民政府在土地改革、农业合作化，以及对农业的社会主义改造过程中发挥了巨大的作用，它保证了土改、农业合作化运

动的顺利完成。遗憾的是，在对农业的社会主义改造结束以后，政府认为其使命已经完成便宣告解散了。由于城乡利益差别的存在，农民协会的存在和发展，将会对政府的公共政策起到影响作用，从而改变城乡利益分配中“一边倒”的倾向。

（二）户籍制度的改革

在我国，户籍已不是一个单纯的统计学上的概念。由于它与政治、经济、文化及其政策法律紧密结合，已经成为一个包含多种意义的集合概念。户籍制度从建立的那天起，随着功能的日益增加和强化，对政治、社会、经济的发展所起的阻碍作用也越来越大。户籍制度的危害不仅来自户籍的身份性、等级性和固定性本身，而且我国现行的就业、福利、住房、教育等一系列政策都是建立在户籍制度的基础上的。这种户籍与社会政策广泛而全面的结合，使改革变得更加困难。户籍制度的改革必将牵涉到一系列社会政策的调整；就业、福利等政策的改革，必然要触及户籍制度的变革。改革越困难，就越表明其必要性和紧迫性。

我国户籍制度的改革，关键是要把现行的就业、福利等政策与户籍制度脱钩，亦即打破目前以户籍为基础制定各项社会政策的局面。在这一前提下再对户籍制度的固有功能，即提供人口统计资料、证明居民身份、维护社会治安、控制人口流动等进行调整和改革。

（1）完善人口统计制度，继续发挥和强化户籍为社会提供科学的人口统计资料的功能。

（2）身份证明证件化。对居民身份实行证件化管理，即采用居民身份证、公民出生证制度化代替现行户口簿制度，“以身份证、出生证作为证明公民身份的证明文本，并实施统一的查验制度”[①]，把“死”的管理，变成“活”的管理。

（3）重新认识户籍制度的社会治安功能。户籍制度维护社会治安的功能，是在新中国成立初期特定的历史条件下建立起来的，主要是通过建立户口簿控制人口流动，把人口固定在某一地区，不得随意迁徙来实现的，在当时，对建立安定的社会秩序起到了重要作用。在社会进入正常发展阶段以后，特别是随着有计划的商品经济的发展，社会向现代化迈进的今天，维护社会治安不能通过限制居民的自由迁徙和把居民固定在某一特定区域等消极方式来达到。因为

① 《户籍研究》课题组 . 现行户籍管理制度与经济体制改革［J］. 上海社会科学院学术季刊，1989（3）：90.

这种方式与政治民主、经济发展，以及社会城市化、现代化方向是相悖的。社会治安的实现取决于检查、侦查技术、管理手段和法律制度的改革与完善。

（4）变“控制”为“管理”，逐步实现迁徙自由。我国户籍制度的一项重大功能为控制人口流动，而重点是要控制农村人口向城镇流动，也控制中小城市人口向大城市流动。这种消极的行政控制手段，在短时期内可以起到缓和城市化可能带来的压力、“减轻国家负担”的作用。但就社会发展的观点看，这种政策既阻碍了人员的流动，也阻碍了城市化进程。更重要的是，从根本上说，这种政策并不能真正起到政府所期望的效果，大城市中不断涌现的“盲流群”，以及非常住人口比例的大幅度增加便是最有力的说明。对人口流动的消极控制只能导致阻断城乡交流的后果，政府在城市化方面所欠“债务”越积越多。如果现行城乡关系政策不变，随着“盲流”的日益增多（这是无法避免的），控制的难度也将会越来越大。

变“控制”为“管理”，就是要变消极为积极，使户籍制度的改革朝着积极管理的方向发展：促进城乡人口双向流动，逐步实现迁徙自由。这是我国户籍管理的根本方向。

对人口流动的积极管理，意味着用更多的经济手段来引导人口的合理流向。新中国成立以来，政府所实行的中央集权制下的一元化资源分配模式，加剧了乡村与城市、镇的差距，中小城市与大城市的差距，大城市与首都之间差距。这种差距使人口由农村向城镇，由中小城市向大城市、向首都流动的动力一再得到加强。引导人口合理流动最有效、最根本的途径便是改变这种社会资源分配模式，实现利益的均衡化分配。否则，便不可能摆脱因人口过度集中所带来的困境。

（三）经济社会政策的调整

城乡利益关系的调适，有赖于一系列社会经济政策的调整。

（1）制定保护和扶持农业发展的财政、信贷政策。为了促进国民经济稳定发展，政府应当增加对农业的投入，加强对农业的财政、信贷支持。经济发达的美国、日本等国家，都对农业实行多方面的政策支持，保护农业生产者的利益。除日本受地理条件限制外，绝大部分经济发达国家都是粮食出口国，这与这些国家政府重视对农业的财政贴补和支持、保护农业生产者利益的政策分不开。

对农业的财政、信贷支持主要采取：①减免农业税，这一措施的意义远远超出减免该项税收本身，它将充分表明政府对农业的重视和对农民利益的保护，这将有助于提高广大农民的生产积极性；②对农业生产发展所急需的资金贷款应予以充分保证，并在利率上予以优惠；③加强对农用生产资料生产的支持，特别是对农药、化肥等农业必需品的生产，严格控制价格上涨，加强对农用生产资料流通领域的管理；④增强对农业基础建设的投入，对农业基本建设的投资，不仅包括农田水利基本建设、农业科技，还应当把重点放在改善和发展农村的交通运输、通信手段、社区建设等方面，交通和通信的改善将极大地激发农业生产的活力，提高农村商品经济的水平。

（2）开放城镇产业就业机会。在我国这样一个农业大国，随着农村商品经济的发展，农业生产率的提高，必然会出现农业人口更大规模的过剩。这种大规模的农业过剩人口，通过发展乡镇企业、个体经济等途径实现自我消化固然是一种办法，但由于农村经济目前不可能积累起大规模的资金进行投资以吸收如此大量的剩余劳动力，也不能设想让这么多剩余劳动力全都转而从事个体经济。所以，最终的出路在于提高城市产业的劳动力吸纳能力，开放城市产业的就业机会。开放城镇产业的就业机会，使全体公民平等地共享政府提供的各种就业机会，无论在政治、经济还是在社会文化等各方面，都将产生积极的影响。实现就业机会的平等，有利于改变当前劳动力过剩的非效率现象，还能保证城市产业吸收到更多符合需要的劳动力，在文化上也将有助于城乡文化的交流和融合。

当然，开放城市产业就业机会是需要充分条件的。第一，它需要农副产品的相对充足，至少是农业人口的转移不至于影响农副产品产量。这是可以通过比较利益的调整来实现的，只要保证使从事农业生产的比较利益等于或大于从事城镇产业的利益，就可以在很大程度上抑制农村人口向城镇、城市迁移的冲动。这也是解决人口流动问题的关键。第二，改变、调整产业结构。我国产业结构由于几十年来追求工业化发展战略，已经出现了严重的倾斜，国民经济结构中工业为重，工业中又以重工业为重，这种格局已使我国产业结构从劳动密集型过早地转向了资金技术密集型。它固然在一定程度上使我国的重工业，特别是军事高科技的发展取得了重大成果，但也带来了一些后遗症，主要表现为把有限的资金技术过度集中，忽视了对劳动力密集型产业的投资，而资金技术密集型产业对劳动力素质的要求不但高，而且数量十分有限。在我国这样“劳动力丰富”的发展中国家，势必出现大量剩余劳动力。所以，政府应重视对劳动力密集型产业的发展。

（3）改革福利体制。改变我国现行的福利分配体制，既要考虑到福利分配的刚性原则，又必须改变福利分配的流向：①政府应将对城市居民的各种实物补贴货币化；②严格控制城市福利费的增长速度；③改变福利政策的方向，使有限的福利资源流向广大城乡的生活贫困者；④对确属“贫困者”行列的公民给予福利援助；⑤实现福利社会化。

（4）调整教育投资结构，努力实现平等教育。政府应把教育经费重点放在初等和中等教育方面，因为初等教育是国民素质教育，能否搞好初等教育，事关国民素质的提高。把教育投资的重点放在初等教育上是一项战略性选择，其关键意义在于我国 90% 以上的中小学生集中在县以下的农村，同样，我国 95% 以上的文盲和半文盲也正是从那里产生的。实施把教育投资重点转移到初等教育上的战略，有着十分重要的现实意义和深远的历史意义。在国家不可能拿出更多的资金办教育的情况下，实现这种战略转换，可以采取以下措施：①在确保重点的前提下，控制高等教育发展规模和经费。②裁减高等教育超编人员，鼓励这些人员逐级下调到初等和中等教育战线从事教育工作。③较大幅度地增加教育经费的比重，改善初等教育设施。④扭转目前城乡中小学经费分配失衡，改变城镇中小学教育靠国家拨款、农村靠自行集资的做法。⑤较大幅度提高从事初等、中等教育工作者的待遇，尤其要提高乡村教师待遇，以经济手段鼓励教师去农村支援教育。

行政“组织病”分析①

组织的存在必须有其特定的组织目标。组织的结构功能设计都应围绕实现组织目标这一中心来展开。尽管如此，组织从设立开始，在运行过程中会逐渐产生与组织目标相违背的功能和行为，我们把这种现象称为“组织病”。随着政治、经济、文化事业的发展，社会事务日趋繁杂，组织规模也越来越大，而其中尤以行政组织为甚。这主要是由于现代政府加强了对各项社会事务的干预，导致政府职能不断扩大，行政组织内部“帕金森定律”的作用更加剧了这种趋势。

与西方国家相比，我国政府的社会职能无论规模还是数量都要庞大得多。这一方面是由我国的社会主义性质决定的，如公有制基础上有计划的商品经济职能与西方的市场经济职能相比，政府的责任无疑大大地加强了；另一方面是由于长期以来的集权惯性，使“我们的各级领导机关，都管了很多不该管、管不好、管不了的事”，这也大大加重了行政组织的负担。由于这些原因，我国的行政“组织病”也就格外突出。在我国特定的历史社会环境下，行政组织的“病相”更多地表现为：①部门林立、机构臃肿、层次繁多；②人浮于事，职责不明，相互扯皮；③虚职、兼职、副职过多；④官僚主义盛行，工作效率低下；⑤权力过于集中，存在长官意志和家长制作风；⑥组织机构僵化，缺乏弹性和适应性；⑦规章制度不健全；等等。这些“组织病”的存在，使行政组织功能紊乱、行为失准，势必抑制组织功能的正常发挥，从根本上阻碍组织目标的实现。

“组织病”既是一种“综合征”，也是一种“传染病”。所谓“综合征”，是指“组织病”往往相伴出现，多种“病症”掺和一气，使人难以搞清究竟是哪种“病”。所谓“传染病”则是指“组织病”是相互感染和影响的，甲组织的

① 刊于《行政管理研究》1991年第4期。

"病症"可以影响和感染给乙组织，组织上层的"病症"也会传染给组织下层，反之亦然。因而"组织病"带有较大的普遍性。造成我国行政"组织病"的原因很多，归纳起来，主要有以下几个方面：

第一，体制原因。我国是传统的中央集权制国家，崇尚集权，反对分权。集权有两种表现形式：一是国家权力全部集中在中央；二是社会权力集中在政府。无论前者或是后者，都将导致政府职能的扩大，使政府活动范围无限延伸，直至超出其实际管理和控制的能力。这样必然导致行政组织无限膨胀，机构林立、层级繁多、头重脚轻。

第二，技术原因。行政组织的设置缺乏科学的组织设计。许多"组织病"从组织设立时就已经存在。技术上的照搬、照拿，"依样画葫芦"，片面强调上下对口，是造成机构重叠、职责不清的原因。

第三，传统文化原因。我国传统儒家文化崇尚人治，轻视法治，加上受几千年封建传统的影响，因人设事，因人设官，亲亲疏疏，"裙带风"普遍。这是造成我国行政组织中官职滥设，虚职、兼职、副职过多的重要原因。

第四，教育制度原因。我国教育制度不完善，教育在内容上重理论、轻能力，且脱离实际，忽视人独立思考能力的培养。在这种教育制度下培养出来的学生，往往实际工作能力不强、素质不高，这也是行政组织中人员充塞、人浮于事、效率不高的一大原因。

第五，人格特征原因。中国人深受传统文化的影响，在人格特征上表现为：①行为的被动性；②行为的依赖性；③敬畏权力；④情感压抑；⑤宿命论的人生观。这些人格上的特征也加剧了"组织病"的滋生。

上述各种因素相互作用，形成了一种产生"组织病"的"场"，使我国行政机关的"组织病"愈演愈烈。

党和政府对行政机关中普遍存在的"组织病"是早有认识的，并进行过一次又一次的机构改革。全国第一次编制会议决议指出，"由于国家任务繁重，经验不足，以致在建设各级人民政府机构过程中，在上层方面产生了机构庞大、层次太多、分工不清、人浮于事等现象。在下层方面，却又缺乏必要的人员，形成了头重脚轻的情势"。为了提高效率，克服官僚主义，需对"组织病"进行整治。20世纪50年代初期，党和政府即对行政组织进行了"调整"和"紧缩"。1953年，在中央统一领导下，各地人民政府在"精简、统一、效能、节约和反对官僚主义"等五项原则指导下进行了行政机构改革。在1957—1958年、1962—1963年以及1982—1988年反复进行行政机构的改革。可以说，新中国成立40年来，党和政府一直在与困扰着我国政府机构的“组织病”作坚决的斗争。但事实上、这种严重干扰我国政府机构的“组织病”，不但没有从根本上消除，而且在各个不同时期有不同的新“病”相继出现，在某些地方的一些机关甚至更加严重。造成行政改革效果差的原因主要有：①对许多基本的政治行政理论认识不清。如社会主义政府与资本主义政府职能之间的差异，政府管理社会事务的范围和方法的不同，公有制下政府如何管理经济、机构与职能的关系等。②对行政改革理论缺乏研究，对行政机构中实际存在的“组织病”也没有进行深入系统的调查研究，行政改革多采用“运动式”“一刀切”等方法，没有系统理论的指导，对“组织病”只治不防、防治脱节，致使行政改革走了一条“膨胀—紧缩—再膨胀—再紧缩”的老路。③中央集权、行政集权，政府活动范围过宽的体制没有大的改变。④长期形成的传统组织文化没有改变。⑤触及的实际利益太多，一碰到阻力就会往回缩，伸伸缩缩，不敢打破现存的利益格局，以致达不到预期的目标。总结这些教训，结合国外的经验，“组织病”的防治可采取以下方式：

第一，科学设定政府的活动范围，并以立法的形式确定，避免政府活动范围无限延伸和职能无限扩大。这是根本性的。

第二，加强组织理论研究，根据组织设计的理论和原则，科学设计和设置组织。主要是根据行政职能设计安排行政组织，在组织内部实行科学的层级化和部门化，确定合理的权威、责任和义务关系。同时，加强行政改革理论的研究，使行政改革科学化。

第三，组成专家委员会（临时机构），对我国行政组织中普遍存在的行政“组织病”进行系统的诊断，逐个提出切实可行的解决方案（这类组织如美国胡佛委员会、日本的临时调查委员会等）。

第四，分权。将集中在中央的权力适当转让部分给地方政府，将集中在政府中的权力转让部分给社会，亦即实行纵向分权和横向分权。

第五，简化。包括组织简化、人员精减、法规简化和办公程序简化等方面。

第六，法制化。机构设置、职位设定人员编制等，均以立法加强制约。

第七，创建一种良好的行政文化。逐渐从根本上消除几千年封建传统和思想的积淀，树立公开、平等、民主、服务和效率的道德观念、价值取向和行为方式，构造出一种新型的行政文化。

全力做好招商引资　实现贵阳经济跨越式发展[①]

在国家西部大开发战略的有力推动下，在贵阳市委、市政府的正确领导和全市干部群众的共同努力下，贵阳经济近年来出现了喜人的增长。2000年以来，经济增速已经连续多年超过全国平均速度，也超过全省经济发展速度。2001年，贵阳市经济总量突破300亿元大关，财政收入达到68亿元，其他各项社会经济指标均有良好的表现。面对经济全球化进程的加快和“入世”后外部冲击的进一步加剧，面对东部经济的快速发展和中西部周边地区的快速跟上，我们的危机感和使命感从来没有像今天这样强烈过。如何抢抓西部大开发的有利时机？如何缩小东西部经济发展的差距？如何增加财政收入缓解就业压力？如何积极参与经济全球化的进程？这些问题时刻摆在我们面前，需要我们去解决。那么贵阳经济能否发展得更快一些？能否实现经济的跨越式发展呢？

一、从战略和全局的高度认识外部资本进入对贵阳经济发展的重要性

经济学理论告诉我们，决定经济增长的动力主要来自投资、消费和出口。在一个经济体中，受经济发展阶段和收入水平的制约，消费是相对稳定的。随着我国医保、劳保等社会保障体制改革的不断深化，人们对未来的收入预期发生了重大变化，消费者的消费心理更趋审慎。在一个经济相对落后、消费倾向原本比较高的经济体中，希望通过消费的大幅度提高来拉动经济的增长是不现实的。同时，在一个自然禀赋虽有一定优势，但经济技术相对落后、区位处于劣势的地区，所能出口的产品也十分有限。生产技术的落后和生产能力的限制，

① 原标题《解放思想，开拓创新，全力做好招商引资工作，实现贵阳经济的跨越式发展》，通过中共贵阳市委办公厅《参阅件》2002年5月9日第3期印发。

决定了这些地区所能出口的产品大多属于资源型和低附加值产品。虽然劳动力可以无限供给，但劳动力素质低，劳务输出也很难取得成效。因此，期望通过大规模出口来拉动经济增长也并不现实。

投资是经济增长的最大动力。投资通常可以划分为公共投资和民间投资。公共投资的主体是中央和地方两级政府，主要通过财政转移支付、发行国债和财政积累来实现。公共投资的有限性不但受财政收入和规模的制约，而且由于公共财政过多进入竞争性行业可能产生的对民间投资的挤出效应，国有资本在逐利能力和活性方面天生不如民间资本。公共投资被证明在公共产品和服务的提供方面具有优势，但并不适宜进入竞争性产业。因此，长期依靠公共投资来推动经济增长也是不现实的。那么贵阳经济发展的希望只能落在民间投资的增长上。只有国际资本和东部民间资本大规模流入，才能真正推动贵阳经济跨越式发展。如果没有大规模的国际资本和东部民间资本的进入，占贵阳经济总量65%以上的国有经济战略性结构调整、产业结构的升级、优势产业群的构筑、具有核心竞争力的大公司和企业集团的培育就难以实现，思想观念的转变、经营机制的创新、管理的现代化都十分困难，改善财政状况、缓解就业压力、缩小东西部差距、参与经济全球化都无从谈起。因此，对贵阳、贵州乃至整个西部而言，招商引资工作便具有了决定性的意义。

我们应将招商引资工作放到贵阳经济发展的大格局当中来把握，从战略的高度、全局的高度和政治的高度，充分认识和重视招商引资工作的重要性。我们的总体目标应当是，在科学的产业政策指导下，利用本地的资源和成本优势，通过招商引资、自我积累和自我发展，引进和扶持若干拥有著名品牌和自主知识产权、具有核心竞争力的大公司和企业集团，并以这些大公司和企业集团为依托，构筑真正能够提升贵阳经济发展层次、形成贵阳核心竞争力的优势产业群；初步完成对贵阳国有经济的战略性结构调整和产业升级；力争使贵阳市民营经济在整个经济结构中的比重提高到60%~70%，使贵阳产业和企业的竞争力得到较大的提高；努力实现贵阳与东部经济一体化，在更大范围和更深程度上参与经济全球化进程。

二、解放思想，克服招商引资工作中的不正确认识

尽管国际资本和东部民间资本的进入对贵阳经济发展的重要性正在不断提高，但真正要把贵阳招商引资工作搞上去，实现国际资本和东部民间资本较大

规模的流入，还必须解决一些现实的思想认识问题。

一是必须让外来资本有利可图。资本为什么来？逐利是资本的天性。因此，我们必须创造条件让外来资本能够在这里赚到钱。如果无利可图，或者风险太大，资本不会来。投资的安全性是任何一个投资者都必须考虑的。因此，如果我们想吸引外部资本进来，首先必须确保外来资本的安全，特别是基础设施、工业生产等长期投资对资本安全性的要求更高。投资的安全性取决于几个因素：①国家政局的长期稳定；②完备的市场法律制度，特别是对投资者合法权益的保护制度；③稳定透明的政策制度；④公正、公平的执行程序和规范高效的行政效率。投资的安全性不但取决于国家中央政府的行政和司法体系，同样受制于地方政府的效率和效能。目前，我国市场法制趋于完备，宏观经济运行态势良好。因此，从大的方面来看，投资的安全性是完全可以保障的。这也正是近年来全球500强及其他跨国公司纷纷进入我国的根本原因。但从局部来看，投资的风险依然存在。如果一个地方的政策多变，透明度低，执法不规范，甚至腐败低效，必然会给投资带来巨大风险。总体上说，在西部地区投资的风险远远高于东部地区。这也正是国际资本和东部民间资本对进入西部地区格外审慎的主要原因。

对投资者而言，在确保投资安全性的前提下，还必须考虑投资的回报率和回报周期。如果回报率过低或回报周期过长，就意味着将失去许多投资机会。西部地区要吸引较大规模的国际资本和东部民间资本进入，就必须创造出比东部地区更多、更高的投资回报。那么，我们能否让国际资本和东部民间资本得到足够的回报呢？答案是肯定的。跨国公司、国内大公司以及企业集团，在进行扩张的过程中，大多实行成本接近、市场接近、资源接近的战略。从理论上讲，在大公司的三大扩张战略中，我们在成本、资源方面都具有一定的优势，在西南市场方面我们也占有一定的区位优势。应当说，贵阳是具备国际资本和东部民间资本进入条件的，也就是说外来资本进来是有钱可赚的。但是，成本、市场和资源是国际资本和东部民间资本进入的必要条件，而非充要条件。一个地方的政治法律环境、商业文化、产业配套能力、区位及物流条件也是投资者在进行投资区位决策时必须加以认真考虑的。一些地方虽然从理论上在成本、市场和资源的某个方面占有优势，但由于在政治法律环境、商业文化、产业配套能力等方面条件较差，导致局部优势得不到发挥，甚至相互抵消。因此，要让国际资本和东部民间资本能够在这里赚到钱，我们仅具备成本、市场和资源方面的比较优势是不够的，还必须创造确保资本赚钱的政商环境，做好产业的配套，改善物流条件。从整体上改善贵阳的投资环境，才能确保资本真正能够赚到钱。

要确保外来资本真正能够赚到钱，除了要搞好产业规划外，还要花大力气营造良好的投资环境。除基础设施相对落后、区位处于劣势外，法制不健全、政策不透明、执法不规范、工作效率低下、作风态度差、“吃拿卡要”等行业不正之风屡禁不止，这些都影响了一些跨国公司及东部大企业集团进入西部投资的积极性。在这些问题得到彻底解决之前，无论是跨国公司还是东部大公司和企业集团，都不敢贸然进入。李岚清同志曾经指出，投资环境，特别是投资软环境的改善是西部地区投入最少产出最大的事业。西部地区的区位劣势不能改变，但人的思想观念、制度程序、工作方法和态度作风是完全可以通过自身的努力改变的。因此，我们必须坚定不移地贯彻市委、市政府提出的“环境立市”战略。“环境立市”不能只是一句口号、一个理念，必须真正贯彻落实到各项实际工作中，努力建立公正、公平、高效的政务环境，诚信为本的商务环境，绿色林城的人居环境。

二是必须充分吸引国际资本和东部民间资本大规模参与对国有经济的战略性调整和重组。跨国投资分为两种主要方式：一种是新设投资，也称“绿地投资”，是指投资者在东道国设立新的企业；另一种是并购投资，是指两家或更多独立的企业之间通过合并或收购的形式实现产权交易的方式。20 世纪后期以来，跨国投资更多的是通过并购来实现的。跨国公司、多国企业大多通过实施横向一体化和纵向一体化战略，实现低成本扩张，其中兼并、收购是它们常规的做法。近年来，国内著名的大公司和企业集团也越来越多地采用这种策略实现自身的扩张。从国际经验看，过去 20 年遍及全球的国有企业改革浪潮中，发达国家的国有企业改革大多面向本国收购者，发展中国家的国有企业改革与重组中，外国参与多于本国参与。因此，吸引跨国并购投资是发展中国家用以进行国有企业改革的普遍做法。从贵阳的实际情况看，近 70%的国有经济战略性结构调整，以及技术进步和产业结构升级，也必须通过外国资本和东部民间资本较大规模的流入才能实现。

在吸引外部资本参与国有经济改革的过程中，首先，必须认真学习和贯彻中央关于国有经济战略性结构调整的各项原则和要求，并在这些原则和要求的指引下，将招商引资与国有经济的战略性结构调整和产业升级有机结合起来，努力通过招商引资早日完成对国有经济的战略性结构调整和重组。其次，必须解放思想，算好大账。发展是硬道理，经济不发展，一切都无从谈起。认识和推动外部资本参与贵阳国有经济的改革和改组工作，解决好广大群众的切身利益问题，是我们工作的最高原则。只要有利于贵阳经济的发展，有利于扩大职工和群众的就业，有利于老百姓生活的改善，就是好事，应当全力支持。

三是必须将资本的利益和贵阳的自我发展有机统一起来。我们招商引资，吸引国际资本和东部民间资本来这里投资，让外来资本赚钱是必要前提，但不是我们的目的。我们的目的是为我所用，发展壮大自己。这两者看似矛盾，其实可以很好地统一起来。要实现这两者的有机统一，我们必须有一个比较科学的产业发展规划，并且在这一产业规划的指导下开展我们的招商引资和其他各项工作。过去，我们在做产业规划、制定产业政策时，总是受周围环境的影响，市场上什么赚钱我们就想发展什么，并且什么也舍不得放弃，有限的政府资源也不能真正做到有效配置。所以，我们始终难以形成真正能够带动区域经济发展的优势产业，也不能形成真正拥有著名品牌和自主知识产权且具有核心竞争力的大公司和企业集团。实际上，真正能够带动和决定一个地区经济发展的产业并不需要很多，往往只是一两个。一些小的国家，整个国家也就一两个优势产业，但它确实是最强的，是具有国际竞争力的，而且它实实在在支撑了这个国家的经济发展。贵阳在确定产业发展规划过程中，也一定要牢牢把握这一条。“资源优势—产业优势—竞争优势—经济优势”是经济欠发达地区在发展中真正可以依赖的主要路径。要在一个比较科学的产业政策指导下，实施国有经济的战略性结构调整，通过招商引资，发展核心优势产业群，实现产业结构调整，引进和扶持一批真正能够带动贵阳经济长远发展的大公司和企业集团。为了实现这个目标，政府的财政、信贷、税收、土地、用工、能源、社会中介服务等各项政策必须配套，形成“万众一心、众志成城”的态势，集中政府有限的资源培植和扶持这些产业的成长和发展，使之真正成为具有核心竞争力的优势产业，支撑和带动贵阳乃至全省经济的持续快速发展。

三、调整思路，创新方法，全面提高招商引资工作的有效性

（一）把握国际国内经济发展的新格局，明确招商引资的目标区域

进入20世纪90年代以来，经济全球化进程明显加快。经济全球化的基本特征：一是世界总体的关税水平进一步降低，非关税措施进一步削减，投资和

贸易自由化程度进一步提高，商品、劳务、资本、信息等生产要素在世界范围内实现大规模的跨国界自由流动。二是信息化和网络化构成了经济全球化的重要前提，实际上互联网和现代通信技术为经济全球化提供了最可靠的技术平台。三是跨国公司、大企业集团是经济全球化的主导力量，它们的作用越来越大。四是在经济全球化大潮下政府的影响力和活动空间正在相对缩小。在经济全球化的进程中，世界已经形成了以北美自由贸易区、欧盟、日本、东盟、中国（包括港澳台地区）等几个经济最具活力、最具增长潜力的经济体。这几大经济体无疑将左右并决定未来世界经济的基本走向。包括俄罗斯、印度在内的其他经济体在相当长一个时期内都无法与上述经济体相抗衡。因此，我们招商引资的目标区域，应当集中在北美、欧盟、日本、东盟和中国港澳台地区。日本和中国台湾地区由于其加工制造业正在实行大规模转移，应当成为招商引资目标区域的优选目标。国际资本的进入，所产生的影响远远超越资本本身，它将带来先进的经营理念、管理制度、国际市场的营销网络，它本身就是参与经济全球化的一种具体形式。

在国内市场，经过改革开放 20 多年的发展，基本形成了长江三角洲、珠江三角洲和京津环渤海地区三大经济区，是当今中国经济乃至世界经济极具活力的地区，这三大经济区将决定中国经济的未来，并将引领中国经济参与经济全球化的进程。对广大中西部地区而言，当前面临的首要任务是实现与东部，确切地说主要是实现与上述三大经济区经济的一体化，在实现与三大经济区经济一体化的过程中更好地参与经济全球化。根据贵阳目前经济发展的水平和现实条件，在国际资本一时难以形成大规模进入的情况下，从东部三大经济区大规模引入东部民间资本可能更为现实。要通过东部民间资本的大规模流入，实现对现有国有资产存量进行重组，完成对贵阳国有经济的战略性结构调整，提高企业的管理水平，为参与全球经济竞争做好准备。

（二）熟悉大公司、企业集团和跨国公司的竞争策略和活动规律，找准目标企业，积极推动企业并购

跨国公司既是经济全球化的积极推动者，也是经济全球化的最大受益者。由于经济全球化进程的加快，特别是发展中国家在更大程度上开放自己的贸易和投资市场，并积极参与到全球化进程中来，跨国公司可以更加自由地在全球范围内进行资源整合、生产布局和结构调整，它们可以在它们认为最合适的地区设立全球性的结算中心和研发中心，也可以在它认为最合适的地区设立营销中心和生产加工中心，寻求廉价资源，开拓新的市场，利用廉价和高知识劳动力，甚至转移有污染产品的生产，从而获取巨大的超额利润。跨国公司是这样，国内的大公司和企业集团也是这样，只不过其活动范围仅限于国内市场而已。跨国公司、国内大公司和企业集团，大多通过在全国乃至全球范围内实施重组和并购战略，实现低成本扩张，从而实现上述目标。在一个生产能力严重过剩、市场瞬息万变、竞争近乎残酷的世界里，对大多数没有著名品牌、没有自主知识产权、缺乏核心竞争力的企业而言，其生存的空间越来越小。摆在企业面前的出路只有三条：一是创立自己的品牌，形成自主知识产权，打造自己的核心竞争力，整合别人的资源，将自己做大做强，为自己争得良好的生存空间；二是接受强者的整合，甘当配角，先求生存，后图发展；三是退出竞争，退出市场。对于像黔轮胎、振华科技、开磷集团、神奇制药这样一批已经拥有著名品牌和知识产权并有一定竞争力的企业，必须在全省乃至全国范围内进一步进行资源整合，通过招商引资、重组和并购，实现低成本扩张，打造企业的核心竞争力，使企业真正成为具有国际竞争力的国际企业。对于既无像样品牌，也无自主知识产权，基本没有竞争力的绝大部分国有企业，应当通过招商引资，接受国外企业、东部大公司和企业集团的重组和并购。西洋肥业、海信工业园、双星鞋业应当成为这些企业的理想选择。除少数涉及国家军事安全的军事工业和其他事关国计民生具有公共产品性质的产业和企业外，原则上所有产业的企业一律向外资和内资开放。当然，我们在选择并购合作伙伴时，应当选择与贵阳技术、产品和产业升级换代与结构调整目标相一致的跨国公司和国内相关行业的龙头企业，有助于提高贵阳企业的核心竞争力。

（三）掌握国际产业发展的规律和特点，结合自身的资源优势，利用产业链招商引资

当今全球范围内正在进行新一轮产业结构调整和重组，这为我们利用外资推动传统产业的改组、改造和升级提供了难得的机遇。近年来，国际上加工制造能力向我国转移较多的有家电、计算机、移动通信，其他加工制造业也在不断跟进。跨国公司纷纷到中国投资设厂，甚至将地区总部、研发中心营销中心迁往中国，加速在中国的市场争夺。我们注意到，跨国公司推进成本导向型和市场导向型这两种扩张模式，并不是盲目进行的。相反，大多是沿着相应的产业链条，实施前向一体化或后向一体化战略，实现重组或并购，部分也是通过横向一体化和混合一体化来实现。完全脱离公司主业，进入与自己主业毫不相干和完全不熟悉的产业是十分冒险的，大公司和跨国公司都避免这么做。这就给了我们一个重要的启示，招商引资应当沿着一定的产业链条，按照企业扩张和产业发展的内在规律，选准目标企业，有的放矢地开展工作。就贵阳而言，应当根据磷、铝、天然中药材、煤、水能等自然禀赋优势，延长产业链条，将下游产业的企业引向本地。要努力构筑磷化工、新材料、现代中药、环保等3~5个真正具有核心竞争力的优势产业群，带动贵阳经济的发展；也可以针对业已取得一定竞争优势的产业，如电力、轮胎、机械制造等，根据产业的关联度，进行配套产业招商。对一些在全国乃至全球具有举足轻重影响力的资源或初级产品，应当有意识地通过控制外运和出口，迫使下游企业到本地投资设厂。这将大大提升招商引资工作的有效性，有利于提高贵阳乃至贵州的核心竞争力。

（四）大力发展加工贸易，引导外部企业从委托加工向投资设厂转化

过去我们有一种不正确的看法，认为一般贸易是国际贸易中的高级形式，加工贸易是国际贸易中的低级形态，并对加工贸易持否定和排斥的态度。实际上，传统的国际贸易中并没有加工贸易这种形式。加工贸易是国际贸易发展到一定阶段，国际分工不断深化的结果。为了获得专业化之利，现代企业很少有哪种大的产品完全是由某一家企业独立完成的。相反，波音公司生产波音飞机的上百万个零部件是由数千家企业分别完成的，当今世界著名品牌的汽车制造商也莫不如此。在信息化和全球化时代，电子商务、大规模定制、全球采购是最为时兴的商业模式。加工贸易的飞速发展恰恰表明了经济全球化和一体化所达到的程度。当然，加工贸易在我国获得超常规发展，并在贸易总额中所占的比重达到近50%，最根本的原因是我国政府对加工贸易实行了一套不同于一般贸易的政策和监管制度。与一般贸易相比，加工贸易不但在税收上具有保税的优势，在贸易管制上也宽松得多。从本质上说，加工贸易制度的实行是在原本比较严格的贸易管制环境下创造一个“自由贸易”（无税、无证或少证）的小环境。这实际上也是我国贸易制度上的“双轨制”。加工贸易制度不但促进了我国东南沿海经济的飞速发展，更主要的是它带动了我国一大批企业广泛地参与国际分工，加入全球化的进程。从招商引资的角度看，委托加工往往是国外企业向内地企业进行投资的前奏。为了控制加工企业加工产品的质量，国外委托企业往往需要对加工企业投入一些关键设备，而且要对加工企业的生产工艺和流程进行调整，甚至对加工企业的内部管理提出要求。在条件成熟时，委托企业往往会对加工企业进行投资控股、收购，甚至兼并。加工贸易的好处是显而易见的：一是降低贸易成本；二是扩大出口；三是增加就业；四是学习管理方法、提高管理水平；五是引进资本和技术。因此，从加工贸易起步，不断提升加工水平，进而吸引外商投资，是东部地区招商引资成功的一条重要经验。贵阳地区存在大量闲置的生产能力，拥有廉价的劳动力、较低的能源成本，大力发展加工贸易，是最为现实和可靠的选择。当然，要使加工贸易在贵阳得到较大的发展，必须克服工业配套能力和物流成本等方面的瓶颈制约，狠抓工业配套能力的提高，大力发展现代物流，全面降低企业成本，提高企业的竞争力。

（五）熟悉资本市场，掌握运作技巧，扩大融资渠道

资本市场的建立和日益成熟，为广大投资者提供了一个十分重要的融资渠道和产权交易市场。通常人们在谈论招商引资时，往往忽略了资本市场的作用。习惯上人们总是将招商引资与投资者投资设厂相联系。实际上，资本市场应当是企业获得资本的重要渠道。以证券市场为例，一方面，一个主业突出、成长性良好的股份有限公司，均可按照一定的法律程序在国内申请上市，也可到海外申请上市。如果公司业绩良好，就可以在证券市场不断获得融资，谋求新的发展。除证券市场外，有条件的企业还可以通过发行企业债券等方式获得融资。另一方面，上市公司从资本市场获得大量融资后，实力大增，需要扩张。这时，实力强大的上市公司本身即可成为本地国有企业进行招商的目标企业，吸引上市公司参与本地企业的并购和重组。对于广大中小企业而言，业绩好、成长性好的企业既可以争取上创业板，也可以通过实施横向一体化、纵向一体化和混合一体化战略，兼并扩张后上市；对效益不好、竞争能力弱的企业，既可以出售，也可以实施管理层收购。同时，大批证券公司、投资银行、财务公司是进行资本运作的行家里手，它们熟悉国内、国际产业发展的现状，掌握产业发展的规律和趋势，了解行业内产业组织及其竞争格局。因此，聘请它们作为政府和企业的财务顾问，必将使我们的招商引资工作更有成效。此外，在城市基础建设、公共产品和服务建设方面，可以通过 BOT、TOT 等方式进行融资，也可以发行收益凭证，获得大规模融资。

思想的解放和观念的更新，投资环境的改善和招商引资方法的全面创新，必将开创贵阳招商引资工作的新局面。国际资本和东部民间资本的大量流入，必将有力推动贵阳经济的跨越式发展。

西部地区民间资本进入与政府投资引导政策①

江泽民在党的十六大报告中指出："实施西部大开发战略，关系全国发展的大局，关系民族团结和边疆稳定……国家要在投资项目、税收政策和财政转移支付等方面加大对西部地区的支持。"②

工业化是一个国家和地区用来实现民族振兴和富民强国的基本手段。城市化是一个国家和地区走向现代化进程的必由之路。没有西部的工业化就不会有西部的城市化，没有西部的城市化也就不可能有西部的工业化，两者相辅相成。实施西部大开发战略，全面建设更高水平的小康社会，必须推进西部的工业化和城市化战略。抓好基础设施和生态环境建设是实现西部工业化和城市化的重要前提和基础。西部必须在实现工业化方面充分发挥"后发优势"，率先走出一条科技含量高、经济效益好、环境污染少、人力资源优势得到充分发挥的新型工业化路子。在城市化方面，必须走生态型的循环经济之路。西部的新型工业化和城市生态化建设，都需要大规模的资金投入。国家通过财政转移支付等方式加大对西部的投入，特别是在基础设施和生态环境建设方面加大国家投入力度是十分重要和必不可少的。但是，西部大开发的真正实现，必须依靠民间投资的大规模进入。因此，国家必须在进一步加大基础设施和生态环境建设投入的基础上，努力构建一个民间资本大规模进入西部、参与西部大开发的诱导机制。随着国家对西部基础设施和生态环境建设大规模投入高峰的过去，如何通过"看得见的手"和"看不见的手"的有机结合，营造一个能够广泛吸引国际资本和国内民间资本参与西部大开发的

---

① 原标题《民间资本进入与政府投资引导政策》，收录于《中国西部大开发政策》(王洛林、魏后凯主编，与黄秋斌合著，2003年版)。

② 江泽民．全面建设小康社会，开创中国特色社会主义事业新局面——在中国共产党第十六次全国代表大会上的报告［M］．北京：人民出版社，2002：24.

良好环境和有效机制，已经成为中央政府和广大西部地区政府共同面临的最为紧迫的课题和任务。

一、"九五"时期以来西部地区投资状况分析

自"九五"时期开始，为加快中西部地区的经济发展，国家在投资和政策上逐步加大了对中西部的支持力度。随着国家西部大开发战略的实施，中西部地区的经济发展取得了很大的成效，但是从东西部投资总量和构成的差异上分析，西部大开发却呈现出"政府投资热、民间投资冷"的局面。

（一）"九五"时期以来西部地区全社会固定资产投资分析

随着国家对西部开发的日益重视，西部地区全社会固定资产投资逐年上升（见表 1），其中，增幅较大的为 1998 年和 2001 年。[①]1998 年较 1997 年净增 934.45 亿元；2001 年较 2000 年净增 1048.06 亿元。但是，由于公有制经济特别是国有经济所占比重较大，西部地区固定资产中国家财政投资占的比重往往较高，地区经济发展对国家财政投资的依赖性较大，从 1994 年开始到 2001 年"政府投资"所占比重虽从 76.2% 下降至 63.5%，"民间投资"从 23.8% 上升为 36.5%，但"政府投资"仍然远大于"民间投资"。在实施西部大开发战略过程中，政府投资依然处于绝对主导地位。

从全社会固定资产投资结构分析，2001 年，全国全社会固定资产投资总额为 37213.49 亿元（见表 2），其中，56.1% 的投资是由东部地区完成的，中部地区所占比例为 21.7%，而西部地区仅为全国总量的 19.2%。从投资的所有制结构来看，国有经济投资部分，东部是西部的 2.14 倍；非国有经济投资部分，东部则是西部的 3.86 倍。在东部地区的固定资产投资总额中，非国有经济的投资已经占到 59.8%，而西部地区国有经济投资部分在总额中的比重依然高达 54.8%，非国有经济所占比重仅为 45.2%。由此可见，民间资本投资已成为东部地区固定资产投资的一股重要力量。在西部全社会固定资产投资中，公有制经济（政府资本）投资比重过高，非公有制经济（民间资本）投资比重过低，是导致东西部地区差距逐渐拉大的重要原因之一。这说明，西部大开发急需民间资本的大规模进入。

---

① 本章所指的西部地区是指包括广西和内蒙古在内的西部 12 省、区、市。

表 1 "九五"时期以来西部地区全社会固定资产投资情况

单位：亿元，%

年份	总计		政府投资（公有制经济）			民间投资（非公有制经济）						
	金额	增加数额	国有经济	集体经济	比重	个体经济	联营经济	股份制经济	外商投资经济	港澳台商投资经济	其他经济	比重
1994	2564.56		1710.49	242.40	76.2	381.35	14.58	90.59	101.06	101.06	4.54	23.8
1995	3046.45	481.89	1978.76	271.66	73.7	504.27	11.34	127.64	127.64	104.15	4.48	26.1
1996	3619.99	573.54	2253.68	382.16	72.8	618.71	20.72	162.12	162.12	129.11	46.36	27.2
1997	4112.27	492.28	2537.65	384.76	71.1	704.44	10.91	302.92	302.92	113.05	43.48	28.9
1998	5046.72	934.45	3232.23	428.68	72.6	806.05	5.96	372.84	372.84	89.22	93.56	27.4
1999	5421.37	374.65	3333.59	518.20	71.1	906.21	7.77	439.13	439.13	87.47	99.00	28.9
2000	6110.72	689.35	3490.33	559.34	66.3	1010.86	13.36	815.55	815.55	86.19	102.05	33.7
2001	7158.78	1048.06	3924.01	621.16	63.5	1238.79	13.17	1138.89	1138.89	77.09	105.30	36.5

资料来源：国家统计局．中国统计年鉴（1995—2002）［M］．北京：中国统计出版社，1995.

表2　2001年我国按地区划分的全社会固定资产投资

单位: 亿元, %

地区	总计	国有经济		非国有经济								
		金额	比重	集体经济	个体经济	联营经济	股份制经济	外商投资经济	港澳台商投资经济	其他经济	小计	比重
东部地区	20874.16	8383.56	40.2	3832.7	2644.79	58.49	3378.91	1183.3	1327.71	64.66	12490.60	59.8
中部地区	8058.98	4268.87	53.0	824.7	1545.99	22.86	1054.62	154.98	150.28	36.65	3790.11	47.0
西部地区	7158.78 （19.20）	3924.01 （22.30）	54.8	621.16	1238.79	13.17	1138.89	77.09	105.30	40.37	3234.77 （16.50）	45.2
全国	37213.49	17606.97	47.3	5278.6	5429.57	94.52	5663.49	1415.4	1583.29	141.68	19606.52	52.7

注：①全国不分地区投资为1121.61亿元，其中，国有经济为1030.53亿元，股份制经济为91.07亿元，所以东部、中部、西部地区相加，不等于全国总数。②西部地区括号内的数字是西部地区占全国的比重。

资料来源：国家统计局．中国统计年鉴［M］．北京：中国统计出版社，2002.

（二）“九五”时期以来西部地区基本建设投资分析

从“九五”时期以来西部地区基本建设投资看，1997 年以后，国家预算内资金投入明显增加。特别是从 2000 年开始，增幅达到 26% 以上（见表 3）。这表明，为了加快中西部地区的开发，促进地区经济协调发展，国家加大了对西部地区重点建设投资的力度，逐步增加了西部地区基础设施投资的比重。在中央加大对西部地区投资的同时，西部地区也加大了投入。

但是，1994—2001 年，在整个西部地区基本建设投资中，利用外资金额和比重出现一定程度的下降（见表 3）。如果从外商在西部地区直接投资的状况来看，情况更不理想。到 2001 年，西部地区外商直接投资额为 19.22 亿美元，占全国各地区合计的 4.1%（见表 4）。这与东部地区在这一期间民间投资大幅度增长形成强烈的反差。

以上分析表明，虽然随着我国西部大开发战略的实施，国家投资重点向西部倾斜，但民间资本并未大规模进入。西部大开发事实上出现了“政府投资热、民间投资冷”的局面。

（三）我国扶贫资金的投资情况分析

1994 年 2 月 28 日，国务院召开全国扶贫开发工作会议，部署实施“国家八七扶贫攻坚计划”，明确从 1994 年到 2000 年，集中人力、物力、财力，动员社会各界力量，力争用 7 年左右的时间，基本解决目前全国农村 8000 万贫困人口的温饱问题。“九五”计划又提出要基本消除贫困的目标。从 1994 年起，国家在保持原有各项财政、信贷扶贫资金不变的条件下，从 1994 年到 2000 年，每年新增 10 亿元以工代赈资金、10 亿元扶贫贴息贷款，使当年中央扶贫资金总量达到 108 亿元。1996 年，中央召开扶贫工作会议，使扶贫资金进一步增加到 153 亿元。1997 年，国家除继续安排以工代赈、扶贫贷款和支援不发达地区发展资金 108 亿元外，还新增了 15 亿元财政扶贫款和 30 亿元扶贫贷款，以支持贫困地区改善基本生产和生活条件。1998 年，国家又新增扶贫资金 30 亿元，全年中央扶贫资金总量达 183 亿元，创历史最高水平。到 2001 年，中央财政扶贫资金总额已达 278.15 亿元，其中包括扶贫贷款 185.00 亿元、专项财政扶贫资金 50.65 亿元、以工代赈资金 40.00 亿元和“三西”农业建设专项补助资金 2.50 亿元。截至 2001 年底，中央政府以工代赈计划累计投入 569 亿元，国家安排的扶贫信贷资金累计达到 1065 亿元。以上国家扶贫资金均投入国家“八七”扶贫攻坚计划确定的 592 个国家重点扶持贫困县。在这些国家重点扶持贫困县中，有近 2/3 分布在西部 12 省、区、市。

贵州省 48 个贫困县扶贫资金投放情况见表 5。

表3　1994—2001年西部地区按资金来源和隶属关系分的基本建设投资

单位：亿元，%

年份	地区	按资金来源分										按隶属关系分			
		国家预算内资金		国内贷款		利用外资		自筹资金		其他资金		中央项目		地方项目	
		金额	比重	金额	比重	金额	比重	金额	比重	金额	比重	金额	比重	金额	比重
1994	西部	92.65	21.3	332.27	21.0	113.02	12.4	460.23	16.0	107.93	18.5	483.41	19.9	667.34	16.7
	全国	434.57	100.0	1583.45	100.0	912.03	100.0	2820.48	100.0	584.48	100.0	2430.75	100.0	4005.99	100.0
1995	西部	16.06	23.6	382.15	23.0	108.22	10.3	515.55	16.5	140.04	15.6	528.62	17.8	769.26	17.4
	全国	491.67	100.0	1646.24	100.0	1055.42	100.0	3121.86	100.0	899.98	100.0	2970.67	100.0	4432.95	100.0
1996	西部	103.93	19.8	453.51	27.6	117.90	9.5	667.15	17.7	195.13	20.2	605.49	17.9	1077.32	20.6
	全国	524.38	100.0	1938.86	100.0	1235.43	100.0	3778.83	100.0	965.00	100.0	3379.33	100.0	5231.50	100.0
1997	西部	131.07	22.8	529.10	23.6	120.29	8.9	838.11	18.9	214.11	20.7	746.82	19.4	1152.18	19.0
	全国	574.51	100.0	2239.88	100.0	1351.92	100.0	4432.24	100.0	1036.13	100.0	3858.22	100.0	6058.80	100.0
1998	西部	233.85	22.9	693.58	24.7	114.66	7.9	967.93	19.9	396.35	27.1	798.59	19.4	1661.89	21.3
	全国	1021.32	100.0	2814.36	100.0	1445.78	100.0	4870.26	100.0	1461.22	100.0	4122.92	100.0	7793.51	100.0
1999	西部	247.00	23.5	679.05	22.9	113.18	10.6	948.36	19.5	413.60	28.1	716.27	17.7	1896.91	22.6
	全国	1478.88	100.0	2972.04	100.0	1064.15	100.0	4857.15	100.0	1467.25	100.0	4046.79	100.0	8408.49	100.0
2000	西部	413.32	26.0	799.06	22.3	101.99	12.0	1120.33	21.4	356.29	25.5	843.12	19.7	2140.70	23.4
	全国	1594.07	100.0	3586.35	100.0	852.18	100.0	5233.10	100.0	1396.78	100.0	4290.92	100.0	9136.35	100.0

续表

年份	地区	按资金来源分										按隶属关系分			
		国家预算内资金		国内贷款		利用外资		自筹资金		其他资金		中央项目		地方项目	
		金额	比重	金额	比重	金额	比重	金额	比重	金额	比重	金额	比重	金额	比重
2001	西部	525.69	26.61	882.38	24.3	89.13	9.9	1374.44	21.6	419.21	29.0	941.61	21.4	2483.48	23.8
	全国	2052.31	100.0	3637.15	100.0	898.13	100.0	6231.09	100.0	1443.09	100.0	4399.47	100.0	10420.63	100.0

资料来源：国家统计局．中国统计年鉴（1995—2002）［M］．北京：中国统计出版社，1996—2003.

表4　1994—2001年东、中、西部地区外商直接投资及其比重

单位：亿美元，%

地区	外商投资								比重							
	1994年	1995年	1996年	1997年	1998年	1999年	2000年	2001年	1994年	1995年	1996年	1997年	1998年	1999年	2000年	2001年
东部地区	283.84	319.69	362.06	376.79	396.04	344.15	348.86	403.44	85.3	85.9	86.5	84.0	85.3	86.2	86.5	87.0
中部地区	25.73	33.72	39.14	47.14	43.29	36.83	35.94	41.01	7.7	9.1	9.3	10.5	9.6	9.2	8.9	8.9
西部地区	23.11	18.75	17.59	25.07	23.51	18.37	18.52	19.22	7.0	5.0	4.2	5.5	5.1	4.6	4.6	4.1
合计	332.68	372.16	418.79	449.00	462.84	399.35	403.32	463.67	100.0	100.0	100.0	100.0	100.0	100.0	100.0	100.0

注：1994—1996年外商直接投资含外商其他投资，1997—2001年外商直接投资则不含外商其他投资。

资料来源：国家统计局．中国统计年鉴（1995—2002）［M］．北京：中国统计出版社，1996—2003.

表 5　贵州省 48 个贫困县扶贫资金投入情况　　　单位：万元

扶贫资金	1986 年	1990 年	1995 年	1996 年	1997 年	2002 年
国家扶贫资金总额	25354.50	34498.70	75140.00	85100.00	134300.00	232100.00
其中：1. 信贷扶贫资金	9595.50	24451.50	36000.00	50000.00	85000.00	159000.00
2. 财政扶贫资金	5700.00	5370.20	7800.00	7900.00	22800.00	46600.00
3. 以工代赈资金	10059.00	4677.00	31340.00	27200.00	26500.00	26500.00
48 个贫困县扶贫资金总额	9248.86	16956.23	71791.71	91539.79	128778.52	174075.00
其中：1. 信贷扶贫资金	5090.38	11891.98	41460.09	55948.45	87785.40	119250.00
2. 财政扶贫资金	2672.97	2932.06	6579.48	10695.48	17863.55	34950.00
3. 以工代赈资金	1485.49	2042.19	23752.14	24851.31	23129.57	19875.00

资料来源：贵州省扶贫开发办公室提供。

通过以上分析，说明国家对西部地区扶贫资金投入力度逐年加强，数额巨大。

（四）东、中、西部地区国有及非国有企业比较

2001 年，东部地区全部国有及规模以上非国有工业无论是企业数还是产值，均远远大于西部地区（见表 6、表 7）。从表中可以得知，对东部地区的工业发展民间资本做出了巨大贡献，西部大开发如果没有国内外民间资本的大规模进入，就难以取得成功。

表 6　2001 年全部国有及规模以上非国有工业企业数　　单位：家，%

地区	大型企业		中型企业		小型企业	
	企业数	比重	企业数	比重	企业数	比重
东部地区	5419	63	8753	61	97521	66
中部地区	1804	21	3167	22	31304	21
西部地区	1366	16	2478	17	19444	13
全国	8589	100	14398	100	148269	100

资料来源：国家统计局．中国统计年鉴［M］．北京：中国统计出版社，2002.

表 7　2001 年全部国有及规模以上非国有工业企业数及总产值

单位：家，亿元

地区	全部国有及规模以上非国有企业		国有及国有控股企业		集体企业		股份有限公司		外商投资企业		港澳台商投资企业	
	企业数	总产值	企业数	总产值	企业数	总产值	企业数	总产值	企业数	总产值	企业数	总产值
东部地区	111693	64420.07	20822	20264.07	18003	6838.49	2788	6176.25	11621	15343.69	16624	10711.50
中部地区	36275	13788.78	14880	8593.34	9099	1808.37	1776	2083.72	972	1151.27	1027	610.30
西部地区	23288	8563.84	11064	5609.09	3916	579.83	1128	1779.88	573	510.73	606	336.03
全国	171256	86772.69	46766	34466.50	31018	9226.69	5692	10039.85	13166	17005.69	18257	11657.83

注：①全部国有及规模以上非国有工业企业是指全部国有工业企业及年产品销售收入在 500 万元以上的非国有工业企业。②总产值均为 1990 年不变价格。

资料来源：国家统计局 . 中国统计年鉴［M］. 北京：中国统计出版社，2002.

通过以上几个方面的分析，我们可以得出以下结论：

（1）政府依然是西部地区投资的主体。自国家实施西部大开发战略以来，在全社会固定资产投资构成中，虽然属于公有制经济的政府投资部分有所下降，民间投资部分有所上升，但总体格局并没有改变，西部地区投资的主体仍然是政府，西部经济增长的动力主要依赖政府的投入。

（2）民间投资没有真正启动，特别是利用外资出现下降趋势。1994—2001年，基本建设利用外资（包括直接利用外资和间接利用外资）无论是绝对总量还是相对比重，都出现了下降的趋势。1994年，整个西部地区基本建设利用外资金额为113亿元，占全国基本建设利用外资总数的12.4%，而到2001年下降为89.13亿元，比重下降为9.9%。从外商直接投资的情况看，投资的绝对量和相对量都呈现下降的趋势。1994年外商在西部地区直接投资23.1亿美元，占全国投资总量的7%，到2001年，分别下降为19.22亿美元和4.1%。

（3）国家有关实施西部大开发的政策措施对启动民间资本参与西部大开发收效甚微。《关于实施西部大开发若干政策措施的通知》（国发〔2000〕33号）等文件下达以来，对促进民间资本进入西部参与西部大开发影响不大。除个体经济和股份制经济的投资有所增加外，联营经济和外资投入都出现了下降。

（4）政府对西部的公共投资虽有所增加，但总量仍不及对东部投入的一半。国家虽然加大了对西部资金的投入，但是，直到2001年，在全社会固定资产投资方面，国有经济在西部的投入还不及东部的1/2，只相当于东部的46.8%。

二、西部大开发“政府投资热、民间投资冷”的原因分析

1999年6月，在西北地区国有企业改革和发展座谈会上，江泽民指出：“必须不失时机地加快中西部地区发展，特别是要抓紧研究实施西部地区大开发。”9月22日，党的十五届四中全会通过的《中共中央关于国有企业改革和发展若干重大问题的决定》正式提出“国家要实施西部大开发战略”。2000年10月26日，国务院发出《关于实施西部大开发若干政策措施的通知》；2001年9月，国务院办公厅转发国务院西部开发办《关于西部大开发若干政策措施实施意见的通知》，进一步将国务院关于西部大开发的政策措施具体化。中央对西部大开发提出了宏伟目标和总体规划，极大地激发了西部各省、区、市广大干部群众开发西部、建设西部的热情，东部各省份也对西部大开发寄予了很大的热情。但是，近年来，除了国家对西部重点基础设施和生态环境建设的项目投入

外，国际资本和东部民间资本只在成都、西安、重庆等少数中心城市有比较集中的进入，而人们所期望的外资和东部民间资本大规模进入的现象并没有出现。2002年我国已经成为全球第一引资大国。但是真正进入我国西部的国际资本只占全国总量很小的比例。20世纪90年代以来基本保持在2%～5%，1999年达到5.5%，但近年来又有所下降，国内民间资本进入也十分有限。因此，人们担心，西部大开发“政府投资热、民间投资冷”的现象将长期持续下去，更担心在一阵“西部开发热”之后西部会出现新一轮的沉寂。

（一）政府目标与企业目标的差异性

政府与企业是两类完全不同的组织。政府是政治组织，其最大的功能是维护社会正义。政府遵循的是效率优先、兼顾公平原则，实现全社会的福利最大化。企业是经济组织，其主要的功能是盈利。企业遵循的是效率原则，实现利益最大化。政府和企业性质和功能上的差异，决定了它们在实施西部大开发战略中的不同角色和不同作用。西部大开发是中央确定的宏伟战略目标，推进这一战略是中央政府和西部乃至东部各级地方政府的共同责任。但是，如果没有国际资本和国内民间资本的广泛参与，没有国内外企业的广泛参与，西部大开发战略便不可能真正实现。因此，如何在实施西部大开发战略中将政府目标与企业目标有机统一起来，形成合力，是西部大开发战略成功实现的关键。然而，当前面临的最大问题是政府目标和企业目标无法实现有机的统一，严重制约西部大开发战略的有效实施。

1. 政府推进西部大开发战略的目标取向

党的十六大报告指出：“实施西部大开发战略，关系全国发展的大局，关系民族团结和边疆稳定。要打好基础，扎实推进，重点抓好基础设施和生态环境建设，争取十年内取得突破性进展。”应当说，政府推进西部大开发战略的目标是明确的，决心是坚定的。这是我国经济社会发展的必然要求，也是我国现代化建设和全面建设小康社会的必然要求。我国政府在20世纪末正式提出实施西部大开发战略是基于以下考虑：

（1）“两个大局”观。邓小平同志早在20世纪80年代初就提出了“两个大局”的战略思想：一个大局是沿海地区加快对外开放，较快地先发展起来，内地要顾全这个大局；另一个大局是沿海地区发展到一定时期，要拿出更多的力量帮助内地发展，沿海地区也要顾全这个大局。邓小平同志的“两个大局”观体现了效率优先的非均衡发展战略的思想，同时，也体现了兼顾均衡和公平的现实需要。

（2）缩小东西部发展差距，确保西部边疆稳定。由于东西部区位条件和经济社会发展基础的差异，东西部地区之间人均国内生产总值的绝对和相对差距都在迅速扩大。东西部人均 GDP 的绝对差距在 1978 年时为 212 元，1990 年为 885 元，1998 年为 5490 元。相对差距扩大的趋势也十分明显。东西部人均 GDP 的相对差距已经从 1983 年的 44.4% 扩大到 1999 年的 58.7%。再从投入和产出两方面分析，这种差距的扩大同样十分明显。在投入上，1990—2001 年，东部沿海 12 个省份全社会固定资产投资占全国投资总额的比重从 56.8% 上升到 62.2%；而同期中西部地区则由 43.2% 下降至 37.8%。在产出上，无论是 GDP 总量还是人均 GDP，东西部地区差距都呈现明显扩大的趋势。东西部差距的进一步扩大，西部地区的贫穷不但危及边疆的稳定和安全，也与我国社会主义国家的性质相违背。这是中央政府实施西部大开发战略的重要目标。

（3）全面建设更高水平的小康社会。世界经济的发展表明，国与国之间、地区与地区之间贫富差距的扩大不利于世界的稳定和经济的发展。因此，联合国、世界银行、国际货币基金组织长期致力于南北问题的解决，推动对欠发达国家的经济援助和扶贫开发，实现全球的共同发展。国际组织和发达国家推动这项工作除去各自的战略目标和利益外，确实也是出于人道的考虑以及经济自身发展的要求。在我国，改革开放以来的 20 多年中，国民经济持续快速增长，顺利实现了现代化建设“三步走”战略的第一步和第二步目标，人民群众的物质文化水平得到极大改善，人民生活总体上达到小康水平。但与此同时，我国城乡之间、地区之间差距拉大，经济发展不平衡加剧。这些矛盾发展的结果，客观上加剧了我国当前内需不足、通货紧缩的程度，也使就业压力进一步增大，国民经济的持续快速增长受到严峻挑战。党的十六大报告指出，我国正处于并将长期处于社会主义初级阶段，现在达到的小康还是低水平的、不全面的、发展很不平衡的小康。如果西部发展不起来，广大的农民富不起来，内需不足的问题就不可能得到根本性改变，东部乃至全国经济的快速发展就难以持续下去，惠及十几亿人口的更高水平的小康社会就不可能实现。

（4）生态环境建设的需要。西部地区生态环境的好坏，不仅关系到西部自身的经济发展与社会进步，而且还在很大程度上影响着整个国民经济的发展。近年来，我国西部地区水土流失、土地沙漠化、水资源危机、矿产资源开发中生态破坏和大气污染严重，为了避免西部地区生态环境的恶化，为了西部乃至整个国民经济的健康发展，在实施西部大开发的过程中，必须下大气力来治理西部地区的生态环境，并使之逐步向不断优化的方向发展。

2. 企业参与西部大开发的目标取向

在市场经济条件下，企业是自主经营、自负盈亏的经营实体，是企业主和股东实现资本增值的工具。实现股东利益的最大化是企业的基本宗旨。因此，企业的投资决策必须围绕利润和风险做出。投资者既要看所要投资的产业，也要看投资的区位，更要看这一地区的投资环境和投资的回报率。如果投资者认为在这一地区投资无利可图，或者投资的风险过高，企业就不会轻易进入。实际情况是，很多投资者认为，在西部地区投资风险过高，西部地区的各种优势加起来，还不足以抵消其劣势，投资很难有足够的回报。有些已经进入西部的企业也不能盈利，有的长期处于亏损状态。以贵州省贵阳市为例，2002年经过年审的外资企业共245家，其中亏损的为164家，亏损面占67%。这种现象在西部具有一定的普遍性。当然，出现这种状况的原因是多方面的，有经营者决策失误、管理不善的原因，也有国际、国内市场波动的原因，但基础设施差、投资环境跟不上、政策支持力度不足也是十分重要的原因。中央提出实施西部大开发战略以来，国际资本和东部民间资本确实掀起过一阵“西部投资考察热”，但很快这股“热”便凉了下来。除重庆、成都、西安等西部少数中心城市外，很多省会城市，一年实际利用外资的数量只有数千万美元，内资也就数亿元到一二十亿元，这其中还包括大量的房地产投资和基础设施建设，真正能形成新的生产能力的制造业、农业和服务业投资只占很小的份额。因而，从总体上说，目前国际资本和东部民间资本对西部大开发还持等待和观望态度。

（二）西部地区自身的投资环境和条件影响了民间资本的进入

我国西部地区地域辽阔，资源丰富。全国已经探明的140多种矿产资源中，西部地区有120多种，一些稀有金属的储量很多集中在西部，相当品种的储量名列全国乃至世界前列。依据探明的储量，西部地区的煤炭储量占全国的36%，石油储量占12%，天然气储量占53%。西部水能蕴藏总量占全国的82.5%，已经开发的水能资源总量占全国的77%，但开发利用尚不足总量的1%。一般而言，西部地区的劳动力价格和土地价格相对便宜，通过“一五”时期和“三线”建设，西部地区也有一定的工业基础。除西部少数地区外，整个西部地区在发展工业、旅游等产业方面，资源组合的条件比较好，有相当一部分产业具有明显的比较优势。那么，西部有这么多的优势和发展现代工业所需要的资源的良好组合，为什么现代工业并没有很快地发展起来？为什么国际资本和东部民间资本没有大规模进入西部地区？客观地分析，西部地区确实存在着制约其发展的深刻的历史和社会原因，而且由于没有强有力的政策措施的支持，西部一些相对优势实际上很难真正转化为经济优势和竞争优势。

1. 西部地区的基础工业相对落后

西部的落后是现实的，也是历史的。我国广大的西部地区，特别是西北和西南地区，历史上开发得比较晚。直到新中国成立前，整个西部地区基本上没有像样的工业。新中国成立后，国家在“一五”时期和“三线”建设时期加大了对西部的投入，建立了一批现代工业。但是，这些工业基本为重化工业，而且大多与军事工业相关。轻工业极不发达。新中国成立以来，西部工业的投资主体大多为各级政府。西部地区的工业基础比较薄弱。工业总体规模小，产业结构单一，产业配套能力弱，产业组织的竞争力不强，投资效益差，没有形成适合西部自身特点和具有核心竞争力的优势产业，因而形不成外部资本进入的财富效应，影响了国际资本和东部民间资本的进入。

2. 西部实现工业化所需的基础设施落后

交通是长期以来制约西部发展的重要瓶颈。交通困难影响了商品的流通、人员的流动、信息的沟通，也造成了人的思想和观念的闭塞。近年来，国家实施西部大开发战略，对西部交通设施投入巨大。但由于西部地域广阔，历史欠账太多，这些投入只是解决了重点地区的干线公路和铁路建设，西部实现工业化所需要的交通网络还没有完全形成。通县、通乡公路，普遍存在等级低、质量差的问题。通信是制约西部经济发展的第二大因素。现代通信技术的迅猛发展已经大大改变了西部通信的落后面貌，但对中心城市以外的西部广大农区和牧区来说，通信仍然十分困难。无线通信也受网络覆盖和山区地形的影响，通信不畅。由于西部地区的许多市区县级财政还是“吃饭财政”，基本没有能力搞建设，工业园区的基础设施十分落后，符合现代工业发展所需的设计规范、设施配套、服务优良的工业园区并不多见。交通、通信和工业园区基础设施的落后，极大地制约了外部资本的进入。西部在自然禀赋上的比较优势难以转化为经济优势和竞争优势。

3. 传统观念和体制的制约

西部地区开发晚，商品经济和市场经济的观念和意识进入较迟，商业文化和意识的淡漠使人们的思想观念趋于保守。这种思想意识体现在经济上，表现为对土地的眷恋，对外部世界变化的胆怯和无助，以及对追求财富欲望的压抑。西部经济落后，就业困难，西部人所需的小商品绝大部分来自东部。文化和观念的落后导致了经济的落后，经济的落后又反过来制约着观念和文化的进步。西部的经济主体仍然是国有经济，民营经济在经济总量中的比重不足40%，很多地方还在30%以下。在东部一些地区，民营经济已经达到经济总量的90%以上。在西部一些地区，政府与国有企业的经济依附关系并没有被完全割断，传统计划经济体制的影响还很深。在这种体制下，民营经济的进入仍然存在有形或无形的障碍，这无疑制约了国际资本和东部民间资本的大规模进入。

4. 区位和物流条件的制约

经济全球化推动了国际、国内市场的进一步融合，使世界上任何地区都难以摆脱全球化浪潮的影响。我国加入世界贸易组织后，将在更大范围、更广领域和更高层次上参与国际经济技术合作和竞争，充分利用国际、国内两个市场，优化资源配置，拓宽发展空间，以开放促改革、促发展。但是西部要参与国际经济技术合作和竞争，受到区位和物流条件的制约。随着人类社会从农业文明过渡到工业文明，人类社会经济生活的重心以海洋为中心展开，工业文明自然也成为海洋文明。西部12个省、区、市除广西外，全部深处内陆腹地，与中部和东部相比，对外交往和对外贸易既缺乏条件也缺乏传统。西部地区经济的外贸依存度普遍很低，有些省份的外贸依存度还不足10%。外贸出口对经济发展的拉动作用小。很多地区的政府由于其作用小而不重视国际经济技术交往和合作。同时，由于深处内陆，从内陆到海洋的物流线长，加上西部内陆地区的现代物流业发展迟缓，物流效率低、成本高、服务差，也影响了投资环境，制约了外部资本的进入。

5. 劳动力素质低

西部12个省、区、市有3.64亿人口。一般而言，西部在实现工业化进程中，“无限供给”的廉价劳动力是一大优势。但是，由于西部城市化率低，绝大部分人口分布在农村，他们不但受教育程度低，而且思想观念更加趋于保守。城镇人口中，由于高学历、高素质人才大量外流，发展现代工业所需的市场营销、技术和管理人才奇缺。所以，西部劳动力无限供给的背后是劳动力素质的差距。这也是制约外部资本进入的重要因素。

6. 优质矿产资源缺乏管理和合理配置，影响了资源优势的发挥

我国优质矿产资源特别是有色金属主要集中在西部。但有几个因素影响了资源优势的发挥：一是体制不顺，很多资源在管理上分别属中央、省（自治区）、州、县不同层级政府管辖，各自为政，相互钳制，由于利益不易协调，无法形成合力。二是管理不善，乱采乱挖，甚至偷采盗采，矿体破坏严重，回采率很低，影响了整体效能的发挥。三是区位条件差，交通、通信等设施严重滞后。由于上述原因，当跨国公司或世界500强企业真的有意进入时，我们已经没有什么条件可以吸引它们进入了。四是缺乏产业规划，满足于卖资源、卖初级产品，没能按照上下游产业的关联度进行政策和产业配套，延长产业链条，发展深加工，促进产业发展。

7. 投资环境的差距

在国家实施西部大开发战略、加大对西部基础设施和生态环境建设投入之前，西部的基础设施差，经过这些年的持续投入，虽然大的方面已有改观，但总体基础条件远不如东部，甚至远不如中部地区。但是差距最大的还是观念上的差距，以及在这种观念束缚下的体制差距。思想保守，满足现状，缺乏创新，进取精神不强，政府工作效率低下，甚至行风不正，“吃拿卡要”，贪污腐败，严重影响了西部地区的投资环境。

（三）国家西部大开发政策的局限性

1999年中央正式提出实施西部大开发战略以后，2000年10月26日，《关于实施西部大开发若干政策措施的通知》(国发〔2000〕33号文，以下简称“国发33号文”)就西部大开发制定政策的原则和支持重点、增加资金投入的政策、改善投资环境的政策、扩大对外开放的政策、吸引人才和发展科技教育的政策等五个方面的问题做了规范。2001年9月29日，国务院办公厅转发国务院西部开发办《关于西部大开发若干政策措施实施意见的通知》(国办发〔2001〕73号文，以下简称“国办发73号文”）对“国发33号文”的内容作了进一步的明确和阐述。这是中央实施西部大开发的主要政策依据。从面上看，上述国务院和国务院办公厅的文件不但涉及面广，内容丰富，而且在许多领域力度很大。从实践效果看，近3年来国家加大了对西部基础设施和生态环境建设的投入。青藏铁路、“西气东输”、“西电东送”、水利枢纽、交通干线等事关西部大开发全局的重大工程开工，并取得实质性进展。退耕还林、还草工程在25个省、区、市全面启动，天然林资源保护工程正在积极推进，生态环境建设取得了重大进展，西部地区经济增长速度也在逐步加快。

但是，从历史的观点来看，世界上至今没有哪个国家能够完全通过中央政府财力的投入来改变一个地区的贫困落后面貌。相反，成功的区域开发计划无一例外都是由中央政府制造诱因引入民间资本参与开发来实现的。这种诱因包括政府在基础设施上的投入、投资环境的营造、各种扶持政策的配套、增加教育投入和人才培养等。开发落后地区计划的成败和成效的大小，取决于政府制造诱因的能力和水平。

新中国成立以来，我国在区域发展和开发上有过成功的经验，也有过失败的教训。“三线”建设时期，我国完全依靠中央政府投入来实现西部的工业化，事实证明基本上是失败的。除中央政府在基础设施方面的项目投入外，那个时期投入的生产性项目大多已经垮掉，能够生存下来并且至今仍有良好效益的更是凤毛麟角。相反，改革开放以来，我国在实施沿海开放战略上则走了一条完全不同的道路。从创设经济特区，设立沿海开放城市，到沿海经济开放区，中央政府都是在加大基础设施投入的同时，通过为国际资本和国内民间资本制造投资诱因来实现的。如果从这个意义上讲，西部大开发政策存在缺陷。从近年来国际资本和东部民间资本参与西部大开发取得的进展看，效果十分有限。从可持续发展的观点看，从增强西部自身发展能力的角度看，效果令人担忧。究其原因，主要有：

1. 西部大开发的一些扶持政策过于原则化，可操作性不强

“国发 33 号文”从加大对西部的资金投入力度、改善西部投资环境、扩大开放、引进人才和发展科技教育等大的方面提出了实施西部大开发的原则和指导性意见，“国办发 73 号文”则进一步具体为 20 个方面共 70 条措施。但是，在中国现行的行政管理体制下，中央出台的大政方针大多比较原则和抽象，如果没有中央政府各主管部门去加以具体化和贯彻，原则和口号只是停留在纸面上，往往会落空。事实上，国务院和国务院办公厅上述两个文件出台前后，中央政府部门真正为贯彻和落实这两个文件而出台的专项政策措施有：1999 年 12 月 8 日出台的《国家税务总局关于实施对设在中西部地区的外商投资企业给予三年减按 15% 税率征收企业所得税的优惠的通知》，国家经济贸易委员会、国家发展计划委员会和国家对外贸易经济合作部 2000 年 6 月 16 日联合下发的《中西部地区外商投资优势产业目录》，以及 2001 年 12 月 30 日的《财政部、国家税务总局、海关总署关于西部大开发税收优惠政策问题的通知》，其中前两项措施早于国务院上述两个文件的出台时间，而且是针对中西部地区，并不完全是针对西部大开发的。银行系统至今没有出台支持西部大开发的政策措施，国土部门也没有具体配套的政策措施出台。总体上看，国务院出台的两个政策措施过于原则性，缺乏可操作性。

（1）在加大资金投入力度方面，缺乏规范化的制度保障。增加建设资金、优先安排建设项目、加大财政转移支付力度等并没有具体的操作办法。中央决定，为规范中央和地方政府之间的分配关系，建立合理的分配机制，防止重复建设，减缓地区间财力差距的扩大，支持西部大开发，逐步实现共同富裕，从2002年1月1日起，实施所得税收入分享改革。中央在改革方案中指出，中央因改革所得税收入分享办法增加的收入全部用于对地方主要是中西部地区的一般性转移支付。这一改革必将为中央支持西部大开发积聚更雄厚的财力。但这一改革没有明确中央收入增加部分到底如何分配，“全部用于对地方主要是中西部地区的一般性转移支付”的说法仍然缺乏可操作性。

（2）在改善投资环境方面，文件提出要支持西部深化国有企业改革、减负脱困和重组改造，但除军工企业外，并没有针对西部国有企业改革的具体政策；提出鼓励非国有资本和外资进入西部，但在土地利用、矿产资源开发利用、用工制度等方面并没有针对西部的具体可操作办法。

（3）在扩大外商投资领域，拓宽外资利用渠道和发展对外贸易没有具体的政策出台。在地区协作和对口支援方面，由于没有经济利益作为基础，地区之间的协作和对口支援缺乏可持续性。

（4）对引进和用好人才、发挥科技主导作用、增加教育投入和加强文化卫生建设等方面都提出了要求，但没有具体的措施。

2. 西部大开发战略与当年沿海开放战略相比，政策的力度不足

从已出台的若干有关西部大开发的专项政策来分析，政策支持的力度不够，覆盖范围含糊，存在诱因不足的倾向。以进出口管制和税收政策为例，如果将改革开放初期中央实施沿海开放战略与当前实施西部大开发战略加以对比，西部大开发诱因不足的问题显而易见。为便于对比分析，我们将西部大开发现行政策分别与沿海开放战略中的特区政策和浦东新区政策作一对比（见表8、表9）。

表 8　沿海开放战略与西部大开发战略税收优惠政策对照（一）

主要政策措施	经济特区	西部 12 省、区、市
1. 用于区内建设和生产所需机器、设备、零件、部件、原料、材料，包括建筑材料、燃料及货运车辆	免征进口关税和工商统一税（产品税或增值税）	没有优惠
2. 旅游、饮食业营业用的餐料	同上	没有优惠
3. 区内企业、行政机关、事业单位延用合理数量的办公用品和交通工具	同上	没有优惠
4. 虽属国家限制进口货物，但仍属供区内企业生产或经营用的以及供事业单位、行政机关沿用的	同上	没有优惠
5. 烟草及其制品、各种酒等，每年由国家审定进口额度，在国家审定额度内进口	按国家规定税率减半征收进口关税和工商统一税（产品税或增值税）	没有优惠
6. 区内企业生产出口应征收出口税的产品	免税出口	没有优惠
7. 内资鼓励类产业的项目在投资总额内进口的自用设备，不包括《国内投资项目不予免税的进口商品目录》所列商品	没有优惠	免征进口关税和增值税
8. 外商投资鼓励类产业及优势产业的项目在投资总额内进口的自用设备，不包括《外商投资项目不予免税的进口商品目录》所列商品	免征进口关税和增值税	免征进口关税和增值税
9.《中西部地区外商投资优势产业目录》项下所列项目在投资总额内进口的自用设备	没有优惠	免征进口关税和增值税
10. 国家鼓励类产业的内资企业所得税		2001—2010 年按 15% 征收所得税
11. 外商投资企业的所得税	生产性企业、从事能源、交通、港口、码头或国家鼓励的其他项目按 15% 征收企业所得税；生产性企业经营期 10 年以上的，从获利年度起，1 ~ 2 年免税，3 ~ 5 年按 15% 减半征收	2001—2010 年按 15% 征收所得税

资料来源：根据国家有关部门颁布的相关政策整理。

表 9　沿海开放战略与西部大开发战略税收优惠政策对照（二）

主要政策措施	上海浦东新区	西部 12 省、区、市
1. 区内基础设施建设所需的机器、设备和其他基建物资	免征进口关税和工商统一税（产品税或增值税）	没有优惠
2. 区内企业进口自用的建筑材料、生产设备、生产用燃料、合理数量的生产用车辆、交通工具、办公用品，以及上述机器、设备、车辆所需进口的维修零配件	免征进口关税和工商统一税（产品税或增值税）	没有优惠
3. 区内事业单位、行政机构进口自用合理数量的建筑材料、交通工具、办公用品、管理设备	免征进口关税和工商统一税（产品税或增值税）	没有优惠
4. 区内进口专为征税出口产品所需要的原材料、零部件、元器件、包装材料	予以保税	没有优惠
5. 养殖、种植出口产品所需进口的种子、种苗、种畜、饲料、动植物保护药物	免征进口关税和工商统一税（产品税或增值税）	没有优惠
6. 区内旅游餐饮业进口需经烹调加工的食品、调味品	免征进口关税和工商统一税（产品税或增值税）	没有优惠
7. 区内生产的出口应税产品；使用区外料件或半成品，在区内加工出口应征收出口税的商品，凡经过实质性加工，增值 20% 以上的	免征出口关税	没有优惠

资料来源：根据国家有关部门颁布的相关政策整理。

从上述对比可以看出，两者存在一些差异。而且，这还不是两者差异的全部。实际上，除上述进出口税收优惠外，在进出口非关税措施等贸易管制方面，同样存在着差异。尽管上述沿海开放战略所执行的各项政策优惠大多已经终止，但长达十多年的政策优惠确实为沿海地区经济加速发展和腾飞注入了巨大的动力。实际上，沿海开放战略就是通过大规模的政策优惠启动的。这些政策优惠在当时高度封闭和僵硬的计划经济体制中打开了一个缺口，创造了一个相对自由的贸易环境。中央政府所制造的巨大投资诱因，直接和间接地吸引了海外资本和国际资本大规模进入经济特区、沿海经济开放区、沿海开放城市等特定地区和区域，极大地带动了东部沿海地区的发展。这种非均衡战略的实施，就是邓小平同志当年所说的“两个大局”中的“第一个大局”。尽管这些优惠政策在实施过程中也出现过种种偏差和问题，甚至对正常的进出口秩序产生过一定的负面影响，但这些政策确保了“第一个大局”的顺利实施，并且推动了我国沿海开放战略取得了巨大的成功。

然而，在实施“第二个大局”时，我国的经济和社会形势发生了深刻的变化。①在实施“第一个大局”时我国还处在计划经济时代，而在实施“第二个大局”时我国已经进入市场经济时代，并且市场经济体制的框架已经基本建立。②实施“第一个大局”时，我国还处在严重短缺的经济条件下，而实施“第二个大局”时已经结束短缺经济近 10 年，我国消费品市场的绝大部分商品出现了严重的生产过剩现象。③实施“第一个大局”时，我国大部分地区还处于工业化初期，而实施“第二个大局”时，我国大部分地区已经处于工业化中期，东部少数沿海地区已经达到或接近中等发达国家水平。④实施“第一个大局”时我国尚处于平均主义的“大锅饭”时代，城乡之间、地区之间存在差距，但差距不大，而实施“第二个大局”时，这种差距已经进一步扩大。2001 年经济最发达的上海市人均 GDP 达到 4500 美元，而贵州省人均 GDP 只有 300 多美元。在完全不同的历史背景下，实施西部大开发战略，其目标、原则、方法和实现路径毫无疑问应当区别于沿海开放战略。但是，有一点应当是相同的，那就是中央政府应鼓励引导国际资本和国内民间资本大规模进入西部地区，参与西部大开发，确保“第二个大局”顺利实现。

有人认为：“西部大开发关键在投资环境，而不在于政策优惠。”这种观点看似正确，实则存在较大偏差。①如上分析，与东部和中部相比，西部地区的整个投资环境确实还存在较大差距。但是改善西部投资环境是中央政府和西部各级地方政府的共同责任。近年来，中央政府加大对西部基础设施和生态环境投入力度本身就是改善西部投资环境的重要组成部分。西部地区的公共产品和服务需要政府承担更多的责任。②在改善投资软环境方面，西部各级地方政府固然应当承担主要责任。但是，中央政府在改善西部投资软环境方面也必须有更大的作为。在规范政府执法、规范市场运行规则、确保司法公正、打击腐败等方面，中央政府都可以大有作为。同时，在提供政策优惠、营造投资诱因等方面，西部地区的各级政府大多无能为力。按照我国现行财政和税收管理体制，进出口税、增值税以及外资企业所得税的征管权限集中在中央政府，信贷、土地、劳资、社会保障等大的政策都是由中央政府决定。在这方面，至今没有多少针对西部大开发的具体政策。中央政府希望通过加大财政转移支付力度来支持西部大开发，但财政转移支付并不能完全解决西部投资软环境的改善问题。③税收优惠、放松进出口管制、信贷便利、放宽行业限制仍然是吸引国际资本和国内民间资本最常用、最有效的手段。因为企业是以盈利为目的的经济组织，降低投资成本，获取更大利润空间是企业追求的目标。无视税收优惠，放松进出口管制、信贷、行业限制等观点都是错误的。

当然，由于所处时代不同、东西部区位不同、人文环境不同，西部大开发显然也不可能完全照搬沿海开放模式，因此必须寻找一种既适合西部特点，又能够吸引国际资本和国内民间资本参与的新模式。

三、民间投资在西部大开发中的地位、作用和意义

按照工业化理论，西部 12 省、区、市总体上仍处于工业化中期阶段。总体来说，在这样一个时期，制造业对经济增长的贡献已经超过初级产品对增长的贡献，并且全要素生产率增长对经济增长的贡献也开始超过劳动增长对经济增长的贡献，但资本增长对经济增长的贡献仍然是最主要的。这说明，西部地区的经济尚处于资本推动型的发展阶段。在这一阶段，资本投入的规模和质量直接决定这一地区经济发展的速度。据有关部门的初步测算，西部大开发仅基础设施和生态环境建设就需要上万亿元资金。大规模的资金投入是西部大开发从起步到今后相当长一个时期最根本的推动力。

（一）国家公共投资的局限性

长期以来，西部投资严重不足。在西部现有的投资结构中，绝大部分来自国家的投入。新中国成立之前，西部基本上没有像样的工业。新中国成立以后，从“一五”时期开始，国家按照依托资源、带动西部落后地区发展的需要，把投资建设的重点项目，主要配置在东北、中部和西部地区。“三线”建设时期是国家对西部投入最多的时期之一，国家集中投入一批大型项目，同时，内迁了一批骨干企业，累计投入数千亿元。可以说，西部现有的现代工业基础主要是在这两个时期建立起来的。改革开放以后，国家在西部虽然也有投入，但总体规模并不大。由于上述几个时期的投入，西部地区从此结束了没有现代工业的历史，经济社会发展的面貌发生了根本性的变化。

实施西部大开发战略以来，中央进一步加大了对西部地区的投入。青藏铁路、“西气东输”、“西电东送”、水利枢纽、交通干线等特大重点工程的全面施工和建设，正在极大地改变整个西部地区的面貌。但是，由于西部现有工业

基础大多都是在计划经济的特定历史条件下形成的，带有浓重的计划性质。在国内、国际形势发生深刻变化和经济全球化趋势进一步加快的新形势下，这些国家投资所产生的问题已经显现。从总体上看，西部工业大多呈现以下特点：①在所有制上，国有经济仍占绝大部分，经营机制缺乏活力。②工业结构上，采掘和原材料工业所占比重大，工业发展呈现出明显的资源型结构特征。③技术相对落后，在科技创新和技术进步方面的投入严重不足。④企业经营管理观念相对陈旧。⑤经济效益普遍较差。西部的国有经济正在面临着十分严峻的挑战。回顾总结这段历史，可以给我们以下启示：

（1）政府应当成为西部大开发的积极倡导者、推动者和参与者，但政府绝不能包办西部大开发的一切。政府既不能完全依靠计划的手段，更不能通过行政强制的手段来实现西部大开发。

（2）现代经济特别是竞争性产业的投入，不能依靠政府财政为主的投资模式。因此，西部大开发必须按照市场原则，通过大规模吸引民间投资来实现。

（3）中央政府在西部大开发中的主要角色和职能主要是：①积极做好规划和指导。②通过财政转移支付等手段，把投入的重心放在基础设施、生态环境建设和基础教育上，提供更多、更优质的公共产品和服务，为投资提供更好的基础设施。③通过强有力的政策配套，营造良好的投资软环境，吸引国际资本和国内民间资本大规模进入。

（4）西部地区地域广阔，经济社会跨越多个发展阶段。要在这样一个特定的区域实施西部大开发，必须整体规划，分类指导，分步推进。切忌平均着力，全面铺开。

（二）民间投资的重要性和必要性

没有国际资本和国内民间资本的大规模进入，西部大开发就不可能全面取得成功。这是西部经济社会的现实需要和我国经济社会发展的必然要求。

1. 社会主义市场经济体制建设的需要

在市场经济体制下，国家宏观政策的主要功能是，促进经济增长、增加就业、稳定物价、保持国际收支平衡。对一般竞争性产业进行投资，不是国家财政，甚至也不是地方财政的应有功能，这方面我们有十分深刻的教训。尽管直到今天，各级财政仍然在局部地区和领域对一些一般竞争性产业进行投资，但应当只把这种现象看成一个过渡现象。国家为刺激内需、扩大就业、促进经济增长，已经连续多年实行了积极的财政政策，在许多领域加大投入，特别是加大了对西部地区的投入。这些公共投资大多投向基础设施和生态环境建设，也包括对一些自然垄断产业的大规模投入。对一般竞争性行业的投入主要集中在对已经建立的国有企业的技术改造和更新上。值得指出的是，世界上没有一个国家可以长时期地维持扩张性的财政政策而不变，这既受到国家财力的制约，也关系政策工具的长期有效性。因此，从根本上说，在市场经济条件下，西部大开发不可能也不允许完全依靠国家财政投入来实现。

在市场经济条件下，政府的经济作用可以通过以下几种模式实现：一是政府直接做，如提供公共产品和服务，加强国防安全、公共基础设施、生态环境建设等；二是为企业和个人创造条件、动力，如通过为私人投资提供补贴、税收优惠，以及提供各种便利，构建一种私人投资的动力机制，引导社会力量去做；三是个人去做，在市场经济条件下，强制和命令只能作为一种经济规制来实施，如安全标准、环保标准等；四是混合制，即几种手段综合使用，形成合力，以达到政府预期的目标。上述几种方式，政府直接做的，除加强公共基础设施建设和生态环境建设在当前以及今后仍然应当由政府自己做外，政府对一般竞争性产业的投入，历史已经证明是不经济的和无效的；通过强制和命令别人做的，只能局限于十分有限的领域和范围，而且主要是通过政府规制规范限制个人的行为，不可能以此来推动经济发展；最现实也最为有效的就是构建动力机制，引导私人企业参与投资，这也是市场经济发达国家政府普遍采用的手段和方法。

2. 西部国有经济的战略性结构调整需要民间资本的进入

我国在“一五”时期和“三线”建设时期形成的现代工业，以及以后各级财政投入建立的各类国有企业，构成了我国西部地区经济的主体。国有经济在西部地区经济总量中所占的比重大多在70% ~ 80%，有的甚至超过90%。西部国有工业的产业结构失衡，主要集中在采掘、冶金等一些资源型重工业上，轻工业基本集中在东部。产业组织分散，企业规模小，市场集中度低。尽管西部分布了一批国家重点大型企业，在国内看规模也不小，但从产业性质和行业特点看，真正达到规模经济和国际竞争要求的却少之又少。全国数千家上市公司，西部企业只有200多家。西部一些已经上市的公司由于经营业绩连年亏损，有不少已经卖掉了壳。从产业结构和产业组织来分析，西部的国有经济大多缺乏竞争力，并呈现不断下降的趋势。因此，对西部的国有经济而言，其首要任务是研究如何退出，而不是进入问题。解决西部国有经济面临的问题，浙江等一些东部省份提供了很好的示范。改革开放以来，特别是我国确立社会主义市场经济目标以来的10年间，浙江、江苏、广东等一些经济发达省份，都比较顺利地完成了对国有经济的战略性结构调整和重组，民营经济在经济总量中所占的比重有的已经超过90%，实现了经济的快速增长和腾飞。实践证明，哪个地方对国有经济改革和重组的力度大，哪个地方民营经济所占的比重大，哪个地方的经济就充满活力，哪个地方的经济就会快速发展。因此，对西部来说，当务之急就是要加快国有经济布局和结构战略性调整，尽快创新和完善国有资产的管理形式。从根本上说，就是要通过国际资本和国内民间资本的大规模进入，实现对西部国有企业的并购和重组，从而调整产业结构和布局，扩大产业组织，提升产业竞争力，这是最为理性和现实的选择。

3. 扩大西部地区就业，需要国际资本和国内民间资本的进入

依据2001年的统计，西部12个省、区、市有3.64亿人口，占全国总人口的28.6%，而生产总值只有18245亿元，只占全国生产总值的17.1%，人均生产总值仅相当于东部地区平均水平的40%。由于西部国有企业的经济效益普遍较差，民营经济发展迟缓，所以，就业压力很大。从全国看，就业压力最大的地区还是在西部和国有经济集中的地区。同时，由于西部城镇化程度低，西部城镇解决自身就业十分困难，根本无法吸纳农村大量剩余劳动力的转移。西部农村大量转移出来的劳动力，大多通过非正式途径到东部沿海地区实现就业。所以，西部要解决好自身劳动力的就业问题，就必须充分吸收国际资本和国内民间资本参与西部大开发，大力发展民营经济，实现工业化和城市化。

4. 推动西部城市化，需要国际资本和国内民间资本的进入

城市化是衡量一个国家和地区现代化程度的重要指标。国际上，有一组关于完成工业化的指标，即农业产值在GDP中的比重在15%以下，农业就业人口在总就业人口中的比重在20%以下，城市化率达到60%以上。对照这组指标，我国在城市化率上差距最大。按照2000年全国第五次人口普查，我国城镇化水平达到36.1%，2001年我国城市化率已经达到37.66%。根据国际比较，我国城市化比国际上同等发达国家的发展水平低10% ~ 20%。西部地区差距更大，西部城市化率只有20%左右。全国超过50万人口的城市有80座，西部只占10%。城市化与工业化和现代化紧密相关。加快城市化，将直接拉动投资需求，尤其是城市基础设施建设的投资需求，从而有效地促进国内需求的扩大。一般来说，城市投资（总体上指除工业投资外的城市内其他投资）包括城市住宅投资、公共建筑投资、市政工程投资及其他相关投资等。据专家测算，每个城市人口大约需要城市建设费9万元。如此算来，西部要达到全国城市化的平均水平，即使城市化率每年增加1%，一年也需要巨额的投资。这些资金从哪里来，显然需要按照城市经营的理念，通过投融资体制的改革，主要通过社会融资，通过社会民间资本的投入来实现。

四、建立民间资本进入的政策诱导机制

根据国际、国内实施区域发展战略的经验，结合我国实施西部大开发战略的实际需要，中央政府应当主要发挥三方面的作用：一是做好区域发展规划，实行统一规划、分类管理、分类指导；二是通过转移支付等手段，加大对西部基础设施、生态环境建设和基础教育等方面的投入力度，为西部地区创造良好的投资硬环境；三是做好政策配套，帮助西部地区政府改善投资软环境，创造强大投资诱因，最大限度地吸引国际资本和国内民间资本参与西部大开发。在这三者中，中央政府统一规划、分类管理和分类指导是西部大开发成功的基础，加强对西部基础设施和生态环境建设投入是西部大开发成功的重要前提，而政策配套、创造强大投资诱因、吸引国际资本和国内民间资本广泛参与是西部大开发成功的关键。西部大开发战略提出以来，在总体规划和加强基础设施、生态环境建设方面，国家已经做了很多卓有成效的工作，并已取得明显成效。今后一个时期的主要任务，应当在总体规划的基础上，集中力量制定分区、分类产业投资和发展规划，并辅之以强有力的投资诱导政策，完善配套措施，吸引和推动国际资本和国内民间资本参与西部大开发。

（一）按区域和产业做好次区域发展规划

由于西部地区地域辽阔，地理、气候、经济、社会、民族类型多样，仅仅一个《“十五”西部开发总体规划》无法完全适应西部地区多样性的实际需要。因此，应当在总体规划目标、原则的指导下，根据总体规划的开发思路，研究提出适应西部不同地区的次区域发展规划。应当根据西部不同的自然资源、经济、生态和区位等条件，将西部地区划分为工业发展区、边境开放区、旅游风景区、农业区、牧业区、生态保护区等六类次区域经济区。对这些规划明确的次区域，分别制定不同的政策扶持措施。

1. 工业发展区

工业发展区主要依托西部地区现有的中心城市和工业基础，充分发挥资源、

成本、存量和局部的市场优势，大力发展现代工业。西陇海兰新线经济带、长江上游经济带、南（宁）贵（阳）昆（明）经济区，以及西部各省、区、市的中心城市，应当成为西部地区的工业发展区。西部工业发展区要通过信息化带动工业化，用信息技术改造传统产业，走新型工业化之路，加速推行工业化和城镇化的进程。在西部工业发展区域内，要鼓励发展大城市和中心城市，有条件的可以发展都市圈和工业带，充分发挥大都市在交通、信息、资金、人才等方面的集聚效应，动员和吸引更多周边农区、牧区、生态保护区的人口向工业发展区的大中城市集中。

2. 边境开放区

边境开放区要依托边境口岸和城市，重点发展贸易、旅游和特色加工产业。根据不同区位和接壤国的经济发展特点，分别设立中越边境开放区、中泰边境开放区、中亚边境开放区、中尼边境开放区、中印边境开放区，通过边境贸易、边境旅游和特色加工产业的发展，辐射、示范和带动边境开放区周边区域经济的发展。

3. 旅游风景区

旅游风景区主要依靠西部独特的自然山水风光，大力发展旅游及与旅游相配套的旅游产品加工业和服务业。国家级和省级旅游风景区应当发挥示范和带动作用。

4. 农业区

农业区要充分依靠土壤、气候、灌溉等自然条件和现代农业科学技术，大力发展现代农业和农副产品加工业。要扩大农业规模化生产，推广农产品质量标准认证体系，提高农产品的质量。

5. 牧业区

在牧业区主要依靠天然牧场和草场，大力推广现代饲养技术，扩大规模养殖，大力扶持奶业和肉类加工业，有条件的地区可适当发展毛纺织业。

6. 生态保护区

在生态保护区，要大规模实施退耕还林还草工程，加强生态环境保护建设的工作力度，并适当发展生态旅游业。

在农业区和牧业区，原则上不发展工业。在生态保护区应封山育林育草，严禁发展工业。中央在制定次区域发展政策过程中必须充分考虑不同区域的产业发展导向，按照不同区域的性质和产业发展方向，出台相应的支持和扶持政策。

（二）构筑西部“政策洼地”，加大投资诱导力度

1. 政策规划的目标和原则

在做好西部工业发展区、边境开放区、旅游风景区、农业区、牧业区和生态保护区等次区域规划的基础上，如何吸引国际资本和国内民间资本大规模进入，参与西部大开发，是中央政府和西部地区各级地方政府共同面临的最大课题。解决这一重大课题的基本思路，就是构筑西部“政策洼地”效应，改善投资环境，放松进入管制，强化投资诱导力度，降低投资风险，增加获利回报。通过营造强大的投资诱因，刺激投资者的投资欲望，从而确保国家西部大开发战略目标的顺利实现。

构筑西部“政策洼地”，建立西部投资诱导机制，是一个复杂的系统工程，必须精心设计，精心规划。在这一规划设计中，应当体现如下原则：

（1）动力原则。优惠政策的设计应当以刺激投资者投资创业动机为目标，防止投资者利用政策的差异寻租，出现败德现象。

（2）能力原则。优惠政策的设计应当以增强西部地区政府和企业的自我发展能力为目标，防止产生道德风险。

（3）功能分区原则。西部地域辽阔，但真正适合发展现代工业的区域并不多。在广大的农业区、旅游风景区、牧业区原则上不发展工业，生态保护区则严禁发展工业。西部工业发展区和边境开放区是西部地区发展现代工业的基地，但也要做出规范，根据比较优势发展特色产业，提升产业竞争力，引导西部地区和企业走新型工业化之路，严禁高污染、低效益、对生态有严重影响的产业在西部地区的发展。

（4）综合协调、形成合力原则。各部门在规划和设计本部门、本领域的政策时，必须紧紧围绕中央为西部大开发制定的大目标和原则来进行，切忌各自为政、相互抵消。

（5）公开公平原则。各项政策及其执行程序应当公开透明。同时，对进入西部的资本，无论是国际资本还是国内资本，无论是政府资本还是民间资本，在政策待遇（包括进入门槛、税收优惠等）上应当一视同仁，不得歧视。

（6）简便易行原则。西部大开发的政策层次应当简单，程序应当简化，便于操作和执行。

在上述原则指导下，分别为六类区域制定相应的政策配套措施。

2. 具体政策措施

（1）财政政策。国家加大了对西部财政投入的力度，特别是西部国债的发行，为西部大开发注入了巨额资金。2002 年 1 月 1 日起实施的所得税分享制度改革也是为西部筹集更多的开发资金。这些资金主要用于西部基础设施和生态环境建设。但现行财政投入的思路和方法存在几个缺陷：一是计划色彩较浓；二是容易养成地方对中央财政的依赖；三是造成资源的浪费；四是通过国债对国有企业进行大规模技术改造可能形成新的不良资产。因此，国家财政在支持西部大开发方面应当创新思路和方法，主要从增强投资者投资动机和意愿的角度，从培养和增强西部地区自我发展能力的角度增加投入、加强诱导。

总体思路是：①通过发行国债、生态环境建设彩票、利用外国政府和国际金融组织贷款等途径，增加国家对西部地区重大基础设施、生态环境建设等的投资。②建立规范的财政转移支付制度，逐步加大中央对西部落后地区的财政转移支付力度，以提高西部地方政府公共支出水平。③借鉴国外政府支持落后地区开发以及过去中央支持沿海地区开发的经验，采取财政贴息、低息、投资补贴、减免税收等政策，诱导民间资本参与西部开发，促进西部地区调整产业结构，发展特色产业。

具体措施是：①继续加大对西部地区基础设施和生态环境建设的投资。②加大对西部工业发展区和西部边境开放区工业投资的基础设施投入，特别是对中心城市工业园区的基础设施投入，以改善这些地区的投资硬环境。③增加并逐步加大对西部地区国有经济从竞争性产业退出的补助，凡有条件退出的都要退出，国家对退出项目实行事前补贴和事后奖励制度，以加速国有经济从西部竞争性产业退出的进程；国家财政原则上今后不再向竞争性产业投资。④对投资者在西部工业发展区和西部边境开放区投资国家鼓励和投资产业指导目录所列的项目，国家给予财政贴息的支持，对于国家鼓励的高新技术项目、环保项目则可直接给予财政补贴，进一步明确政策导向。⑤加大国家财政转移支付的力度，增加对西部地区社保和医保制度建设的投入，为西部国有企业改革扫除障碍。⑥通过财政转移支付，加大国家财政对西部地区基础教育的投入力度；同时，支持发展中等技术职业教育，为西部工业化和城市化培养产业工人和技术骨干。⑦通过财政转移支付加大扶贫开发力度，动员和支持贫困山区及生存环境恶劣地区的农民、牧民向中心城市迁徙。

（2）税收政策。现行国家给西部大开发的税收政策主要包括：国家鼓励类产业内外资企业2001—2010年的企业所得税减按15%税率征收；内外资鼓励类产业及优势产业项目在投资总额内进口自用设备免征关税和进口环节增值税；新办交通、电力、水利、邮政、广播电视企业在达到国家规定的条件下享受一定年限的所得税减免；民族区域自治地方的内外资企业经省级人民政府批准可以享受所得税减免政策；实施退耕还林政策所产生的农业特产收入，自产出年份起10年内免征农业特产税；西部公路国道、省道建设用地免征耕地占用税。国家已出台的上述税收优惠政策，不但覆盖面有限，而且倾斜力度不够，起不到吸引投资者的目的。因此，必须发挥税收杠杆在吸引投资方面的功能，加大国家税收政策向西部地区倾斜的力度。

为改变这种状况，除国家禁止类产业外，凡在国家西部工业发展区内投资新建或扩建《当前国家重点鼓励发展的产业、产品和技术目录》《外商投资产业指导目录》《中西部地区外商投资优势产业目录》所列产业的项目，无论内资还是外资，投资商在投资总额内进口的自用机器设备都应加大进口关税和进口环节增值税的减免力度；同时，加大投资企业所得税的减免力度；西部工业发展区内企业生产的出口产品，一律免征出口税。

西部边境开放区内投资企业比照西部工业发展区税收政策执行。同时，对边贸、边民互市等进出口货物，继续保留并适当扩大现行税收政策优惠的幅度。

西部旅游风景区内投资者新建旅游设施在投资总额内进口机器设备减免进口关税和增值税，以及减免企业所得税。

对西部农业区和牧业区进口优质种子、种苗、种畜减免进口关税和增值税；对投资进行农产品、畜产品、奶制品加工的企业，在投资总额内进口关键设备减免进口关税和进口环节增值税，同时，减免企业所得税；免征农业特产税。

对西部生态保护区进口优质树种、草种和生态植物，减免进口关税和增值税；免征农业特产税。

（3）投融资政策和信贷政策。要把投资引导和政策扶贫区别开来。西部大开发战略能否取得成功，关键在于能否吸引到足够的国际资本和国内民间资本参与。为鼓励和支持国际资本和国内民间资本参与西部大开发，建议采取以下政策措施：①国家三大政策性银行进一步加大对西部大开发的贷款支持力度，主要支持西部的基础设施建设、农业开发和生态保护。②国家成立西部开发银行，作为西部开发的专业银行，为西部投资者和参与西部投资的企业家的商业投资提供低息和无息贷款，国家财政每年通过财政转移支付方式，按商业利率向西部开发银行提供贴息补助，由银行承担贷款风险，国家提供利息补贴。③世界银行等国际金融机构对西部普及教育、医疗、卫生等社会发展项目的软贷款，中央政府应适当放宽提供担保的条件，简化审批手续。④一些资金利税率低、银行贷差较大的西部地区，可设置有一定浮动的贷款差别利率，或者通过财政贴息，支持西部企业的间接融资。⑤积极争取国际多边和双边融资对西部大开发的支持。

积极发展项目融资。项目融资主要适用于电厂、公路、铁路、机场等大型基础设施项目。由于项目融资比股本融资更为灵活，因而在发达国家已相当流行。目前，我国西部基础设施建设规模庞大，项目众多，资金缺口很大，通过项目融资的方式引进外资和东部沿海地区的资金是一条可行的渠道。一是为防止在试点中一哄而起，造成不必要的损失，包括内幕交易和腐败问题，建议有关部门抓紧制定项目融资的具体实施办法，以使在西部进行以 BOT、TOT 方式利用外资的试点有章可循，在及时总结经验的基础上，加以规范、发展完善并逐步推广。二是鉴于西部有些基础设施项目虽然从中长期看效益不错，但在项目刚刚建成的一定时期内可能现金流量不足，而有些存量的基础设施项目又存在体制、机制、管理以及信用等级不高的问题，在进行以 BOT、TOT 方式利用外资试点方面存在着若干障碍和难点。因此，建议可进一步允许进行 ABS 探索和试点。

所谓 ABS（Asset Backed Securitization），即资产支持的证券化，是近年来才出现的一种新型证券化融资方式，即以项目资产为基础，以项目资产的未来收益作为保证，通过在国际资本市场发行成本较低的高档债券进行筹资。其主要优点是：①筹资成本较低。ABS 通过资信等级很高的机构（SPC）而不是项目本身到国际市场进行筹资。②适合较大规模的筹资。③风险分散。项目收效方的风险与项目原始权益人的风险是隔离的，而债券的购买者也是分散的。④融资环节较少，中间费用较低，比较容易操作。⑤这种形式的负债不反映在项目原始权益人的资产负债表上，不影响其他融资方式。我国西部有很多建设项目前景良好，未来可以有比较稳定的现金收入，需要大量的资金投入。但多数企业和项目在国际上资信评级很低或者根本没有评级，直接到国际资本市场筹资会面临很多困难。现有的一些融资方式或者不能提供大量的资金，或者程序复杂，融资成本较高，不能满足其需要。目前，我国已经颁布了《担保法》《保险法》《抵押法》《信托法》《证券法》，国家外汇储备高达 1700 亿美元，并已经实现了人民币经常项下的可兑换；对BOT等其他新型融资方式也进行了积极有效的探索。从而为我国引入ABS这种新型的融资方式创造了必要条件。

（4）利用外资政策。为更加有效地吸引外资参与西部大开发，除使外国投资者在税收、金融信贷等政策优惠方面享受与内资同等待遇外，还可以在以下方面加大投资诱导力度：①进一步开放西部市场力度，要充分利用我国加入WTO后的过渡期，将国内长期处于保护、垄断，并已形成既得利益的金融、证券、电信、商业、中介服务等领域，从西部地区开始率先向外资开放；鼓励外资参与西部国有企业的并购，特别是参与西部大型国有工业企业的重组；在西部地区放宽甚至取消在部分产业对外资参股比例的限制。②开放外商投资项目，开展包括人民币在内的项目融资；支持符合条件的西部地区外商投资企业在境内外上市；开放外国资本在西部设立产业基金、风险投资基金，参与西部产业的发展；鼓励外商投资企业用在境内获得的利润到西部地区再投资，其所占资金超过25%的项目，享受外资企业待遇。③实施资源置换战略，引进资金。在矿产资源的勘探和开发方面，除涉及国家国防安全的极少数战略资源必须严格限制外，其余可一律对外资开放，允许进行风险勘探和开发经营，包括进行矿产资源的后续深加工。

参考文献

[1] 陈栋生．区域经济学［M］．郑州：河南人民出版社，1993.

[2] 国务院西部开发办．实施西部大开发总体规划和政策措施［M］．北京：中国计划出版社，2002.

[3] 黄速建，魏后凯．西部大开发与东中部地区发展［M］．北京：经济管理出版社，2001.

[4] 江泽民．全面建设小康社会　开创中国特色社会主义事业新局面［M］．北京：人民出版社，2002.

[5] 刘树成，李强，薛天栋．中国地区经济发展研究［M］．北京：中国统计出版社，1994.

[6] 刘易斯．发展计划［M］．北京：北京经济学院出版社，1988.

[7] 马洪，刘中一，陆百甫．中国宏观经济政策报告［M］．北京：中国财政经济出版社，1998.

[8] 马洪，陆百甫．中国宏观经济政策报告：1999［M］．北京：中国财政经

济出版社，2000.

[9] 迈耶，西尔斯 . 发展经济学的先驱 [M] . 北京：经济科学出版社，1988.

[10] 斯蒂格里茨 . 经济学 [M] . 北京：中国人民大学出版社，1997.

[11] 托达罗 . 经济发展 [M] . 北京：中国经济出版社，1988.

[12] 王洛林 . 未来 50 年中国西部大开发战略 [M] . 北京：北京出版社，2002.

[13] 韦登鲍姆 . 全球市场中的企业与政府 [M] . 上海：上海三联书店，上海人民出版社，2002.

[14] 魏后凯 . 21 世纪中西部工业发展战略 [M] . 郑州：河南人民出版社，2000.

[15] 张卓元，黄范章，利广安 . 20 年经济改革回顾与展望 [M] . 北京：中国计划出版社，1998.

西部地区基础教育发展政策[①]

改革开放以来，我国基础教育取得了辉煌成就。基本普及九年义务教育和基本扫除青壮年文盲（简称“两基”）的目标初步实现，素质教育全面推进。[②]但我国基础教育总体水平还不高，发展不平衡，特别是西部地区基础教育面临突出的问题。自西部大开发战略实施以来，西部地区基础设施和生态环境建设力度不断加大，取得了明显成效。但是，作为西部地区发展重要基础的教育还十分薄弱。如果我们不能很好地解决西部基础教育中面临的突出问题，西部大开发战略的全面实施将面临严重挑战。

一、西部基础教育面临的突出问题

“九五”时期以来，《中华人民共和国教育法》《中华人民共和国义务教育法》《中华人民共和国教师法》《中华人民共和国未成年人保护法》等相关法律的全面实施，西部贫困地区义务教育工程和中小学危房改造工程的有效实施，以及农村义务教育体制改革的实施，有力地推进了西部地区的“普九”进程，西部地区基础教育的状况有所改善。但是，与全国和东部地区相比，西部地区的基础教育水平仍然存在巨大差距。“普九”人口覆盖率2000年东部地区已达100%，2001年全国已接近90%，而西部地区仅为75.5%。到2001年底，全国尚未实现“普九”的490个县市中，西部地区占了433个，占88.4%。这些县大多属于少数民族、边疆、贫困山区和牧区，许多已实现“普九”的地方基础依然十分薄弱。

西部地区基础教育的问题，突出表现在以下几个方面：

---

① 收录于《中国西部大开发政策》（王洛林、魏后凯主编，与黄秋斌合著，2003年版）。

② 国务院关于基础教育改革与发展的决定（国发〔2001〕21号）[EB/OL].http：//www.moe.edu.cn/base/zonghe/01.htm.

（一）小学入学率和中学升学率低，辍学率高

据国务院西部开发办和教育部调查组（以下简称国家联合调查组）2002 年调查，2001 年，贵州省小学适龄儿童入学率为 98.15%，比全国平均水平低 0.9 个百分点；同年云南省少数民族小学适龄儿童入学率为 97.3%，迪庆州小学女童入学率仅为 91.2%。2001 年整个西部地区小学升学率比全国和东部分别低 4 个百分点和 6.3 个百分点。一些贫困地区中小学入学率更低，如云南的澜沧江县和西盟县，初中入学率仅分别为 26.8% 和 35.4%。另据贵州省贵阳市基础教育调查组抽样调查（以下简称贵州省抽样调查），贵州省毕节地区的黔西县，人口 80.1 万人，2002 年初中适龄人口 48600 人，初中在校生 27743 人，初中阶段的毛入学率仅为 57.08%，而初中学生年辍学率高达 9.3%。1995 年 9 月入学的小学一年级学生 29807 人，到六年级毕业时只有 17111 人，6 年中流失 12696 人，实际毕业率只有 57.41%，比全国小学平均毕业率（95.3%）低 37.9 个百分点。即便如此，小学毕业升初中的升学率也只有 72.6%，有 4689 名应届小学毕业生无法进入初中。该县 1998 年 9 月入学的初一年级学生 8612 人，到初三毕业时只有 5827 人，3 年中流失学生 2785 人，毕业率仅为 67.7%。而初中升高中的升学率仅为 5.2%。有 4394 名应届初中毕业生无法进入高中阶段学习。而黔东南苗族侗族自治州所辖 16 个县（市）中有 13 个是贫困县。2000 年底前，仅有 3 个县（市）基本实现“普九”，“普九”人口覆盖率只有 25.1%。全州小学按时毕业率只有 69.35%，初中毛入学率仅为 69.32%，最低的县只有 36.6%，而初中辍学率则高达 6%，初中升高中的升学率只有 25%。

（二）西部地区教育经费投入不足，东西部教育投入存在差距

按照《中国教育改革和发展纲要》要求，我国将逐步提高国家财政性教育经费支出占国民生产总值的比例，到 2002 年达到 4%。20 世纪 90 年代中后期几年内，由于受财政和税收体制改革等因素的影响，这一比例的增长速度十分缓慢（见表 1），到 1999 年、2000 年才有较明显的提高，但即使到 2000 年，国家财政性教育经费支出与国民生产总值的比例也仅为 2.89%，这一数字与 4% 的目标还有较大差距。

表 1　国家财政性教育经费支出占国民生产总值的比例变化情况

单位：亿元，%

年份	国家财政性教育经费支出（A）	国民生产总值（B）	比例（A/B）
1995	1411.52	57494.9	2.46
1996	1671.70	66850.5	2.47
1997	1862.54	73142.7	2.49
1998	2032.45	76967.2	2.55
1999	2287.17	80579.4	2.79
2000	2562.60	88228.1	2.89

资料来源：国家统计局 . 中国统计年鉴［M］. 北京：中国统计出版社，2002.

比教育经费总量短缺更为严重的是其结构性短缺特征，其中最明显的是地区差距。由于西部的财政底子薄，因此与东部发达地区相比，差距非常明显。2000 年各地区教育经费分配情况（见图 1），大致反映了东西部地区在教育投入上的差距。从表 2 中也可以看出，1999 年，全国小学生人均教育事业费支出为 414.78 元，若按算术平均值计算，东部 11 省份为 808.19 元，西部 12 省份为 483.21 元，东部是西部的 1.67 倍，其中，西部以贵州、陕西、四川的投入水平最低，由此可以反映西部与东部小学教育经费投入水平的情况。同年，全国初中生人均教育事业费为 639.63 元，若按算术平均值计算，东部 11 省份为 1104.54 元，西部 12 省份为 874.88 元，东部是西部的 1.26 倍。①

西藏因情况特殊，其基础教育投入水平远高于全国平均值，这在一定程度上掩盖了东西部地区之间平均水平的差距。东部 11 省份与西部 11 省份（除西藏外）比较，1999 年东部小学生人均教育事业费支出是西部的 1.84 倍，初中则是西部的 1.71 倍，高中是西部的 1.73 倍。而且，从发展趋势来看，东西部地区间小学、初中、高中生人均教育事业费支出差距都在不断扩大。因此可以看出，西部地区的基础教育整体处于比较落后的状态。而正是这种教育资源配置区域结构不平衡的现象，在很大程度上延缓了全国教育整体水平提高的步伐，同时也阻碍了西部落后地区经济的跨越式发展。

① 由于西藏、青海等地学生人均教育事业费较高，而这些地区学生少，因此，按算术平均值计算的西部地区学生人均教育事业费有些偏高。事实上，东西部地区间教育经费差距要更大一些。

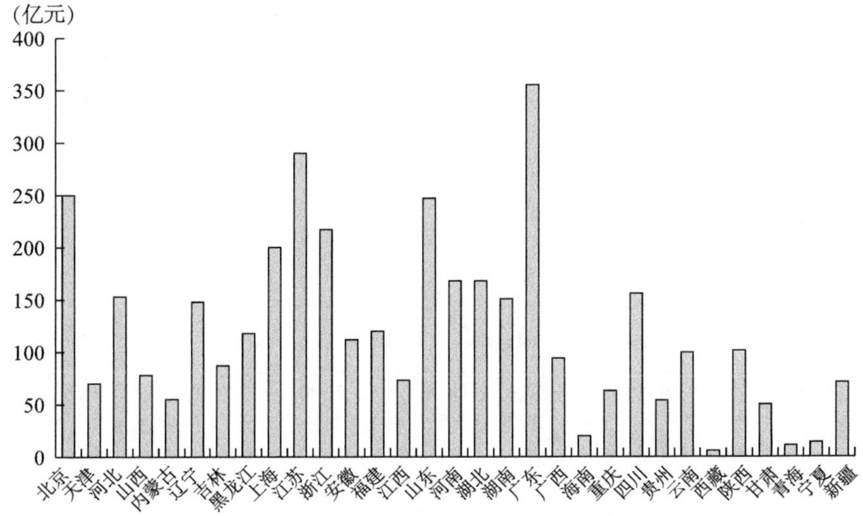

资料来源：根据国家统计局编《中国统计年鉴》（2002）计算。

图 1　2000 年各地区教育经费分布情况

表 2　1998—1999 年我国小学、初中、高中生人均教育事业费状况

单位：元

	小学		初中		高中	
	1998 年	1999 年	1998 年	1999 年	1998 年	1999 年
全国	370.79	414.78	610.65	639.63	1248 25	1269.31
东部 11 省份（A）	699.36	808.19	1019.34	1104.54	180595	190193
西部 12 省份（B）	429.94	483.21	813.94	874.88	1384.26	1454.52
西部 11 省份（C）	394.71	438. 85	625.23	644.45	1098.48	1100.04
A/B	1.63	1.67	1.25	1.26	1.30	1.31
A/C	1.77	1.84	1.63	1.71	1.64	1.73
西藏	817.43	971. 10	2889.75	3409.61	4527.87	5353.80
内蒙古	497.26	536.54	652.94	655.86	1031.07	992.13
广西	290.98	336. 41	393.85	422.20	780.73	806.73
重庆	351.82	374.55	605.25	578.41	1169.73	1035.16
四川	307.21	304.68	532 40	499.52	1055.42	964.02
贵州	210.92	264.96	359.35	398 53	75797	879.84
云南	541.48	565.56	934.49	898.87	1670.85	1646.52
陕西	218.01	265.19	446.92	494.18	793.40	856.63

续表

	小学		初中		高中	
	1998 年	1999 年	1998 年	1999 年	1998 年	1999 年
甘肃	290.03	375.72	509.20	583.76	972.71	972.15
青海	550. 62	674.94	945.97	1038.53	1550.61	1666.82
宁夏	443.08	514.05	589.33	690.20	838.68	931 90
新疆	640.44	614.81	907.85	828.92	1462.12	1348.51

注：东部、西部平均值为各省份指标的算术平均值。东部 11 省份未包括广西，西部 11 省份未包括西藏。由于上海、北京、西藏、青海等地学生人均教育事业费较高，而这些地区学生规模较少，因此，无论是东部还是西部地区，按算术平均值计算的学生人均教育事业费都有些偏高，但西部地区要更严重一些。

资料来源：教育部，国家统计局，财政部 .1999 年全国教育经费执行情况统计公报［EB/OL］. http：//www.sts.org.cn，2001.

（三）教师队伍缺乏，教师合格率低

据国家联合调查组调查，2001 年西部地区小学教师学历合格率为 94.4%，比全国低 2.4 个百分点，初中阶段教师学历合格率为 86.3%，比全国低 2.9 个百分点。目前，一些农村小学只开设语文、数学和思想品德三门课程，至今尚未开设英语、计算机等课程，一个重要的原因就是学校缺乏这方面的师资。另据贵州省抽样调查，贵州省基础教育师资面临“一高、一大、一低”的现象，即小学代课教师比例高，初中教师短缺量大，中小学教师学历达标率偏低。如黔西县的中小学代课教师有上千人，占全县教师总数的 1/5；在农村初中教师中，代课教师占 1/7；农村小学教师中，代课教师居然占 1/2。全县初中教师尚缺 825 人，农村初中教师学历合格率只有 73.36%。又如，按“普九”要求，惠水县要增加规模 200 多个班，而目前初中平均每班已达 60 人，师生比已为 1 ∶ 23，按要求，尚缺初中教师 649 人。该县小学和初中教师学历合格率分别为 87.86% 和 73.81%，均未达到“普九”的要求。在小学教师中，尤其缺乏能够胜任音乐、体育、美术教学的专业教师。随着小学逐步开设英语课，英语教师更为匮乏。代课教师不仅数量多，共 33448 人，占专任教师总数的 19.3%。而且流动性大，很不稳定。初中教师不仅数量不足，而且学科不配套较为普遍，特别是外语、美术、音乐、体育、信息技术教育教师短缺。如贵州省赤水市初中学科教师不配套的达 60%。黔西县农村初中学科教师不配套的达 77%。

师资队伍缺乏、教师学历合格率低的深层次原因是，西部地区教师积极性不高，特别是西部农村中小学教师的生活和工作环境差，教学任务繁重，工资低。局部老区，在乡镇的中小学教师的相对经济地位还没有20世纪80年代高，优越感丧失，不满情绪增大，工作动力不足，流失严重。一些优秀教师不满这种待遇而转行或流向城市，有少数教师甚至停薪留职经商或到沿海打工。优秀的师范生和教师普遍不愿到农村中小学任教。

（四）中小学危房率高，办公用房严重缺乏

2001年有关统计资料显示，宁夏中学危房面积达5.32%，小学达4.6%；新疆中学危房面积达4.05%，小学达3.0%；青海中学危房面积达3.16%，小学达4.33%。其他一些边远省份更高。据贵州省抽样调查，贵州省一些地州的中小学危房率高得惊人。如黔西北毕节地区的鸭池镇地处城郊，2002年尚有危房面积2600多平方米，占全镇教室总面积的1/3。黔西布依族自治州的惠水县，40%的小学有危房，38%的初中有危房。全县小学生人均校舍面积2.41平方米。按贵州省小学一、二、三类学校学生人均校舍面积分别为2.5平方米、2.3平方米、2.0平方米的标准，一类小学有34%的学校达不到标准，而二、三类小学分别还有20%、10%的学校达不到标准。全县初中学生人均校舍面积1.38平方米。按贵州省初中一、二类学校学生人均校舍面积分别为4.0平方米、3.3平方米的标准，尚有20%的一类学校和35%的二类学校达不到标准。按“普九”规模，尚缺200个教学班的教室。中小学专用教室离“普九”要求相差较大。据不完全统计，2001年西部地区中小学危房面积有2000多万平方米，危房率高达9%，是东部地区的3.6倍，其中小学危房率为10.5%。

除学校用房外，其他办学条件更差。例如，贵州省农村初中一般办在乡（镇）所在地，普遍无学生宿舍，有食堂的很少。家离学校远的学生，有的投亲靠友寄宿，少数家庭经济条件较好的学生合伙租低价民房。家庭经济困难的学生每天往返4～5个小时，要走20多公里路，早上在家里吃完早饭到校读书，中午不吃饭，下午放学后才回家吃晚饭。这样，一方面给学校对学生的管理、教育带来很大的困难，另一方面学生的人身安全和身体健康也令人担忧。

（五）缺乏基本的教育用具

西部农村地区的绝大部分中小学都缺乏必要的教育用具。如上述惠水县有

30% 的学校缺仪器保管室、自然实验室、图书室、体育器材室、简易少先队活动室。县城的中学由于缺少教室，初中班级学额普遍在 60 人以上，有的甚至高达 70 人；农村初中缺理、化、生实验室，学生的分组实验无法进行。小学缺行政办公室的占 90%。三类小学无教师办公室的学校占 40%。初中无教师办公室的学校占 35%。小学生人均图书仅 3.8 册，初中学生人均图书仅 4.9 册，离贵州省小学生人均图书 8 册、初中学生人均图书 15 册的要求甚远。毕节地区的黔西县，全县竟有 70% 的小学（其中农村小学占 90%）、80% 的初中的教学仪器设备达不到贵州省的标准。县城中小学生人均图书只有 3.9 册和 0.5 册，农村中小学生人均图书分别仅有 1.7 册和 0.1 册。农村初中教学仪器设备的配备基本为零，教师理、化、生演示实验也无法进行，只能用粉笔在黑板上讲“实验”。

即使低标准的教学设施、设备、仪器、图书，也远远满足不了巩固和提高“普九”成果的需求。现代信息教育所需的设施、设备更是大大短缺。1997 年已“普九”的清镇市，至今平均每百名学生拥有计算机的台数，市直属小学只有 2.4 台，农村小学仅有 0.3 台；县直属初中只有 4.5 台，农村初中仅有 2 台。而 2000 年已“普九”的修文县，平均每百名学生拥有计算机的台数，县直属小学仅为 1.2 台，农村小学仅为 0.08 台，县直属初中仅为 1.7 台，农村初中仅有 0.7 台。

就贵州省与全国和浙江省的基础教育状况和办学条件，我们做了一个对比，见表 3、表 4。

表 3　2001 年贵州省与全国和浙江省基础教育普及程度、师资状况比较

单位：%

指标	贵州省		全国	浙江省
	全省	农村		
幼儿学前三年受教育率	23.4	—	40 左右	75.2
“普九”人口覆盖率	39.58	—	90 以上	100
小学适龄儿童入学率	98.15	96.32	99.05	99.93
初中阶段毛入学率（含普通初中、职业初中）	81.97	69.2	88.7	99.90*
小学辍学率	2.43	3.35	0.27	0.08
初中辍学率	4.38	5.74	3.12	1

续表

指标	贵州省		全国	浙江省
	全省	农村		
小学毕业生升学率（含普通初中、职业初中）	84.53	69.84	95.45	99.9
初中毕业生升学率（含普通高中、职业高中）	32.68	7.63	52.9	79.85
小学教师学历合格率	89.1	87.18	96.81	96.1
初中教师学历合格率	84.61	79.86	88.72	93.4
高中教师学历合格率	68.88	43.22	70.71	81.9
小学代课教师占专任教师率	19.31	24.19	未公布	无
中学代课教师占专任教师率	4.78	6.56	未公布	无

注：* 为净入学率。

资料来源：根据教育部、贵州省和浙江省发布的有关资料整理。

表 4　2001 年贵州省与全国基础教育设施和办学条件比较

单位：平方米，%

指标		贵州省		全国
		全省	农村	
小学	体育运动场（馆）面积达标率	21.7	20.5	47.4
	体育器材配备达标率	20.9	18.7	未公布
	音乐器材配备达标率	15.9	13.9	36.62
	美术器材配备达标率	13.9	12.4	34.51
	数学自然实验仪器配备达标率	34.9	32.7	48.55
	校园网建网率	1.5	0.3	未公布
普通初中	体育运动场（馆）面积达标率	26.8	29.8	69.46
	体育器材配备达标率	25.5	26.6	未公布
	音乐器材配备达标率	16.5	15	50.42
	美术器材配备达标率	16.3	15.4	48.84
	数学自然实验仪器配备达标率	33.8	35.5	68.35
	校园网建网率	1.5	0.9	未公布

续表

指标		贵州省		全国
		全省	农村	
普通高中	体育器材配备达标率	46.9	36.1	74.23
	音乐器材配备达标率	38.1	26.5	64.34
	美术器材配备达标率	38.7	28.9	63.46
	数学自然实验仪器配备达标率	59.5	46.9	80.51
	体育运动场（馆）面积达标率	50	46.9	74.26
	校园网建网率	19.2	7.2	24.93
普通中小学危房面积		1329887	1020595	未公布
普通中小学危房率		6.17	23.21	未公布

注：①贵州省中小学教学场（馆）、器材、仪器的达标按贵州省制定的标准。②全国中小学教学场（馆）、器材、仪器的达标率是按各省（含经济发达、欠发达、贫困地区）不同的标准综合统计的平均值。

资料来源：根据教育部和贵州省发布的有关资料整理。

西部地区基础教育面临的上述突出问题，如果长期得不到解决，无论对国家西部大开发战略的实施，对我国全面建设小康社会目标的实现，还是对公民民主平等权利的实现和整个中华民族的振兴，都将产生严重的后果。

二、西部地区基础教育水平落后的原因

造成西部基础教育水平落后的原因是极其复杂的。既有历史的原因，也有现实的原因；既有观念的问题，也有体制的问题。

（一）经济发展落后，财政乏力

由于历史和现实的原因，西部经济现有发展水平较低，市场发育迟缓，工业化和城镇化滞后。从人均 GDP 看，目前西部地区仅相当于全国平均水平的 60%、东部地区的 40% 左右（见图 2）。2002 年，经济最发达的上海市人均 GDP 达到 32258 元，而最贫穷的贵州省人均 GDP 只有 3121 元，相差 29137 元。从工业化进程看，东部一些地区已经进入工业化进程的中期，而西部一些地区刚刚进入工业化初级阶段。从人口城镇化率看，到 2001 年全国人口城镇率平均达到 37% 以上，西部地区只有 20% 左右。尽管西部地区希望尽快实现“普九”，但由于经济落后，“地方穷财政”和“农民低收入”两大因素制约了西部基础教育

的发展。从西部地区的现实情况看，县级地方财政普遍收不抵支。许多县的地方财政收入只有 3000 万 ~ 4000 万元，加上中央和省级财政的转移支付也只够发工资和保运转，何况还有一些国家级和省级重点项目需要县级财政安排项目配套经费，基本无力投入基础教育。2000 年云南和贵州分别有 50% 以上的县，地方财政收入不到 5000 万元；30% 左右的县，地方财政收入不到 3000 万元；云南 128 个县中，有 107 个县要依靠上级财政补贴来发工资。

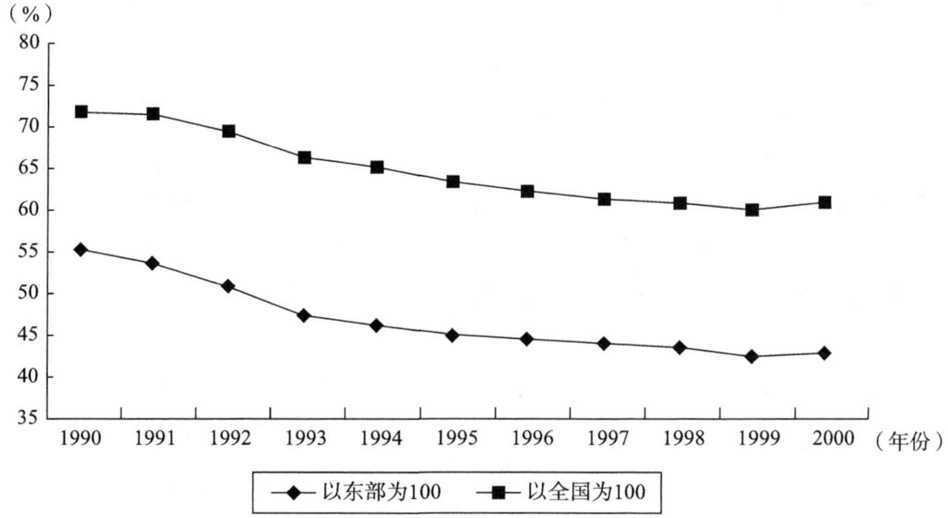

注：全国数据系采用各地区生产总值总和除以各地区总人口得出。
资料来源：根据《中国统计年鉴》（1991—2001）中有关数据计算。

图 2　1990—2000 年我国西部 12 个省、区、市人均 GDP 相对水平的变化

这些年，尽管中央加大了对教育的投入力度，实施了贫困县义务教育危房改造工程，中央财政每年还拿出 50 亿元用于支持中西部地区教师工资的发放，并开始对国家扶贫开发重点县少部分学生免除书费。但是这些都难以改变西部地区“普九”经费不足的现状。

（二）建立在经济发展失衡基础上的分级教育财政

从 1980 年开始，我国逐步把基础教育的财政与管理权限下放给各级地方政府。1985 年 5 月，《中共中央关于教育体制改革的决定》明确指出，要把发展基础教育的责任交给地方，有步骤地实行九年义务教育。之后，中国基础教育的发展越来越依赖于地方的财政收入和社区非政府资源的调动，基础教育的管理也下放给各级地方政府，特别是县、乡两级政府。从国际情况看，基础教育由地方政府负责管理，并不乏先例。美国宪法在划分联邦与各州的事权时，明确将基础教育的事权划给了各州。但是，在中国，这种体制忽视了两个十分重要的事实：一是中国总体经济发展水平不高，地区差别，特别是东西部发展水平差距巨大；二是中国是个典型的“二元结构”社会，城市与乡村差距巨大。将基础教育的事权统一划给地方政府，必然导致东部与西部、城市与乡村在教育投入上的差距，以及教育机会的不平等。

中国社会科学院一项关于“地方分权与地区教育差异”课题的研究表明，在分级财政体制下，中央财政主要负担由中央举办的教育机构的预算内拨款，同时，对落后地区的教育发展给予一定的资助；而地方财政则主要负担由各级地方政府举办的教育机构的预算内拨款。由于基础教育的管理权限已经下放给地方政府，因而地方政府需单独去支付基础教育的发展经费。而省级财政也将较大部分的教育经费花费在非义务教育特别是高等教育上，而把为基础教育筹措资金的责任下放给更低级别的地方政府。中国农村基础教育大多采取“三级办学、两级管理”的分级管理模式。“三级办学”指县办高中，乡办初中，村办小学。“两级管理”指由县、乡两级政府统一管理。由于这一模式实施后存在的弊端太大，在2000年前后，很多地方已经做了调整，将原由乡、村管理的初中和小学的管理权限上收到县级政府统一管理。但由于地区经济差异和财政差异，导致教育投入上的差异并没有实质性改变。

总体来说，义务教育管理体制下，教育经费过分依赖地方财政收入和地方非政府资金调动，使区域间义务教育投入的绝对差异在分税制改革后呈逐渐上升的趋势。由此必然导致西部基础教育与其他地区的差异越来越大。

从贵州省抽样调查的情况看，县级政府的财政收入在教育事业上的投入比例比较大，越贫困的县，所占比例越大。既要发展经济，又要发展教育，使经济和教育的发展相互促进形成良性循环困难重重。例如，贵州铜仁地区的印江县2001年的经常性财政收入为3385万元，同年教育总支出已达3764万元；毕节地区的黔西县是一个有81万人口的大县，2001年的经常性财政收入为9188万元，预算内教育拨款6398万元，占黔西县经常性财政收入的69.64%；遵义地区的赤水市是一个经济社会水平居中上水平的县级市，2001年的经常性财政收入为11634.1万元，同年教育经费支出3004.6万元，占财政经常性收入的25.83%；贵阳市所属的清镇2001年经常性财政收入为11503万元，预算内教育拨款4325万元，占财政经常性收入的37.68%。

县级政府将教育经费拨款中大量经费用来保教师工资，中小学生人均公用经费比例过低，难以支撑基础教育事业的持续发展。如贵州省黔西在教育事业费中公用经费只有45万元，占教育事业费的0.71%；赤水只有43.19万元，占教育事业费的1.44%；清镇只有250万元，占教育事业费的5.78%。许多县教育局、学校基本的办公经费都无法保证。

地方政府欠账多，难堪重负。贵州省抽样调查表明，贵州省已“普九”的35个县尚有21448.7万元的贷款未还，欠工程款16571.9万元，两项合计欠款金额达3.8亿元；遵义地区的赤水市2000年“普九”欠款达2786万元，比市财政同年投入的教育经费2321.56万元还多463.44万元。而一些“普九”的县为保证基本的办学条件，不得不举债建设，旧债未了，新债又来。贵阳市为了支持所属的清镇、修文、开阳、息烽4个县“普九”投入了2500万元，4县“普九”后仅县级财政就欠款5300万元，为了4个县基础教育的持续发展，贵阳市政府从2000年开始每年拨款2000万元连续5年帮助4个县还账和用于教育的发展。

总的来说，西部地区教育经费是县级政府保教师工资，学校运转靠收费（中小学收杂费、高中收学杂费）。教育发展一靠收教育税费，而税费改革后不再收农村教育费附加，中央的转移支付下到县后教育的转移支付经费是多少无法确定。二靠“义教工程”，但“义教工程”不是每个县都有，而且需要县进行配套建设，县配套建设经费有限。三靠贷款，贷不到款就欠工程队的基建款，欠厂家的仪器设备款。尽管国家明令禁止不得用学杂费搞基建，但一些学校贷款建校或将贷款作为建校配套费后无力还款，每年用从学生身上收来的学杂费还贷。四靠上级拨专款，但专款有多少，是不是每年都有，县里心中无数。凡此种种都制约着西部欠发达地区基础教育的发展。

（三）西部农民的低收入难以支撑基本的教育开支

据国家联合调查组调查，全国592个扶贫开发工作重点县中，西部地区11个省（西藏可享受单独特殊政策，未在此列）有375个，占63%。西部地区农民人均纯收入处于较低水平，一些贫困地区的农村家庭人均纯收入不足1000元。在解决温饱尚且困难的条件下，家庭确实难以承担子女上学所需的费用。这是造成适龄儿童失学、辍学的一个重要原因。国家决定对扶贫开发重点县的农村中小学收费实行“一费制”以来，农民承担的教育负担有所减轻。但是，由于农民收入低，一些贫困地区农村中小学学生上学的实际支出并不能达到“一费制”规定的小学160元、初中260元的标准，实行“一费制”对于减轻低收入家庭负担有一定帮助，但并不能从根本上解决问题。

从贵州省抽样调查的情况看，不仅农村，城镇低收入人群也面临同样的问题。如贵州省惠水县属贵州经济发展水平处于中等的县，但全县人均收入低于800元以下的贫困人口有149342人，占全县总人口的35.53%；省会城市贵阳，处于最低生活保障线下的人口有5.33万人，下岗职工集中在30岁、40岁、50岁这几个年龄阶段的人群中，而这部分人群的子女又都处于接受教育年龄。根据实地了解和入户访谈，在省内经济发展水平中等的地区，农村只有极少数富裕家庭能承担子女接受学前直至大学的教育费用，部分中等家庭尚能承担子女接受小学到初中的教育费用，但其中相当一部分难以承担高中阶段的教育费用。据调查问卷反映，约有30%的农村学生感到最大的困难和苦恼是：家庭困难，没钱上学；家里不支持，不给钱买书；农村娃读书难。学校为了防止学生辍学和不影响学习，就要为学生垫交书本费和学杂费，部分学校由于没钱，把学生欠交的书本费、学杂费转嫁到教师身上，在农村学校，约有90%的教师为学生垫交过书本费和学杂费，有的教师给学生垫交的费用多达3000元。据调查统计，修文县在“普九”的过程中，有618位教师为3669名学生垫交学费、杂费、书费累计达546425元，平均每位教师垫交884.18元；黔西县平均每位教师垫交144.76元。教师为学生垫交的费用，有的家长用鸡蛋、粮食、蔬菜偿还，有的分多次偿还，有的至今无力偿还。这种转嫁到教师身上的贫困使本来经济条件就不宽裕的教师不堪重负。

（四）地方政府在教育管理上存在的误区

从一定意义上说，西部最大的落后是教育的落后。在西部大开发过程中，西部地区最缺乏的是人才。没有一大批高素质的优秀人才的推动和参与，西部大开发就不可能取得成功。但是，从实践来看，西部地区的政府没有处理好普及基础教育和发展经济、义务教育和非义务教育、地方为主和中央支持、城市基础教育和农村基础教育等方面的关系，这是影响西部基础教育发展的重要原因。

从发展教育和发展经济的关系上，究竟孰先孰后？一些西部地区的政府认为，教育投入大，周期长，见效慢，并不能像经济工作抓生产项目建设那样立竿见影。在“数字出干部”的现实条件下，经济指标影响干部的升迁，“普九”义务教育等软指标，不具有经济指标那样的刚性。自然，义务教育便摆不到地方各级党政的重要议事日程上。“发展是硬道理”，“发展”被窄化为“发展经济”和“经济发展”。而作为经济发展基础的教育的发展，则被放在相对次要的位置。

从义务教育和非义务教育的关系看，西部一些地方政府片面强调公民接受教育的法律义务，忽视了政府在推进义务教育过程中的责任，错误地认为，孩子接不接受教育是孩子的事，是家长的事。反过来，也有一些西部地区的农村居民，错误地认为，义务教育就应当是政府的事、学校的事。因此，在处理义务教育和非义务教育关系上，西部一些地区的政府和居民都存在片面性。

在地方为主和中央支持的关系上，“以县为主”的教育管理体制，实现了农村义务教育由“农民兴办为主”向“政府兴办为主”的转变。这对确保教育的稳定投入和教师工资都有很重要的意义。由于西部地区的县级财政大多为“吃饭财政”，客观上存在一些困难。但同时，一些地方政府也存在“哭穷”，变相等、靠、要的倾向，认为中央支持、省里支持是天经地义的事，从而使自己处于完全消极被动的境地。

此外，地方政府在教育资源管理和配置上的不善和低效率，也影响了西部基础教育的有效性。我们在讨论东西部教育投入和资源配置上巨大差别的同时，往往忽略了西部地区同一省份、同一地区，甚至同一城市的城乡之间不同学校在教育资源配置和管理上的低效率问题。这方面的差距和问题同样十分惊人。事实上，西部地区的教育资源大量地集中于中心城市、中等城市，其次教育资源则主要集中在县城。城镇的中小学生人均占有的教育资源往往是农村学校学生的数倍甚至更多。教育资源的浪费和短缺在西部地区同时并存。

（五）落后的观念、恶劣的自然环境制约了西部基础教育的发展

由于历史原因，西部地区长期以来对科技教育重视不够、投入不足。同时，传统文化及客观环境的制约也是影响西部基础教育发展的一个重要原因。西部地区大多为高原和山区，很多地区为少数民族聚居地。地域广袤，地形复杂，交通不便，学生居住十分分散，自然条件恶劣，客观上使办教育的难度加大，教育成本增加。同时，一个地区的经济发展和教育水平往往与一个地区各级领导和普通群众的思想观念相联系。与时俱进，开拓创新，经济发展、社会进步就快；思想僵化，墨守成规，经济社会发展就慢。经济社会的落后，反过来又会使人的思想观念更趋保守。西部基础教育的发展确实面临着这样的问题。一方面，由于经济落后，政府没有足够的钱办教育，教育得不到发展；另一方面，农村、牧区孩子认为“读书无用”，或者虽然上学但上不了大学等于白上，农民没有送孩子上学的积极性。现在由于大学生就业日益成为问题，特别是那些地区性大专院校的学生，找工作更加困难。有的大专毕业后找不到工作，更加挫伤了家长和孩子的积极性，农村发展基础教育的难度更大。

三、加快西部地区基础教育发展的对策和建议

解决西部地区特别是西部农村地区的基础教育问题，资金投入是关键，观念和体制变革是根本。因此，全面解决西部基础教育特别是西部农村基础教育必须首先从思想观念、管理体制的变革和创新入手。

（一）要充分认识抓好西部基础教育的极端重要性

九年制义务教育是国民的基本素质教育，也是国民参政议政的重要基础。从这个意义上讲，抓好国民义务教育，事关社会主义政治文明和精神文明的全局。

建设社会主义政治文明和精神文明，必然要求实现义务教育的均衡发展。义务教育是由国家法律规定，适龄儿童必须接受，国家、社会、家庭、学校必须予以保障的国民基础教育，普及、公平是义务教育的本质属性。但是，随着不同地区之间社会经济发展水平差距的拉大，我国的东西部基础教育也出现了比较显著的非均衡发展趋向。这种非均衡发展趋向体现了公平教育权利不平等的倾向，违背了社会公平原则。从教育发展史看，受教育已经从一种自然权利发展为教育权利；从一种不平等的特权发展为普通的平等权；从一种义务性规范发展成为以权利为本位的、权利与义务统一的法律规范；从一种个人权利发展成为民族的、国家的乃至全人类的共同权利。也就是说，作为教育现代化和终身学习的基本理念，教育公平原则已经成为世界各国教育制度、法律和政策的基本出发点之一，受教育权利被视为基本人权的重要组成部分。

1948 年，联合国《世界人权宣言》第二十六条第一款规定：“人人都有受教育的权利。教育应当免费，至少在初级和基本阶段应如此。初级教育应属义务性质。技术和职业教育应普遍设立。高等教育应根据成绩而对一切人平等开放。”我国宪法规定，中华人民共和国公民有受教育的权利和义务。国家培养青年、少年、儿童在品德、智力、体质等方面全面发展。我国《教育法》第九条明确规定：“中华人民共和国公民有受教育的权利和义务。公民不分民族、种族、性别、职业、财产状况、宗教信仰等，依法享有平等的受教育机会。”《义务

教育法》第四条规定："国家、社会、学校和家庭依法保障适龄儿童、少年接受义务教育的权利。"①

2001年发布的《国务院关于基础教育改革与发展的决定》也提出："基础教育是科教兴国的奠基工程，对提高中华民族素质，培养各级各类人才，促进社会主义现代化建设具有全局性、基础性和先导性作用。保持教育适度超前发展，必须把基础教育摆在优先地位并作为基础设施建设和教育事业发展的重点领域，切实予以保障。"江泽民在2001年7月1日重要讲话中也强调把"大力发展教育科技事业，繁荣社会主义文化，使人人都有受教育的机会和享受文化成果的充分权利"②作为在社会主义初级阶段促进人的全面发展的重要内容。由此可见，极端重视西部地区的基础教育，实现基础教育的东西部均衡发展，不仅体现了公民受教育的公平权利，而且保证了基础教育的战略地位。因此，必须大力促进东西部义务教育的均衡发展，努力实现适龄儿童、少年接受义务教育机会的均等、享受教育资源的均等和教育质量的均等。

（二）建立规范化的教育投入机制，加大对西部基础教育的投入力度

目前，我国基础教育投入建立起来的是一种以分散管理为主的投资管理体制，其突出特点是"地方负责、分级管理"。1985年颁布的《中共中央关于教育体制改革的决定》中提出："实行基础教育由地方负责、分级管理的原则，是发展我国教育事业，改革我国教育体制的关键一环。"这种管理体制调动了地方办学的积极性，尤其是发达地区的效益更为显著。2000年，全国教育经费总收入为3849亿元，财政预算内教育经费为2086亿元，占总教育收入的54.2%，其中用于基础教育的有1085亿元。但是，由于各地区之间在经济社会发展水平上存在较大差距，导致全国基础教育的非均衡发展，东西部差距越来越大，西部贫困农村地区基础教育经费严重不足。2000年底，全国522个县（旗、场），占总人口15%的地区仍未实现"普九"目标。这些地区大多数为中西部贫困地区。西部地区基础教育的发展，靠西部地区自身的力量是无法解决的。同时，基础教育经费负担结构也不合理，表现为政府负担比例较低，农民和学生家长负担比例较高。而在政府负担中，中央和省级政府负担过少，县、乡两级政府负担过重。

---

① 国家教委政策法规司．中华人民共和国教育法规实用要览（1949—1996）[M]．广州：广东教育出版社，1996：44，49，70–73.

② 江泽民．论三个代表［M］．北京：中央文献出版社，2001：180.

表 5　财政预算内基础教育经费投入水平及构成

单位：万元，%

年份	类别				
	全国基础教育总支出	政府财政预算内基础教育支出		农村义务教育支出	
		金额	比重	金额	比重
1998	12995565	7705498	59.3	4651779	35.8
1999	14456256	8456608	58.5	5113005	35.4
2000	15632508	9645537	61.7	5747915	36.8

资料来源：根据《中国教育经费统计年鉴》（1998—2000）中有关数据计算。

从表 5 中可以看出，在中国基础教育总量中，政府财政预算内拨款比重维持在 60% 左右，剩下 40% 左右的经费通过捐赠、集资、摊派、教育费附加和学杂费等形式，由农民、企业和受教育者负担。相比之下，对于具有非义务教育性质的高等教育，政府却负担了 70% 以上的经费。中国大学生人均国家拨付的经费近 9000 元，而小学生人均国家拨付经费只有 530 元左右，政府显然过于偏重高等教育而忽视中小学等基础教育。但是，基础教育关系到一个民族文化素质和精神素质的提高，是面向全社会、全体公民的。对于国家而言，政府和社会有责任在全国范围内为适龄儿童和少年创造一个平等的接受基础教育的环境和条件，使所有的适龄儿童都能接受基本的教育。这就是说，地区之间经济水平的差异，不应明显地体现在基础教育中，中央政府应承担相应的投资责任和义务，保证各地区基础教育能够相对均衡地发展。基础教育属于公共服务，国家有义务对发展明显滞后的西部基础教育承担更多的责任。

国家对发展西部基础教育承担更多的责任，关键是增加政府对基础教育的投入，进一步强化政府投入主渠道作用。首先，国家在调整区域政策、加强中央对西部地区政策支持的同时，各级政府要转变把教育投资作为消费投资的观念，把发展教育作为基础设施建设，把教育投资作为重要的基础性和生产性投资，依法落实教育投入，力争做到《教育法》规定的教育经费的“三个增长”，逐步提高财政性教育经费占国民生产总值的比例，努力实现 4% 的目标。其次，加大财政转移支付力度，建立并实行规范化的财政转移支付制度，提高支付效率，政府应将有限的资金更多地投入成本效益最高、受益面最广的教育产业，扩大人口受益面，使人人享有基础教育机会平等的基本权利。再次，要加强资金管理，建立有效透明的监督机制与社会公众参与机制，提高地方政府使用中央扶持资金的效率。最后，由于西部地区贫困人口分布广泛，适龄儿童失学多，西部大多数省份每10万人中拥有大学以上文化程度的人数远低于全国平均水平，人才基数小。因此，国家应在西部设立贫困教育基金和基础教育资金，启动“育新工程”，形成不同层次与各行业匹配的人才系列，成为西部人才的巨大后备基地，并在全国扩大“对口扶贫支教工程”的规模，即从现在的东部每个发达省份选择100所左右条件好的学校扩大到1000所，且工程周期从2~3年延长为5~10年更好。引导东部沿海地区科技人才通过技术入股、承包经营等多种形式参与西部建设，重点建设西部地区远程教育体系，实现西部地区教育跨越式发展。

从国际情况来看，发达国家以及相当一部分发展中国家，普遍实行了免费义务教育，费用由中央政府和地方政府共同承担。这种基础教育的投资由中央和地方政府共同承担，中央政府在整个基础教育投资中承担较大的比例和义务的基础教育投资体制，就是所谓相对集中的投资管理体制。这种体制可以避免统得太死，难以调动各级政府和社会对教育投资积极性的缺陷，又可以消除高度分散投资体制不具有有效保障地区义务教育均衡发展的弊端，从而有利于基础教育投资的动态管理与分配，有利于基础教育持续稳定均衡发展。这种相对集中的教育投资管理体制在国际上也有成功的经验。以日本为例，1881年，日本中央政府对义务教育的投资占教育投资的10.2%，1960年上升到了48.4%，这种做法，为日本的经济腾飞奠定了坚实的基础。

这种相对集中的投资管理体制也是我国义务教育发展的目标和方向。在我国，由于人口多，国家财力并不雄厚，在全国全面实行免费义务教育尚有一定困难。但是，这项制度可以考虑在西部分期、分批试行。第一步可以选择西部一个贫困省，对小学阶段的教育实行免费教育，再逐步向初中阶段扩展。免费义务教育所需的经费，由中央和地方按比例承担。可以根据不同地区经济发展水平和财政力量的大小，确定各自应当承担的比例。这既是维护公平的需要，也是促进效率的需要。

（三）积极探索多渠道筹措教育资金的模式，为西部基础教育持续发展寻找新的支撑点

西部地区基础教育投资仅靠政府财政拨款是远远不够的。鉴于国家财力有限，基础教育不可能完全由国家财政统包，因此，必须遵循教育规律，实行教育多元化投入，建立适合市场经济的教育投资新体制，努力拓宽投资教育的社会渠道，提供一个宽松的筹资经济政策环境，扭转长期以来教育投资不足的局面。政府应鼓励、支持、调动教育机构，通过一切融资渠道，鼓励和吸引各种资金向欠发达地区流动。必须调动现有的和新的财力资源、人力资源，无论是公共的、私人的还是捐助的，以促进各地区基础教育协调发展。

1. 充分利用金融手段，推进基础教育的跨越式发展

（1）成立面向西部地区的教育金融机构。如以省为单位建立教育银行，为教育信贷、教育融资等提供方便。

（2）发行西部教育彩票。彩票市场体系目前已经在我国初步形成，技术上已经没有障碍，它具有比较强的筹资功能。彩票收益可用于解除贫困地区的“普九”债务负担，或用于特困生资助项目的建立。

（3）试发行教育开放式基金。发行教育开放式基金不仅为大多数高中教育学校找到了投资者，更为在现阶段解决民办教育投资人是否可以取得部分投资收益这一争论找到了解决办法，即民办教育投资人可以通过购买开放式基金合法地取得收益，而又不违背《教育法》中义务教育不得以营利为目的这一精神。教育开放式基金的盈利收入一部分以分红形式返还基金购买者，一部分用于弥补基础教育经费的不足，既可以解决各级政府财力不足的困难，又可以为学校的生存和发展注入部分资金。

2. 将教育费附加改成教育税

在体现效能原则、普遍性原则和稳定增长原则的基础上，合理划分各级政府使用教育税的权限，以使教育税发挥应有的宏观调控功能。教育费附加是以流转税为基础的附征性收费，受国税部门征管增值税、消费税的制约较多，地税部门征收难、检查难的矛盾较为突出。另外，由于教育费附加种类多，征管办法不统一，征收秩序较为混乱，导致征收政策难以观测实施，征收效果不理想。而将教育费附加改为教育税，可以进一步理顺现行财政分配体制，减少教育经费的体外循环，增强财政监管力度。

3. 大力支持社会力量办学

社会力量办学应该说是市场经济的产物，但在西部地区，社会力量办学仍处于起步阶段，大部分举办者原始资本较小，基本属于低层次、低水平状态，这类学校主要以接受流动儿童为主，收费低，办学条件不容乐观。为此，政府应加大对社会力量办学的支持力度，在“严格审批，大力扶持”的基础上，允许、支持、鼓励社会力量和个人投资办学，并在土地、税收、师资等方面考虑予以补助，同时，按招生人数、合格率给予补贴。基础教育属于纯公益性事业，具有纯公共产品的性质，因此，应完全由政府保证财政上的支持。为弥补国家财力的不足，建议政府设立“贫困地区民办基础教育补偿专款”。这项专款要实行教育经费单列，按接受民办基础教育的学生数划拨到学校，为贫困地区的民办基础教育提供制度上和物质上的保障。

同时，要积极改革办学体制，采取切实措施鼓励和支持社会力量参与教育，既可以办民办学校，也可以通过股份合作的方式参与学校的建设与发展；对于现有一部分非义务教育阶段教学力量薄弱的公办学校可以实行民办公助或转制成民营学校，充分开发和利用社会教育资源。在国际上，包括很多发达国家都采取有效措施，充分挖掘和利用各种教育资源发展本国的教育。例如，1995 年，德国、日本、美国、西班牙、法国、印度等国家的民间教育资金占全部教育经费的比重分别为 27.1%、26.1%、21.4%、19.9%、10.3%、11.0%，相比之下，我国对社会教育资源的开发和利用远远不够。1998 年，我国社会团体和公民个人办学、集资办学及捐资助学经费占全部教育经费的比重仅为 7.9%。在公共教育经费投入不足的情况下，潜在的教育资源没有得到充分开发和利用，导致西部地区教育没有以应有的速度发展。因此，应大力发展社会力量办学，重点发展民办高等学校和民办职业技术学校，为西部地区培养实用的、留得住的专业人才。

（四）积极推进教育内部改革，改善教育资源的有效配置

部分国家普及九年义务教育的经验表明，要打破地区经济与教育发展的恶性循环，必须摒弃过去那种“等、靠、要”的思想，通过制度创新，不断挖掘自身潜力，努力提高现有资源和计划的功效。这样，不仅会产生更多的资源，而且可期望吸收新的资源。改革开放以来，我国的改革不断深化，特别是随着国有企业改革的深入，成本观念、效益观念深入人心，但在教育领域，仍没有建立起最根本的效益评价机制。只有建立评价机制以及在这种机制的推动下不断优化、提高教育资源的使用效率，才能真正符合市场经济规律，使资源配置流向运行得较好的部门，形成良性循环。

（1）有关部门应定期进行教育成本核算。教育成本核算在宏观教育管理、政府决策、加强学校管理，以及满足教育消费者知情权方面具有重要作用。发展教育，特别是在经济不发达地区发展教育，更要做到心中有数。

（2）高中阶段的教育收费逐步向收取学生人均教育成本费过渡。高中阶段教育属于基础教育，但又不同于义务教育，在现有财力下高中阶段的教育收费应逐步向收取学生人均教育成本费过渡。同时，要逐步减少对高中的财政拨款，加大市场机制运作成分。节约的经费交由县级政府统一使用，用于高中阶段教育的基础设施建设，减轻政府负担。

（3）改革义务教育阶段学生人均教育事业费投入方式。在教育领域，应提倡成本观念、效益观念，建立最根本的效益评价机制。应以国拨教师工资为经济杠杆来推动和激活教育内部管理体制改革的深入，即改变义务教育学校按教师人头拨款的机制为按学生人头拨款。这种机制的转变只是改变了拨款方式，并没有改变国家对义务教育承担的责任。这种拨款方式的改变为提高学校的办学积极性，落实校长负责制、教师聘任制、打破人才流动限制创造了有利条件。同时，也使学校有紧迫感，在提高办学质量、提高办学水平上下功夫，它符合市场经济规律，使资源配置流向办得较好的学校，扩大并优化优质教育资源。

（4）建议将学校收费标准审批权由省下放到地、州、市，上级政府加强监督。这样可以使收费标准与各地经济社会发展水平、学校办学水平相一致，使政府在基础教育中的权力和责任相称。在教育收费中，富裕地区的收费应高一些，贫困地区收费应低一些；办学条件好的学校收费标准可高一些，办学条件相对差一些的学校收费应低一些；特困户的子女教育收费可减免，甚至给予住读的初、高中学生以生活补助。

（5）基础教育的发展既要与时俱进，又要扎扎实实，坚持速度与效益相统一的原则。虽然西部地区的基础教育有了显著的变化，但是由于西部地区基础教育薄弱，困难多，因此既要加快基础教育的发展速度，又必须扎扎实实提高基础教育的水平。

（五）继续推行“义务教育工程”，逐步实现国家教育扶贫工程制度化

到目前为止，国家以及由国家组织的基础教育扶贫工程主要有国家贫困地区义务教育工程、中小学危改房改造工程、东西部学校对口支援和以社会捐资为主的“希望工程”“蓓蕾工程”等。其中，国家贫困地区义务教育工程（以下简称“义教工程”）最具有典型意义。

“义教工程”从1995—2000年，中央财政拨款39亿元作为贫困地区义务教育专款，加上地方各级政府配套的资金，整个工程资金投入总量超过100亿元。“义教工程”资金重点投向国家“八七”扶贫攻坚计划中确定的贫困县，部分投向经济确有困难、基础教育发展薄弱的省级贫困县。其资金的使用方向主要用于农村小学、初中的危房改造，按国家规定标准配备教学仪器、图书资料及课桌凳，培训教师和校长等。从发展过程看，1995—1997 年“义教工程”重点资助中西部地区的 383 个贫困县，1998—2000 年重点资助西部 469 个贫困县，受益学校 5 万多所。“义教工程”的实施使受益县危房大大减少，校舍标准、学生人均建筑面积、教学仪器和图书资料，以及教师的学历合格率得到很大提高。值得庆幸的是，国家在“九五”期间实施一期义务教育工程的基础上，将“义教工程”列入国民经济和社会发展第十个五年计划。“十五”期间计划安排 50 亿元专款，用于 2000 年前未实现“普九”的 522 个贫困县，其中西部地区 462 个县，占 90%。

“义教工程”的实践表明，政府作为教育扶贫的主体，具有不可替代的作用。但是，我们认为，国家以扶贫的形式，集中财力在一段时间内扶持贫困地区基础教育的做法，虽然取得了一定的成功，对加快贫困地区基础教育发展、缓解地区教育发展不平衡矛盾起到了重要作用。但这只是权宜之计，不能完全解决基础教育继续发展过程中新出现的欠发达地区的资金短缺问题。因此，我们建议将正在实施的“义教工程”经常化、制度化，逐步转化为“西部地区基础教育经常性补助专款”，即中央政府以转移支付的方式，对西部贫困省份的基础教育实行经常性的专款拨付制度，按照一定的标准，以专款的形式直接拨给贫困地区的贫困县，专门用于这些地区建设学校、改善教学条件、培训师资等，从而保证西部贫困地区儿童入学和学校提高教育教学质量。

（六）成立西部师资培训中心，加大教师培养力度

提高西部农村基础教育质量的关键，一是解决师资问题。解决师资问题首先应解决教师的积极性问题和稳定教师队伍问题。要尽可能提高教师的工资等物质生活待遇；对远离乡镇的条件差的村小学教师和远离城市的乡镇中小学的骨干教师要实行特殊补贴，以鼓励教师扎根乡村；实施教师资格制度，改革校长教师任用制度，落实教师聘任制，做到能上能下，能进能出；改革教师职务制度，搞好教师的职称评定工作；强化教师考核制度，搞好教师的选拔任用、晋级晋升、考核奖励工作；要采取特殊政策和特别措施吸引优秀的教师到农村任教。二是解决教师素质问题。要办好师范教育，吸引优秀学生报考师范，提高师范生的素质，保证师资高质量；加强在职教师培训工作，要在总结校长轮训经验的基础上，建立骨干教师培训和教师全员培训的继续教育机制；采取优惠政策，鼓励教师进修，提高学历层次；通过先进手段，利用优秀教育资源提高教师教育教学能力。教育部在继续实施“21 世纪民族贫困地区中小学综合素质培训计划”、实施“百万中小学校长培训计划”的同时，应加大对西部地区中小学教师的培训力度。我们建议中央政府拨出专款对西部地区中小学教师进行轮训。西部各省份应成立教师培训中心，进一步加大对中小学教师的培训力度。

（七）积极发展西部远程教育体系，大力发展职业技术教育

现代技术教育是当代教育的制高点。以零时间和零距离为特征的远程教育，是西部地区教育实现跨越式发展的重要途径。它的最大好处就是可以使西部某些地区摆脱自然、交通等环境的限制，实现知识获取的及时性和高效性。它可以极大地开放农村边远地区信息闭塞、与外界缺少交流的格局，便于利用东部等发达地区的优质教育资源，弥补西部地区农村教育资源短缺的弱势，逐步缩小东西部及城乡教育的差距。为帮助西部地区开展远程教育，国家已决定利用国债在 12 个省、区、市建立 1 万个现代远程教育教学收视点，安排专项经费建设了 50 个“校校通”示范网，并已经开始组织实施。因此，应在此基础上尽快构建以宽带网、卫星视频系统为基础的现代远程教育网络，实施“西部教育科研网扩张工程”，特别是大规模建设 CERNET 省级网，为西部地区高校、中专、中小学以及少数民族地区重点扶持的学校实现联网提供教育平台，并与卫星电视、广播等一起形成西部远程教育的网络体系。

重视职业技术教育是世界经济发展的共同趋势。在积贫难返、升学率低的广大西部地区，职业技术教育与义务教育是支撑教育发展的“两个轮子”。西部各地区应针对西部基础教育薄弱、升学率低而西部开发需要大批初级、中级专业技术人才和熟练工人的实际情况，在同基础教育及其他教育相互协调、相互促进的前提下，发展多种形式的职业技术教育，加速扩大各级各类职业技术教育规模，有步骤地实行小学后、初中后、高中后的“三级分流”，使失去升学机会的毕业生都能接受职业技术教育和培训，学会几门可以脱贫致富的实用技术，培养一大批有真才实学的应用型人才，为西部发展服务。

参考文献

［1］包秋 . 世界教育发展趋势［M］. 北京：人民教育出版社，1998.
［2］苌景州 . 教育投资经济分析［M］. 北京：中国人民大学出版社，1996.

［3］程方平．中国教育问题报告［M］．北京：中国社会科学出版社，2002.

［4］费雷德·赫钦格，格雷丝·赫钦格．美国教育的演进［M］．汤新楣，译．北京：美国驻华大使馆文化处，1984.

［5］冯向东．教育要为西部大开发服务［J］．高等教育研究，2000（3）：1–5.

［6］冯增俊，唐兆良．WTO与中国教育［M］．广州：中山大学出版社，2002.

［7］冯之浚．论西部大开发［M］．杭州：浙江教育出版社，2000.

［8］国家教育发展研究中心．2000年中国教育绿皮书［M］．北京：教育科学出版社，2000.

［9］国家教育发展研究中心．2001年中国教育绿皮书［M］．北京：教育科学出版社，2001.

［10］国家教育发展研究中心．2002年中国教育绿皮书［M］．北京：教育科学出版社，2002.

［11］梁少英．论西部大开发与西部地区的教育发展［J］．桂海论丛，2000，16（5）：66–69.

［12］林荣日．教育经济学［M］．上海：复旦大学出版社，2001.

［13］罗祥华．教育投资问题及其改革路径分析［J］．河南职业技术教育师范学院学报（职业教育版），2002（1）：21–25.

［14］彭坤明．知识经济与教育［M］．南京：南京师范大学出版社，1998.

［15］王善迈，袁连生．2001年中国教育发展报告［M］．北京：北京师范大学出版社，2002.

［16］魏后凯，刘楷，周民良，等．中国地区发展：经济增长、制度变迁与地区差异［M］．北京：经济管理出版社，1997.

［17］魏后凯，杨大利．地方分权与中国地区教育差异［J］．中国社会科学，1997（1）：98–113.

［18］邬志辉．中国教育现代化新视野［M］．沈阳：东北师范大学出版社，2000.

［19］夏铸．西部开发和民族教育［J］．教育研究，2000（5）：3–4.

［20］杨东平．2000年中国教育发展报告［EB/OL］．http：//www.edu.cn/20010823/ 207349.shtml.

［21］袁振国．中国教育政策评论［M］．北京：教育科学出版社，2000.

［22］湛敏．知识经济时代与中国教育可持续发展的思考［M］．西安：陕西人民出版社，2002.

［23］刘尧，姜峰．中国西部基础教育发展观［J］．教育理论与实践，1998（5）：35–39.

［24］韩博．发行西部教育彩票的必要性与可行性［J］．宁夏教育，2000（12）：28–29.